アニメーションと国家

戦うキャラクター、
動員されるアニメーター

雪村まゆみ

FILM ART
フィルムアート社

アニメーションと国家　目次

【凡例】

・アニメーション作品、劇映画、テレビ番組、美術作品、小説、書籍、雑誌は『　』、記事名や書籍の章タイトルは「　」で示した。

・アニメーション作品は初出時に（　）内に製作年を記した。

・日本未公開作品等のタイトルを示す際には本書の著者による仮の日本語訳をつけたうえで、原語でのタイトルをその後に記している。

・資料・文献の引用に関しては、一部旧漢字・旧仮名遣いを書き改めた箇所がある。また、一部資料においては、占領地および敵対国に対する差別的表現を含む部分があるが、当時の他者認識を示すため、そのまま引用する。

序章

アニメーションの制度化と戦争

空間の再編成の表現様式

1　アニメーション史における戦争

テレビ時代の幕開けとともに、一九六三年に日本初のテレビアニメーションシリーズ『鉄腕アトム』の放映が開始され、それ以降日本でアニメーションが大量生産されてきた。今日では長年親しまれているアニメーションシリーズに新作を合わせると、年間三〇〇タイトル以上のアニメーションが放映されている(図1)。[*1] 国内にとどまらず、米国をはじめ、欧州、東南アジア、アフリカ等、世界二五二カ国で一万六〇一八本の契約数（二〇二〇）を数える。[*2] アニメーションの海外市場の売り上げは一兆二三九四億円と報告されており、国内市場が一兆一八六七億円であることからも、海外市場が過半数を占め、主要な輸出産業となっている。[*3] 二〇二〇年、コロナ禍ということもあり海外売り上げが国内のそれをはじめて上回ったが、動画配信など海外売り上げの伸び率は年々高くなっていると指摘されており、日本のアニメーションが世界的に人気を博していることがわかる。

このようにアニメーションの大量生産が可能になったのは、アニメーションの制作のための分業体制が確立されたからである。現在では、ほとんどの商業アニメーションにおいて、制作の分業が徹底されている。図2には、商業アニメーションの制作工程を示した。[*4] 制作工程は大きく、プリプロダクション工程、プロダクション工程さらにはポストプロダクション工程に分けることができる。

まず、プリプロダクション工程では、ストーリー展開の主要な部分である脚本、キャラクター、背景の

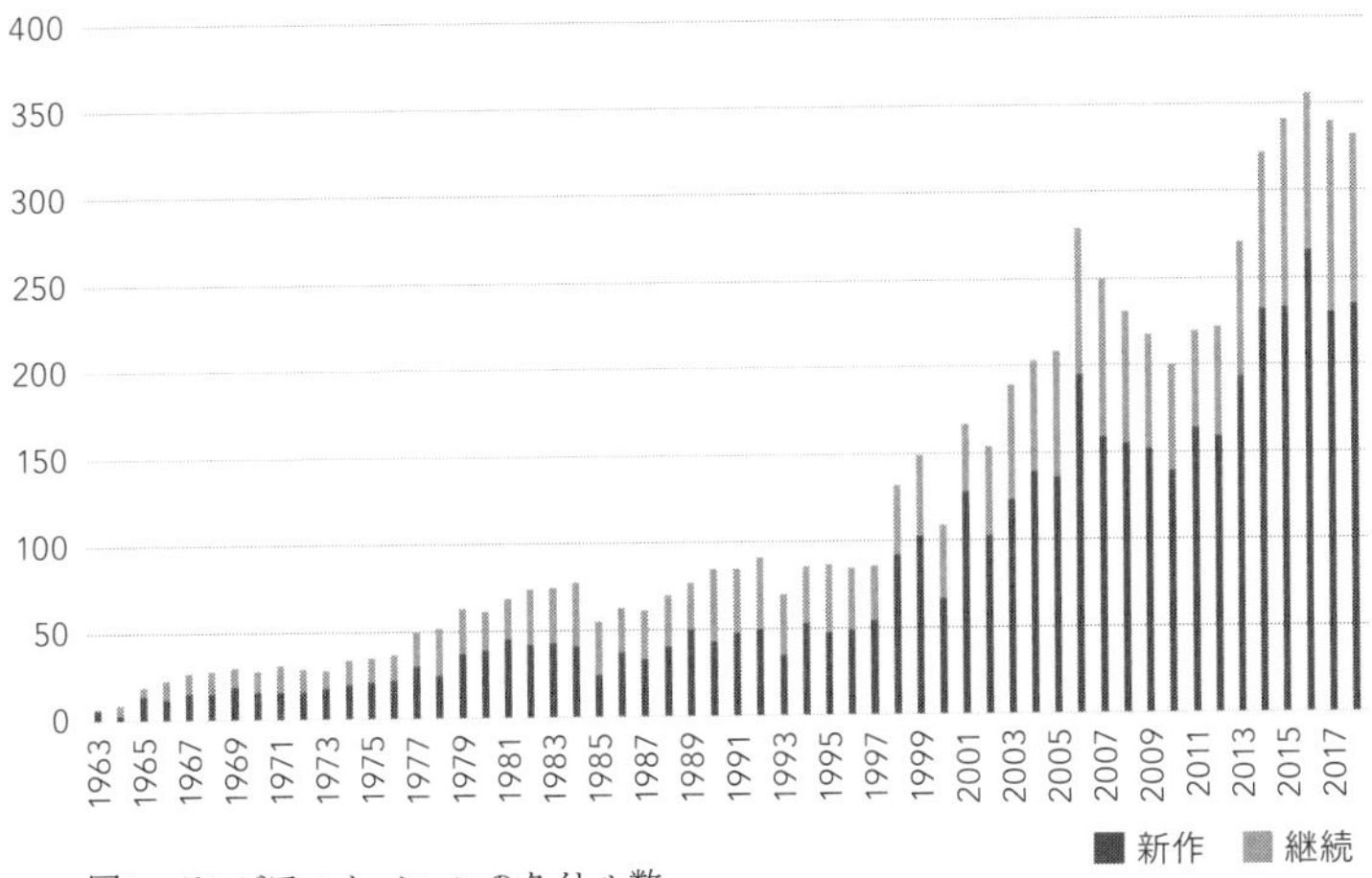

図1　テレビアニメーションのタイトル数

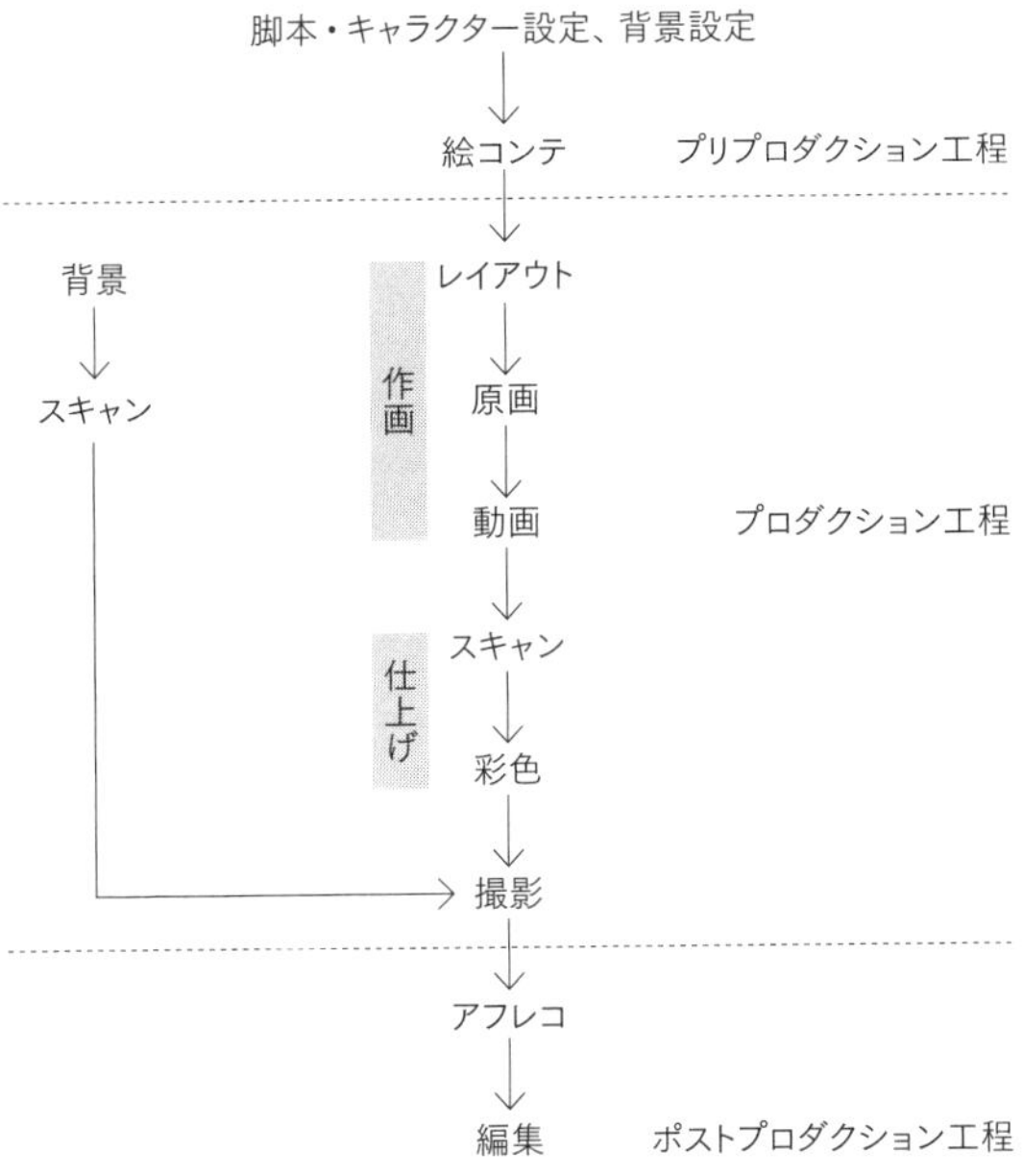

図2　アニメーションの制作工程

設定等が行われ、その後、それらの設定をもとに絵コンテが描かれ、各場面の画面設計が行われる。そして、プロダクション工程では、絵コンテをもとにレイアウト（画面設計）が描かれ、それができあがると、キャラクターや背景の動きを描く「作画」工程へと進められる。この工程は更に原画と動画に分割されている。まず、原画担当がレイアウトをもとに、キャラクターの動きの特徴を端的に表す原画を描くという方法で作画する。次に、動画担当が、原画で指示された動きをもとにして、スムーズな運動となるように原画と原画のあいだを埋める動画と呼ばれる一連の動きを作画する。その後、描かれた絵をスキャンし、彩色するといった仕上げ工程に進められる。近年、コンピュータの導入によるデジタル化が進行し、以前行われていたように、大量の絵が、仕上げ担当によってセルに写し取られるのではなく、画像データとしてスキャナで取り込まれ、コンピュータの画面上で彩色され、背景映像と合成、編集されている。[*5] 最後に、ポストプロダクション工程では、映像と音声を合わせて編集を行う。

この一連の工程のなかで、大きな役割を果たし、アニメーションの大量生産に欠かせない存在がアニメーターである。アニメーターとは、アニメーション制作の工程のなかで、主に原画もしくは動画を担当する者を指す。[*6] 他の行程は、デジタル化が進んでいるが、日本の商業アニメーションにおいては動画を構成する個々の絵は、ほとんどの場合、アニメーターが、丹念に一枚一枚描いている。[*7] 一九九〇年代よりセルを用いることは減っていったが、テレビシリーズにおいては、セルアニメーションの手法を基本とし、「30分番組1本あたりおよそ３０００カットの原画、６０００枚に及ぶこともある動画は、今も多くの場合、手で描くことによって支えられている」という。[*8] したがって、ウォルト・ディズニー・スタジオの子会社であるピクサーが牽引するコンピュータ・グラフィックスを用いた3DCGアニメーションが、海外では二〇〇〇年代半ば以降主流となるなか[*9]、日本のアニメーション制作の特徴が際立つこととなる。

アニメーション史家であるジャンアルベルト・ベンダッツィは、「日本におけるアニメーションの産業化の発展は、一九五八年の藪下泰治の『白蛇伝』の公開とともに始まった」と指摘している[*10]。たしかに、東映動画(現・東映アニメーション)で制作された『白蛇伝』は、日本初のカラー長編アニメーション映画として、アニメーション史に残る作品となった[*11]。そして、世界各国で上映され、ヴェニス国際児童映画祭特別賞、ベルリン市民文化賞、メキシコ政府名誉大賞など、世界の賞賛を受けたのであった[*12]。

しかし、『白蛇伝』の制作にかかわったスタッフのなかには、実は、戦時下、アニメーション制作の中心的な役割を担った者が少なくない。東映動画の礎を築いた新日本動画社は、戦時期にアニメーション制作に従事していた者が戦後再結集した組織であったからである。たとえば、『白蛇伝』の演出を担当したのは、戦時中、文部省で、アニメーションの制作にかかわっていた藪下泰治であり、作画の統括を担当したのは、戦時中に海軍省教育局の教材映画研究所[*13]で線画要員として従事した大工原章であった。また、アニメーターの養成には、「日本アニメーションの父」と称される政岡憲三らとともに戦時下アニメーション制作に従事していた熊川正雄が携わっていた[*14]。

アニメーション制作の分業体制は戦時中に確立し、アニメーターという専門職が誕生しており、戦争とアニメーションのあいだには密接な関係があるといえる[*15]。さらにいえば、戦後は、軍国主義から民主主義へと大きく転換するなか、東映動画では、今日のアニメーション受容の国民化を進めたといえるスタジオジブリを興した高畑勲、宮崎駿がアニメーション制作に乗り出していた。一九六八年公開『太陽の王子ホルスの冒険』は、はじめて高畑勲が監督（演出）した作品であり、作画監督は大塚康生で、原画は森康二らが担当し、宮崎駿も駆け出しのアニメーターとして制作にかかわった。現在、日本のアニメーション文化を牽引するスタジオジブリ風の絵柄は東映動画から受け継がれているといってよいと指摘されている。[*16]

このような戦争とアニメーションのかかわりについて、どのような経緯で軍部がアニメーションを利用したのか、アニメーションのいかなる表現様式が戦時期に重要視されたのか、という点に関しては、これまで詳細に論じられることはなかった。[*17] また、それらが、現代どのように展開しているのか、その連続性を考察する必要があるだろう。

そこで、本書では、いかにして戦時期にアニメーションをめぐる環境が変化したのか、とりわけ国家の文化政策、および制作体制の分業化と、その制作体制に不可欠な職業としてのアニメーターの誕生等、生産組織編成が転換した一連のプロセス、さらには、アニメーションの配給システムの変化について分析することによって、いかなる契機において文化が制度化されるのかを明らかにしていくことを目的とする。

社会学者のレイモンド・ウイリアムズが指摘しているように、文化社会学において問わなければならない問題の一つは、文化の制度化の問題である。また、ウイリアムズは、「あらゆる適切な文化社会学は、歴史社会学である」という。[*18] つまり、文化社会学においては、いかにして、新たな文化が生成し、それが社会編成にいかなる影響を及ぼすのかという観点から、歴史社会学的に分析しなければならない。ここでは、いかなる主体が文化生産を実践、あるいは保護するのかという点を考察する。文化生産が可能になるのは、文化生産を実践する文化生産従事者としての芸術家のみならず、国家や公共団体、資本家から大衆に至るまで、文化生産を直接的あるいは間接的に保護する存在が不可欠であるといえるからである。

とりわけ、アニメーションに関していえば、アニメーションを構成する大量の絵を描くための莫大な人件費が必要となるため、アニメーション制作と資金の問題は切っても切り離せない。そのため、文化生産の保護、資金援助が、生産システムに及ぼす影響について考察する必要がある。具体的には、文化生産を管理、統制する、あるいはその進展に資するための政策の施行、文化生産従事者の育成を目的とした学校や養成所の設立、展覧会の開催など、いかにして文化生産が制度化されるのか、そのプロセスを分析対象とする。

また、戦前のアニメーション作家がそうであったように、作家が、単発的に個々に活動するだけでは、アニメーションが文化として制度化されることはない。新たな表現様式が、文化として制度化されるためには、それが、集団の固有の価値を具現化しているものとして、人々に認識されなければならないのである。本書では、アニメーションのいかなる表現様式が戦時期に重要視されたのかという点を分析することによって、アニメーションの生産から流通のみならず、消費に至る文化の制度化のプロセスについて明らかにする。後述するが、新たな表現様式が生み出されるのは、社会空間の認識の変化を契機としている。戦時期においては、支配の領域を拡大するために、国境をめぐって闘争が繰り広げられ、その結果として、支配可能な空間とその外部の空間との境界が更新される。このような空間の再編成が認識されることによって、それを表象しようとする文化的実践が制度化されるといえよう。

戦時期における国家の文化政策、アニメーション生産組織の編成の転換など、アニメーションをめぐる生産環境の変化や、アニメーションの表現様式の特徴に関する具体的な分析については第1章以降に譲るとして、序章では、戦争と文化の関係、および空間の再編成と文化の表現様式について論じたい。

では、まず、戦争と文化の関係について、思想家のヴァルター・ベンヤミンの議論からみていきたい。

2 戦争と文化——国家、大衆そして他者

ベンヤミンは、戦争と文化の関係について、国家と大衆という観点から、考察している。そのなかで国家が、文化の主導権を大衆から奪回するためのプロセスにおいて、不可避的に「戦争」が引き起こされると捉えている。

大衆と文化の関係が大きく変化したのは、複製技術の発明によるところが大きい。従来は、特定の階級が芸術の所有を独占していたが、芸術作品のレプリカの誕生により、大衆と芸術の関係が一変した。芸術作品の複製技術の発明は、芸術の所有が特権階級に限定されるのではなく、大衆への拡大をもたらしたのである。[*19] 芸術に対する大衆の位置が大きく変化し、大衆が芸術作品を所有することは、国家の階級構造の再生産を阻むことになる。それは、国家秩序の崩壊に結びつく危険性がある。というのも、社会学者のマックス・ホルクハイマーとテオドール・W・アドルノによれば、文化産業のもっとも基本的な要素は娯楽であるが、これは国家を支える労働の対極にある。[*20] そこで消費される文化は教養を必要とせず、娯楽や気

晴らしの商品として大量に生産される一方で、文化と娯楽の融合は、娯楽の消費を通じて、特定の階層だけでなく、大衆が文化に接する機会を生むのである。したがって、国家にとって、その再生産を可能にするためには、大衆が文化生産に自立的に関与することを回避させることが理想であった。

ベンヤミンは、次のように述べ、その理想を実現する手段が唯一「戦争」であるとしている。「戦争、ただ戦争のみが、現在の所有関係に触れることなく、大規模な大衆運動に目標をあたえうるのである」[*21]。つまり、戦争を契機として、文化の領域における「大規模な大衆運動」を国家が統制することができる。したがって、戦時期においては、文化を巧みに利用することによって、集団を動員することが可能となるといえる。

ここで文化が利用されたのには大きな意味がある。精神医学者のジークムント・フロイトによれば、文化は「人間を緊密に結びついた集団に統合しようとする」[*22]。つまり、文化は、集団を形成し、その凝集力を高めるという機能を持つ。国家は、大衆の国家意識を醸成し、その凝集力を強化するために、文化の制度化を推し進めた。複製技術の発明は、国家が文化生産を独占し、大衆の文化受容を統制することを可能にしたといえる。

以上のように、複製技術の発明によって、文化をめぐる国家と大衆の関係に二つの異なる状況が現れることがわかる。つまり、芸術作品の複製技術は、特権階級のみならず大衆が、文化を享受する状況を生み出す一方で、戦時期には、国家が文化生産を統制し、大衆が均質な文化を受容するという状況へと一変してしまうのである。したがって、複製技術の発明が大衆に及ぼす影響は、文化の開放という側面と、文化の統制という側面の二つがある。そして、二つの側面のどちらが表出するのかは、「戦争」の勃発によるところが大きい。国家は、大衆を統制し、国家の凝集力を高めるために、戦争を契機として文化を巧妙に利用するのである。

ただ、国家としての凝集力の強化は、国家の内部における秩序維持にかかわるだけの問題ではない。ここで、注意しなければならないことは、「戦争」を契機として、敵対国はもとより植民地等に存在する他者との接触が不可避的に生じるということである。戦時期には、支配の領域をめぐって、他者とのあいだで闘争が繰り広げられるため、他者の存在を認識することが、国家意識の醸成に結びつくといえよう。それは、国家内部の秩序維持にとどまらず、占領地域のように、国境外部に存在する他者を新たに国家に取り込むプロセスにおいて、不可欠となる。つまり、国家としての凝集力の強化は、大衆運動を国家が統制することによって実現されるが、それが要請されるのは、国家の外側に存在する他者との闘争を契機とする。したがって、国家としての凝集力の強化は、国家の外側に存在する他者に対する認識が、その原動力となっているといえる。

本書において重要となるのは、このような他者概念である。つまり、集団の外部に存在する他者とのかかわりのなかで、集団内部の秩序をいかに維持するのか、あるいは、他者をいかにして集団内部に包摂するのか、そのプロセスにおいて、国家が文化を利用したという点を念頭に置く必要がある。ここで強調したいことは、国家と、その大部分を構成する大衆の統制のみならず、国境を越えて存在する他者を認識し、彼らを国家の内部に取り込むプロセスに焦点をあてることで、文化と戦争の関係を明らかにできるということである。

さらに、興味深いことは、戦争は、国家が支配の領域の境界を示す国境を更新する実践であり、戦争の結果、国境を基準とした支配空間が再編成されるが、このような空間の再編成は、人々の空間認識の変化をもたらすという点である。次に、空間認識の変化と連動して、新たな表現様式がいかにして生み出されるのかについて考察する。

3　空間の再編成

未来派の台頭

戦時期における空間認識の変化は、いかにして表象されるのか。二〇世紀初頭、イタリアにおける前衛芸術運動――「未来派」は、戦争を契機として新たな空間が創造されることに美的価値を見出した。ベンヤミンは、戦争を肯定する「戦争美学」を掲げた「未来派」の台頭に注目し、戦争を契機として新たな表現様式が生成することを指摘している。イタリア未来派の詩人フィリッポ・トンマーゾ・マリネッティのエチオピア植民地戦争に対する宣言文では、戦争を「美」と称する観点が、次のように明確に述べられている。

戦争は美しい。なぜなら大型戦車や編隊飛行機のえがく幾何学的な図形、炎上する村落から立ちのぼる煙のらせん模様など、新しい構成の美が創造されるからだ。（中略）未来派の詩人や芸術家がこうした戦争美学の根本原理に留意するならば、新しいポエジーや新しい造形を求めるわれわれの苦闘は、それによってかがやかしい光を浴びるであろう。[*23]

この宣言文では、未来派が「新しい構成の美」や「新しい造形」といった空間的な創造を追及する芸術運動であることがわかる。未来派は、近代文明の産物や科学技術の進展を賛美するという視点から、戦争を肯定するだけにとどまらず、戦争によって、既存の空間をぶち壊し、新たな空間が生成するという点を積極的に評価している。ここで重要なことは、破壊によって生成する新たな空間に美的価値を付与したことが、新たな芸術の様式を生み出すことに結びついているという点である。つまり、未来派は、既存の空間編成を刷新することに価値を見出し、それを表象する営みを通じて台頭したといえる。

もちろん、ベンヤミン自身は、戦争を契機として新たな芸術が誕生したということを肯定的に評価したわけではない。前述したように、むしろ、国家が文化を統制する手段と、戦争が密接にかかわることに対して批判的に捉えている。いうまでもなく、本書においても、文化が制度化される契機として戦争を肯定的に捉えているわけではない。戦時期における空間の創造あるいは再編成がなぜ、文化の制度化をもたらすのか、そのメカニズムについて分析したい。

視覚化の論理

未来派に限らず、新たな空間の生成や空間の再編成といった空間をめぐる認識の変化は、新たな表現様式を生み出すことが指摘されている。たとえば、社会学者のアンリ・ルフェーヴルは、空間認識の変化と、文化における新たな表現様式の関係について考察した。とりわけ、絵画における「遠近法」の誕生に注目している。「遠近法」とは、視覚的に認識される事象、つまり、同じ物体でも遠くにあれば小さく認識され、より近くにあれば大きく認識されるといったことを忠実に表象する表現様式である。ルフェーヴルによれば、「遠近法」は、視覚的に認識される事象をより忠実に具現化する手法であり、この手法が生み出されたのは、人々が視覚的に認識できるものに優位性を与える「視覚化の論理」によるとして批判的に捉えている。つまり、視覚的に認識されるものが「正しい」と捉えられることによって、視覚的認識を再現する手法がどんどんと開発されていくのだ。なかでも、「視覚化の論理」を端的に実践しているのが、映画である。ルフェーヴルは、「映画や絵画などの映像芸術にほぼ全面的に優位性があたえられる」ことを指摘し、映画という映像芸術は、空間をより視覚的に表象する欲望ゆえに生み出された表現様式にすぎないとしている。[*24]

また、「遠近法」の誕生は、「視覚化の論理」にとどまらず、共同体とその外部に広がる空間において、自分の存在する空間をいかに捉えるのか、その認識の転換でもある。たとえば、社会学者の荻野昌弘は、葛飾北斎の代表的な浮世絵『富嶽三十六景』（一八二三～一八三三）において、遠景と近景のあいだに中景を描く「遠近法」が誕生したことに注目し、この三つの部分から構成される画面が、社会空間を捉える新たな認識枠組の表出であることを明らかにした。それまでの日本絵画の手法においては、中景が描かれることはなく、近景の背後に遠景をぼんやり描き、社会空間の果てには、何が存在するのかについては、明確には示されておらず、共同体の外側の存在は認識されないか、あるいは恐怖の対象であったとする。[*25]一方で、『富嶽三十六景』では、移動を通じて、共同体の外部に存在する他者を認識することが積極的に評価されはじめたことを意味するという。この分析で興味深いのは、共同体が、他者の移動を通じて、共同体外の存在を認識する過程において、新たな表現様式が生み出されるという点である。つまり、「遠近法」の誕生は、共同体外に存在する他者を通じて、共同体の外部に広がる空間を認識するという、人々の空間認識の転換を端的に示しているといえよう。

とりわけ、戦時期においては視覚をいかに支配するかが重要な戦略となる。思想家のポール・ヴィリリオによれば、「戦争は、人の眼を欺く見せ物と切り離せない、こうした見せ物を作り出すこと自体が戦争の目的である」。また「戦争の歴史とは、まず何よりもその知覚の場の変貌の歴史にほかならないということである。(中略)戦争とは「物質的」勝利(領土獲得、経済支配)をおさめることよりも、知覚の場の「非物質性」を支配するところに成立して」いると指摘している。[*26]

アニメーションは、ヴィリリオの言葉を借りれば、戦時期における「知覚の場の「非物質性」」を支配するための表現手段ともいえる。実際の領土獲得、経済支配に関して有利な状況にあるかどうかという点については、それほど問題にならない。重要なことは、常に有利な状況であるということをアニメーションにおいて表象することである。アニメーションは空間と時間を統制することができる新たな表象として捉えられる。[*27]戦時期におけるニュース映画やプロパガンダ映画のみならず、軍事教育映画の制作は、いずれも視覚の優位性を前提としたものである。とりわけ、第3章で詳述するが、軍事教育映画で用いられた映像技術は、シミュレーション技術や立体を捉えるコンピュータ・グラフィックスに通じる表現となっていくが、それらは直接的に戦争に国民を動員する装置となる。本書では、アニメーションの軍事教育映画にかかわる技術開発についても考察するが、これらは単にアニメーション史を記述するにとどまらず、視覚を通じた大衆動員について、批判的に捉えているといえるだろう。

以上のように、文化、芸術の領域において、表現されている内容の意味について解読し、記号論的にコード化[*28]し分析するだけでなく、その表現様式それ自体が、いかにして生み出されたのかということを考察することで、社会に対する認識方法の転換を捉えることができる。したがって、ルフェーヴルが指摘しているように、書物、絵画、彫刻といった様々な芸術作品において、その表現様式が、いかにして生み出されたのか、その過程そのものを明らかにすることが重要である。[*29]

本書においても、アニメーションが、いかなる表現様式か、描かれている社会空間の捉え方について具体的に分析することによって、文化が制度化される契機を明らかにしたいと考える。

4　本書の構成

序章の最後に、本書の構成および本研究の方法と、そこで用いた資料について示したい。

まず、第1章では、日本におけるアニメーションの黎明期に、アニメーション制作の先駆者らが、いかに試行錯誤して作品制作を行っていたのか、について考察し、アニメーションの組織的制作の成立がいかに困難であるかを指摘する。そして、戦時期におけるアニメーションの勃興について明らかにするために、戦前のアニメーション制作をめぐる環境が、戦時期に、軍部がアニメーション制作を支援したことによって、いかに変化したのか、戦時期におけるアニメーション生産組織の編成の転換、およびその流通の変化について、明らかにする。

そのために、一九一〇年代から一九四五年までの映画雑誌に掲載されたアニメーション関連記事およびアニメーターの手記、インタビュー録の分析を行う。なお、アニメーション関連記事に関しては、アニメーション研究者の佐野明子によって作成された「1928年―45年におけるアニメーションの言説調査および分析〈映画雑誌リスト〉」[*30]が、データベースとして利用可能である。このリストに掲載されている雑誌は、規模の大小にかかわらず五三誌にわたり、発行されていたすべての映画雑誌を網羅しているといってよい。戦時期には、映画雑誌に関しても、政府の統廃合措置が敷かれたため、『キネマ旬報』(一九四一年以降『映画旬報』)『映画評論』『新映画』『映画技術』『映画教育』『文化映画』など数誌に激減したが、軍部や文部省の役人の論文や、彼らの座談会での発言録を掲載しているので、国家とアニメーションの関連を分析するには必要不可欠な資料となる。戦時期の映画政策に関する公文書においては、アニメーションに言及しているものは皆無であるため、なおさらである。また、軍事教育映画関連の資料は、制作自体が極秘のため、多くの制作を請け負った東宝の社史、映画史にも記録されていないばかりか、ネガ・ポジは一九四五年八月下旬、すべて焼却され、記録文書も残っていない。[*31]したがって、映画雑誌や、アニメーション制作従事者の手記などを手がかりに考察することが分析の唯一の手段である。

続く、第2章では、アニメーションの生産システムおよび生産組織の編成が変化した要因について、他者の文化と自国家の文化の序列化という観点から明らかにする。とりわけ、いかなる主体が文化生産を実践、あるいは保護するのか、また、アニメーションのいかなる特徴に価値を見出したのか、について考察することによって、支配空間の地理的拡大に伴って認識される他者の存在が、文化政策にいかなる影響を及ぼすのかを明らかにする。分析対象は、第1章同様、映画雑誌におけるアニメーション関連記事およびアニメーション制作従事者の手記やインタビュー録である。

第3章では、第2章で指摘するように軍部がアニメーションに着目したことにより、アニメーション制作組織がいかにして確立していったのか、物の動きを構成する絵を描く専門職であるアニメーターの誕生に着目しながら考察する。アニメーション映像は、単に劇場映画にとどまらず、軍事教育映画にも活用されている。それらの映像がいかにして制作されたのか、映像が現存しないなかで、軍事教育映画のシナリオといえる『爆撃教育用映画取扱説明書』やアニメーターの証言を参照することによって推察したい。

第4章では、終戦間近の一九四五年四月に公開された『桃太郎　海の神兵』における表現様式を分析する。『桃太郎　海の神兵』に関しては、アニメーション史において、戦後消失したといわれており、幻のフィルムと称されていたが、一九八二年に松竹の大船の倉庫から発見され、再び脚光を浴びた。それ以降、『桃太郎　海の神兵』に関する先行研究が蓄積されつつある。本書では、作品を四つのシークエンスに分け、各シークエンスにおいて、他者との関係性（とりわけ、アジア・太平洋の諸民族および連合軍）と、戦時期における空間の再編成がいかにして表象されているのかに着目する。そして、アニメーションという表現様式が、他者との空間をめぐる闘争をいかに「視覚化」していくのか、かわいい動物キャラクターによって、何をみせ、何を隠すのか考察する。

第5章では、一九四〇年七月樹立されたヴィシー政権期における国家とアニメーションの関連について考察する。フランスは、ヨーロッパではじめてアニメーションが制作された国でありながら、戦前は、日本同様、個人作家による作品として制作されているにすぎなかった。しかし、戦時期においては、日本同様、国家がアニメーション制作に経済的支援を行うことで、レ・ジェモー社のポール・グリモーを筆頭にアニメーション制作体制が組織化され、アニメーションが制度化されていく。

なお、フランスにおけるアニメーションと国家の関係に関しては、フランス、パリにある国立映画図書館（Bibliothèque de film）のアーカイブセンターにおいて、ヴィシー政権期のアニメーション制作に関する資料が保存されており、それらを主として用いる。アーカイブセンターには、第二次世界大戦期において、アニメーション制作従事者と政府機関のあいだで取り交わされた文書、国家から融資を受けた際の領収書の原本等が、多数所蔵されている。個々の資料は、発行された時期や制作会社ごとに分類・保管されている。[*32]

第6章では、これまで論じてきた第二次世界大戦期の日本とフランスにおけるアニメーションをめぐる環境の変化について、その共通性の分析を通じて、なぜ、戦時期にアニメーションの勃興が起こったのか、について考察する。そして、他者とのあいだで勃発する、支配の領域を区分する境界をめぐる闘争と、それによってなされる空間の再編成が、アニメーションという表現様式にいかにして関連するのか、について分析していく。また、戦後制作されたアニメーションについても空間の再編成という観点から考察する。とりわけ、現在のアニメーションの一つのジャンルである宇宙を舞台にした作品に着目し、宇宙に拡張する支配空間の再編成の視覚化に言及する。そうすることで、いかなる契機において文化が制度化されるのかを明らかにすることができると考える。

第6章までは、第二次世界大戦下以前のアニメーションの制度化に着目してきたが、第7章以降は、それが今日のアニメーションをめぐる環境にいかに展開しているのか、という観点で考察していきたい。

第7章では、アニメーションの背景美術に焦点をあて、アニメーション消費の現代的展開について検討する。アニメーションは背景とキャラクターの二層構造である。戦時期よりアニメーションにおける背景美術の技術革新があったが、戦後、アニメーションの背景美術を描くときにロケーションハンティングを行う作品も生まれ、背景美術への着目度が飛躍的に高まった。それはのちに、アニメーションの聖地巡礼という消費行動を導き出し、作品で描かれている空間と現実を接合する実践となる。アニメーションの聖地巡礼に焦点をあて、アニメーションで描かれる空間の再編成がいかにして現実社会へと拡張されて認識されるのか、検討する。

そして、第8章では、戦時期に胚胎したアニメーション産業の基盤が戦後いかに展開していくのか、考察する。戦後は国家の経済的支援に代わって、民間企業がアニメーション産業を主導していくことになる。一九五三年のテレビ放映開始後は、日本においてアニメーション作品が大量生産され、他国の追随を許さない現状にある。各国で戦時期に開花したアニメーション産業の基盤は、人材あるいは経済的要因により維持できない場合が多いなか、日本においてアニメーションが大量生産され、日本文化として認識されるまでとなったのは、いかなる要因があるのだろうか。アニメーション産業の興隆を支えるアニメーターは、フリーランスで仕事を請け負う者が多く、収入が安定しないことが知られている。長年、放置され続けていた問題であるが、二〇二四年五月、国連人権理事会の「ビジネスと人権」作業部会は、日本のアニメーション業界におけるアニメーターの労働問題について指摘した。[*33] この章では、いかにして日本のアニメーターは、アニメーション産業に従事し続けるのか、その労働実態に着目し、検討したい。

終章では、日本とフランスのアニメーションの巨匠が戦後のアニメーション界においていかに交わっていったのか、という点を取り上げたい。スタジオジブリを興した高畑勲は、戦中から戦後にかけてフランスのアニメーション界を牽引したポール・グリモーの作品、とりわけ『やぶにらみの暴君／王と鳥』（一九五二／一九八〇）に触発され、アニメーション界に足を踏み入れたと公言している。高畑によるグリモーの作品群に対する洞察は、制作者と研究者の視点の両方を併せ持ち、グリモーの息子アンリ・グリモーにも「高畑の作品には父の作品と同じ空気が流れている」[*34] といわしめるほどだ。また、その高畑は、同じくスタジオジブリを興した宮﨑駿とグリモーの共通性を指摘しているが、本章では、スタジオジブリの原点と言われているグリモーの『やぶにらみの暴君／王と鳥』と、高畑亡き後に完成した宮﨑駿の監督最新作『君たちはどう生きるか』（二〇二三）のあいだにある共通性を論じ、本書の議論を締めくくりたい。

＊1　『アニメ産業レポート２０１９』（日本動画協会、二〇一九年）資料②をもとに作成。

＊2　日本動画協会が制作会社に行ったアンケート結果による。森祐治「世界の中の日本アニメ」『アニメ産業レポート２０２１』日本動画協会、二〇二一年、一〇〇頁。

＊3　ユーザーの支払った金額を推定した広義のアニメ市場。前掲、一〇七頁。

＊4　『アニメーター労働白書２００９』（日本アニメーター・演出協会、二〇〇九年）をもとに作成。いうまでもなく、アニメーションの制作は、必ずしも図２で取り上げた方法を用いるわけではない。クレイアニメーション、人形アニメーションなど、紙以外の物質を用いる場合はもちろん、様々な方法がある。

＊5　鷲谷正史「アニメーション製作」経済産業省商務情報政策局文化情報関連産業課編『コンテンツ・プロデュース機能の基盤強化に関する調査研究』二〇〇四年（二〇〇七年一月一六日閲覧）。http://www.meti.go.jp/policy/media_contents/downloadfiles/producer/New_Folder/3/03-17.pdf

＊6　戦時期には、漫画映画（アニメーション）の制作工程のなかで、「動画」を描く工程を担う職業は動画家と呼ばれていたが、分業体制が完全ではなかったので、「原画」は監督が描いている場合が多かった。

＊7　日本においても、３ＤＣＧが用いられる作画もあるが、デジタル化に向けた設備投資を個々の下請けプロダクションが行うのは経済的に困難という現状もある。小野打恵「日本のアニメーション制作におけるデジタル化の現状――日本のアニメ制作工程の特殊性と作画・管理のデジタル化に向けた取り組み」『アニメ産業レポート２０１９』日本動画協会、二〇一九年、九四頁。

＊8　前掲、九三頁。

＊9　増田弘道『デジタルが変えるアニメビジネス』ＮＴＴ出版、二〇一六年、一一六－一二八頁。

＊10　Giannalberto Bendazzi, *Cartoons: One Hundred Years of Cinema Animation, John Libbey* (London: John Libbey Cinema and Animation, 1994), p.411.

＊11 『白蛇伝』は、カラー、スタンダード、二一四七・九メートルの長さ、二一万四一五四枚の作画で構成されおり、制作費は四〇四七万一〇〇〇円であった。東映十年史編纂委員会編『東映十年史——1951年‐1961年』東映、一九六二年、二四七頁。

＊12 前掲、二四六‐二四七頁。

＊13 組織名については、大工原へのインタビューから引用。叶精二『日本のアニメーションを築いた人々』若草書房、二〇〇四年、一九五‐一九六頁。

＊14 三好寛「日本のアニメーション・スタジオ史　第四回報告」徳間記念アニメーション文化財団編『財団法人徳間記念アニメーション文化財団年報　2005‐2006』徳間記念アニメーション文化財団、二〇〇六年、二五頁。

＊15 世界初のアニメーションは、一八九九年にアーサー・メルボルン・クーパーが制作した『マッチ・アピール（Match: An appeal）』といわれている（Bendazzi, *Cartoons*, p.7）。『マッチ・アピール』は、ボーア戦争の軍隊にマッチを送りましょうと呼びかける英国市民に向けた宣伝アニメーションである。この時代のほとんどのアニメーションは、静止画を単にスクリーンに映写するだけのものであったが、ここで興味深いことは、この作品が戦争と関連したものであるという点である（前掲、p.40）。

＊16 氷川竜介『日本アニメの革新——歴史の転換点となった変化の構造分析』角川新書、二〇二三年、一二四‐一二五頁。

＊17 戦争とアニメーションの関連については、軍部がアニメーション製作に介入したことが、アニメーションの歴史において、わずかに触れられている。たとえば、世界のアニメーションに関しては、Bendazzi, *Cartoons*, p.411を参照。日本においては、アニメーション史のなかで、軍部がアニメーション製作にかかわったことが指摘されているにすぎない。山口且訓・渡辺泰『日本アニメーション映画史』有文社、一九七七年。津堅信之『日本アニメーションの力——85年の歴史を貫く2つの軸』NTT出版、二〇〇四年。

＊18 Raymond Williams, *The sociology of culture* (New York: Schocken Books, 1981) p.33.

＊19　ヴァルター・ベンヤミン「複製技術の時代における芸術作品」高木久雄・高原宏平訳『ヴァルター・ベンヤミン著作集2　複製技術時代の芸術』佐々木基一編、晶文社、一九七〇年、三四頁。
＊20　マックス・ホルクハイマー、テオドール・W・アドルノ『啓蒙の弁証法――哲学的断想』徳永恂訳、岩波書店、一九九〇年、二〇七頁。
＊21　ベンヤミン「複製技術の時代における芸術作品」四五頁。
＊22　ジークムント・フロイト『幻想の未来／文化への不満』中山元訳、光文社古典新訳文庫、二〇〇七年、二六六頁。
＊23　ベンヤミン「複製技術の時代における芸術作品」四五頁。
＊24　アンリ・ルフェーヴル『空間の生産』斎藤日出治訳、青木書店、二〇〇〇年、四一四頁。
＊25　荻野昌弘『資本主義と他者』関西学院大学出版会、一九九八年、八九‐九六頁。
＊26　ポール・ヴィリリオ『戦争と映画――知覚の兵站術』石井直志・千葉文夫訳、平凡社ライブラリー、一九九九年、二八‐二九頁。
＊27　雪村まゆみ「文化的実践としてのアニメ」『日仏社会学会年報』第二二号、二〇一二年、五八頁。
＊28　アニメーションを対象とした社会学的研究においては、アニメーションの登場人物のイメージが、時代、社会における性役割、あるいは社会的役割を明確に反映しているということが前提とされている。とりわけ、ジェンダーあるいは家族に対するイメージが、アニメーションにおいていかに描かれているのか、という点に終始している。中野恵美子「テレビアニメにみる日本の家族像――サザエさん、クレヨンしんちゃん、クッキングパパより」村松泰子およびヒラリア・ゴスマン編『メディアがつくるジェンダー――日独の男女・家族像を読みとく』新曜社、一九九八年、一〇四‐一三五頁。若桑みどり『お姫様とジェンダー――アニメで学ぶ男と女のジェンダー学入門』ちくま新書、二〇〇三年など。
＊29　ルフェーヴル『空間の生産』五五頁。

＊30　佐野明子「1928－45年におけるアニメーションの言説調査および分析」徳間記念アニメーション文化財団編『財団法人徳間記念アニメーション文化財団年報　2005－2006　別冊』徳間記念アニメーション文化財団、二〇〇六年、一〇－一〇〇頁。

＊31　佐藤忠男『日本映画Ⅱ　1941－1959』岩波書店、一九九五年、六五頁。小松沢甫「続幻の東宝図解映画社市野正二の足跡」『FILM1／24』第一九号、アニドウ、一九七七年、八頁。

＊32　個々の資料は、ラベリングされているわけではないが、発行された時期や制作会社ごとに分類し、保管されている。予約をすれば誰でも閲覧可能である。

＊33　国連人権理事会「ビジネスと人権」作業部会報告書（二〇二五年二月一八日閲覧）。https://digitallibrary.un.org/nanna/record/4049150/files/A_HRC_56_55_Add.1-EN.pdf?withWatermark=0&withMetadata=0&registerDownload=1&version=1

＊34　叶精二「『王と鳥』と日本人の特別な関係」高畑勲・大塚康生・叶精二・藤本一勇『王と鳥――スタジオジブリの原点』大月書店、二〇〇六年、四二頁。

第1章

戦前のアニメーションとその社会的位置

個人制作から集団制作へ

1　日本におけるアニメーションの黎明期

輸入アニメーションの上映

日本ではじめて、欧米で制作されたアニメーションが上映されたのは、一九一〇年前後といわれている。アニメーション技術は、黒板に描かれた画をコマ撮りで撮影した作品、実写のコマ撮りの作品といった「トリック映画」から始まると考えられており、アニメーション史においては、画を動かすアニメーションの前身として捉えられている。

アメリカやフランスでは一八九〇年後半よりトリック映画が制作され、同時代に日本にも輸入され上映されたのである。一九一一年に上映されたエミール・コールの『La Musicomanie』(一九一〇、ゴーモン社)のように「実写と描画のハイブリッド」な構成の作品もいくつか上映されている。[*1] この作品は邦題『凸坊新画帖音楽狂』として上映されているが、この時期に輸入されたアニメーション作品の多くは『凸坊(の)新画帖』と冠して公開されていた。当時、アニメーションは「凸坊」とか「凸坊新画帖」と称されるほどであった。[*2] ただし、映画館における上映情報がすべて記録されているわけではないし、現物フィルムが残されているわけではないので、どの程度アニメーションが上映されたのかは完全には把握できない。[*3]

一九一六年発刊の映画雑誌『活動之世界』に掲載された「凸坊新画帖の話」という記事によれば、当時のアニメーションの上映状況は次のようにまとめられている。フランスにおいて映画と同時期に制作され、日本に輸入されたのは、パテ社、フレール社、ゴーモン社等のフランスの作品であった。その後、パテ社と契約し、アメリカでブレイ・スタジオを設立したジョン・ランドルフ・ブレイによって制作されたアニメーションは、「従来のものに一新機軸を出し、宛然、普通の俳優が演じている様に思われる程に巧妙になったため、大層な受け方で、これが一つの動機となり」、アメリカにおいてアニメーション制作が盛んに行われるようになったとしている。[*4]

とりわけ、ブレイが制作した『ヒーザー大佐物語（Col.Heeza Liar）』は「チャップリンの喜劇と共に、一時は帝国館の名物となっていた」といわれていた。[*5]『ヒーザー大佐物語』は一九一三年から一九一七年にかけて上映されたシリーズ作品であるが、『活動之世界』の記事では、その制作方法に関しても言及があり、ブレイは制作の省力化を実現していると指摘されている。[*6]ブレイはアニメーション制作の分業化と制作技術の開発、特許取得という功績からのちにアニメーション界のヘンリー・フォードと呼ばれた。[*7]

日本におけるアニメーション制作のはじまり

このような欧米のアニメーションの人気は、日本におけるアニメーション制作が試行錯誤される契機となった。日活（日本活動寫眞株式会社）、天活（天然色活動寫眞株式会社）、小林商会といった映画会社がアニメーション製作に乗り出すことになる。当時、アニメーション制作が映画会社の新事業として期待されていた。まだアニメーションの制作方法も確立していなかったので、当然、アニメーション制作の専門職が存在するわけではなく、各映画会社は、漫画家や画家に制作方法も含めて開発させようとしていたのである。

映画会社の依頼を受け、下川凹天、北山清太郎、幸内純一はアニメーション制作の方法を個々に研究していた。下川は天活と契約する以前は、風刺漫画雑誌『東京パック』所属の漫画家であったし、天活から制作の依頼を受けた幸内は東京毎夕新聞社で政治漫画を描いていた。[*8] 一方で、北山はもともと水彩画家であり、長らく美術界で仕事をしていた。「現代の洋画社」（まもなく「日本洋画協会」に改名）を設立し、『現代の洋画』という機関誌を発行するなどして、「若手の洋画家の活動を支援する」実業家としての側面を持ち合わせていた。[*9] 美術界から離れたのち、映画館で輸入されたアニメーションを観たことでアニメーション制作を志したといわれている。[*10]

一九一七年一月、ついに国産アニメーション第一作である『凸坊新画帖芋助猪狩の巻』が初上映されることとなる。漫画家の下川が一九一六年に天活に雇用され、制作したものである。当時、『活動寫眞雑誌』では、『凸坊新画帖芋助猪狩の巻』の公開について、「欧米の所謂凸坊新画帖式のトリック応用滑稽線画を研究して、我邦で最初の試みとして成功せるものか（キネマ倶楽部）」と紹介している。[*11] 続いて五月には日活が北山制作の『猿蟹合戦』を、六月には小林商会が幸内制作の『なまくら刀（塙凹内名刀之巻）』をと、国産アニメーションが次々に公開された。[*12] 初期の作品はいずれも五分程度の短編作品で、本編である長編劇映画の併映作品として上映されていた。

一九一七年、日本産のアニメーションが初上映され、しばらくは映画会社も積極的に製作に取り組んでいた。映画関連雑誌においても、北山が所属していた日活に関しては、「日活向島の新計画」と題して、

『猿蟹合戦』以降、「毎月一本乃至二本宛製造販売する事とせり。線画喜劇は我が国に於ては正に新事業と謂いつべし」と紹介されている。[*13] 日活は、物語を主題にしたものだけでなく、逓信省《ていしん》の依頼を受けて新事業の簡易保険を宣伝しようとした『貯金の勤』（一九一七）といった日本初の広報アニメーションも製作した。その後、逓信省は『塵も積もれば山となる』の製作を依頼し、全国で上映されたといわれている。[*14] 後述するが、日本製アニメーションの黎明期においては、政府の広報、教育映画として制作されることが主流だった。

新事業と期待されてはいたが、いずれも大規模な組織的制作とはいえず、継続的にアニメーション制作ができたというわけではなかった。北山が、当時の様子を、作家が「自作自監自演そのうえ自販まで」[*15] 行っていたと端的に語っているように、ストーリー作りから監督、演出、さらには販売まで、すべての工程をほぼ一人の作家が担っていたのである。下川は、カメラマンのアシスタントと二人体制であったが、アニメーション制作で右目の視力を失い、一年半ほどで引退を余儀なくされた。幸内も同じく漫画家の前川千帆の協力をえているが、小林商会の経営不振により支援が打ち切られた。[*16] 翌年の一九一八年には東京毎日新聞に入社し漫画を描きながら副業としてアニメーション制作に細々と取り組んでいたが、一九二三年にスミカズ映画創作社を設立し、政府の広報アニメーションを制作した。制作本数は約一五本といわれている。[*17]

一方、北山は日活に入社して『猿蟹合戦』の他、一九一七年に一〇本、一九一八年に一二本と、短編とはいえ定期的にアニメーションを制作していた。他の二人と比べて多くの作品を制作できたのは、北山が

「かなり経済的に作ることを考えて、それを実行した」からと考えられる。[18] そして、制作時間を短縮することを試みた結果、表現される動きが制限された。そのため、一九一七年に三人の作品が立て続けに公開された際、比較して批評されることがあったが、北山作品に関しては「ことに駒数を惜むため、人物の動作が甚だしく断続的になる」と指摘されている。[*19]

北山は徹底してアニメーション制作の合理化に資するために分業制作をすすめていた。自宅には、戦前、戦中とアニメーション制作の中心的な存在となる山本早苗を含む弟子を数名配置し、日活向島撮影所の撮影室では二、三人のスタッフで撮影と編集を行っていたようである。[*20] さらには、一九二一年に日活から独立し、北山映画製作所を設立、一〇名ほどの弟子を育てた。しかし、一九二三年の関東大震災で機材が全滅してしまい、アニメーション制作の中心からは離れていく。[*21] それ以降、大毎キネマニュースの技師として、映画等に挿入する字幕の制作を請け負った。当時、アニメーションよりも「素早くアート・タイトル即ち字幕を美術的に作ること」のほうが歓迎されたので、本業がタイトル作成になり、アニメーション制作は片手間にしかできなかったと述べている。[*22] 一九一七年以降、新事業としてアニメーション制作に対する機運が高まってはいたが、作品制作は北山による組織化の萌芽がみられたとはいえ、その体制が継続的に維持されることは困難であった。

先駆者三名に続いて一九二〇年代にアニメーション制作を行っていたのは、北山や幸内の弟子筋であった。北山映画製作所から独立した山本早苗は、山本漫画製作所を設立し、政府の広報アニメーションを多数受注することとなる。その山本の幼馴染である村田安司は、一九二三年に設立された教育映画の制作を請け負う横浜シネマ商会で洋画のタイトル書きの傍ら、アニメーション制作の研究を行い、一九二六年に社内に村田プロダクションを興している。[*23] また切り絵アニメーションで有名となり、レコード式のトーキーアニメーション（トーキー漫画）をいち早く制作した大藤信郎は幸内の弟子であった。しかし、全体としては小規模にとどまり、映画館の興行として成立することは困難であった。

戦前におけるアニメーション上映の場は大別して、映画館と学校の二つであったが、日本製のアニメーションは映画館で上映されるというよりは、小学校などの視聴覚教育で用いられることが多かった。佐野明子は「興行的な利益を十分にあげられなくても日本のアニメーションが存続しえたのは教育という「市場」があったからにほかならない」と指摘している。[*24] 一九三〇年代当時、「講堂映写会」と呼ばれる「不定多数学年の児童を同一講堂に収容して活動写真を観覧させる催し」が小学校で執り行われていた。「講堂映写会」は、東京市赤羽尋常小学校の校長によれば、児童を「映画館の害毒から救済しよう」という目的に加えて、「娯楽を第一に考える一種の総合教育」を目的としている。「番組中には必ず漫画が要求された」という。[*25] 講堂映写会では、巡回活映プログラムを利用していたが、たとえば、東京日日、大阪毎日両新聞社提供の巡回活映プログラムは、(一) 劇映画、(二) 漫画映画、(三) 風景その他実写物で構成されていた。[*26]

一九一〇年代後半から教育にも映画を活用するという動きがあった。メディア論を研究する赤上裕幸は、戦前から戦後にかけてのポスト活字になりえるメディアを通史的に考察しているが、「映画館＝悪所」という認識を超えて、映画が教育に活用される経緯を分析し、映画を用いた教育がいかにして制度化していくのか詳述している。[*27] 文部省は一九二九年に社会教育局を誕生させ、一九三一年には民衆娯楽調査委員会を設置した一方、大毎キネマニュースは具体的に映像を教育現場に持ち込むことを実践していくのである。[*28]

当時、大毎キネマニュースの技師であった北山は、「教育映画又は教育に類似した映画には、線画はつき物、否、無くてはならぬもの」といい、「線画の原理を応用して作れば、色々な動く、興味を以て見せることの出来る統計表というようなものも簡単に出来る」と述べている。[*29] 後述するように、当時映画館で上映されていたアメリカ製のアニメーションは音のあるトーキーアニメーションである一方で、小学校の設備はほとんどがサイレント版であるため、日本製の漫画映画[*30]が必要とされていたのである。『映画教育』の誌上では、「漫画映画座談会」と題し、教育現場におけるアニメーション（漫画）映画の活用について、学校関係者や制作者を交えて議論されている。[*31]「日本で作られる漫画が行き詰ってきたのではないかという声もき」くし、一方で「学校の先生方の漫画というものに対する考え方」がはっきりしていないということからも、教育現場のおけるアニメーションの活用については手探りの状況であったといえる。[*32]後述するように興行ではすでにアメリカ製アニメーションが人気を博していたが、「アメリカ式のギャッグでなく」、「日本の子供に適したギャッグ」の表現が模索されており、教育現場に特化した表現形態が求められていた。[*33] つまり、日本製のアニメーション作品は教育現場あるいは政府の広報アニメーションが主流であったため、興業にかかるものではなく、大規模な生産体制が確立するには至らなかった。

長期にわたりアニメーションの制作体制を維持することが困難であったのは、アニメーション制作に従事する者がきわめて限られていたという点にある。というのも、当時は、アニメーション制作者が徒弟制度的に養成されていたからである。作家のもとでアニメーションの原理や制作方法を学んだのちに独立するというのが一般的であった。アニメーション制作を専門的に学ぶことのできる教育機関は存在しなかったし、体系だった文献すらもなかった。北山は「机上の研究が始まった。参考書も何もない。線画のフィルムの破片すらない。全く何も相談相手とするものがなかった」と当時を振り返っている。[*34] そこで、日活の機材で研究し、アニメーションの技術を見出していくことになる。当時、「原理は簡単で明白になっていることでも、仕事の部分、工程とかいうものに苦心があり発明があり」、従って「皆秘密にして」いたのである。[*35]

戦前からアニメーション制作に携わり、日本初の長編アニメーションを制作した瀬尾光世は、一九三〇年頃のアニメーション制作の秘密主義について、次のように述べている。

学校の校庭で上映するアニメーションを製作している大藤信郎さん、村田安司さん、山本早苗さんといった三人の方々の所へ弟子入りを頼み込んだんですが、みなさん同じように「これは自分が開発した技術だから一子相伝で、弟子入りは困る」というんですよ。それぞれ自分の一家だけでやっているから食い込む余地がないと絶望しちゃったんですね。[*36]

瀬尾は、その後、「日本プロレタリア映画同盟（プロキノ）」において、アニメーション制作を行うようになるが、プロキノに対する弾圧により東京から「逃げ」る必要が生じ、拠点を京都に移す。後述するが、当時松竹と契約し、映画館での興行用のトーキー漫画映画の制作に取り組もうとしていた政岡憲三が、京都で政岡映画製作所を旗揚げしていた。政岡を監督として、瀬尾は、その下で「チーフ」として作品制作に従事したのである。[*37] その後、日本初の長編アニメーション[*38]『桃太郎の海鷲』(一九四三)を制作する芸術映画社に所属することとなる。

以上のように日本製の短編アニメーションは映画館に配給されないため、日本製の「漫画が一本立ちで上映されるまでは」利益が出ないといわれていた。[*39] 当時、映画館で上映されるアニメーションのほとんどがアメリカ製であったのだ。

2　トーキー漫画映画の発明

興行を独占するアメリカ製トーキー漫画

一九二八年、ディズニー制作の音声の入ったトーキーアニメーション『蒸気船ウィリー(Steam Boat Willy)』がアメリカで公開され、翌年には日本でも上映されたことで、再びアニメーションへの注目度が急激に高まる。

映画関連雑誌においても漫画映画特集が組まれ、『映画評論』では一九三二年八月号において「発声漫画　特殊映画研究」、一九三四年七月号において「漫画映画と短編映画研究」の特集を掲載している。一九三二年八月号に掲載された「発声漫画管見」において、「トオキイ以前の漫画映画は至極簡単に片づけられていた添物に過ぎなかった。ところが一度トオキイとなると、俄然形勢は一変し、漫画トオキイが立派な呼び物となった」とか、「漫画トオキイはトオキイニュースと共にトオキイの生んだ最も賞められるべき成果だ。而してその存在価値も高く見積もられていい筈である」とか、映像に音声が加わることでえた人気は計り知れないと評価されている。[*40] 当時のチャップリンの人気と比しても「大衆性広汎なる点だけではなくその芸術性の点からいっても、チャップリンの二巻物喜劇に多くの類似を見せながら、而も発声漫画は、ミッキー・マウスは、何処迄も現代のもの、時代の産物なのである」とも評されているほどである。[*41]

『キネマ旬報』（1935年11月1日号）に掲載されたアニメーション上映の広告

実際、一九三〇年代に入り、映画館は、たびたび、アニメーションを特集した番組を組むが、上の広告のように、上映されていたのは、主にベティ・ブープやポパイシリーズのようなアメリカ製アニメーションであった。上に示した広告に挿入されている「パラマウント漫画スタディオの傑作、日米親善の漫画使節ベティ・ブープが日本を訪問して日本語で唄ふ素晴らしい傑作!!」という宣伝文句にあるように、音声の入ったトーキー映画の普及により、アニメーションにも日本語の吹き替えが入ることで、人気を博すようになったのである。

『キネマ旬報』では、各映画館の興行状況を報告しており、東京倶楽部は、次のように紹介されている。

［プログラムに］漫画大会をはさんでおりますが、漫画だけを覗いて来る観客も、このところすくなくありません、ここのところ客の好尚が漫画に傾いて、漫画全盛の観があります。（東京倶楽部支配人　山田剛談）[*42]

その他にも、新宿松竹座では、『ミッキーのお化け屋敷』『ミッキーの空の英雄』『ミッキーの脱線芝居』『ミッキーの愛犬』『ミッキーの騎士道』等、「一ヶ月の赤字を帳消しにする月例のお家族週間」として、ミッキー・マウスのアニメーションシリーズを上映している。[*43] さらに、昭和館では、「漫画大会は外国映画専門館の最も安全なる方策」とまで評しているほどである。[*44] 当時、アニメーションといえばアメリカ製の作品が念頭に置かれ、「漫画は、現在では、アメリカの占有物のように一般からは思われている」ともいわれるほどであった。[*45] 映画館の経営者にとって、アメリカ製アニメーションは、興行価値のある番組編成として捉えられていた。

日本におけるトーキー漫画映画の制作――スタジオの設立とその閉鎖

トーキー漫画映画の興隆によって、再び、国産アニメーション制作への期待が高まることとなる。京都においては松竹や日活といった大手の映画会社もアニメーション製作に資金投入することで、日本製のトーキー漫画映画が興行として映画館でも上映されることとなる。しかし、いずれも数年で経済的理由により制作を継続することが困難と判断され、撤退を余儀なくされる。ここでは、トーキー漫画映画への期待によって、一九三〇年前後の日本でどのようなアニメーションの集団制作の試みがあったのか、みていきたい。

日本初のフィルム式トーキー漫画映画は、一九三三年四月に封切られた『力と女の世の中』といわれている。監督は政岡憲三で、初のトーキー漫画の制作者であることから「日本アニメーションの父」と呼ばれる。トーキー映画にはフィルム式とレコード式があるが、一九二〇年代からレコード式のトーキー漫画映画は制作されていた。レコード式とは、当時の流行歌などに合わせ制作した映像を、レコードと同時に流すことで音声つきの映画のようにみせたものである。たとえば、幸内の弟子の大藤信郎が制作した『黒ニャゴ』（一九二九、千代紙映画社）は、「レコードの回転数とフィルムの上映速度を調整することで」「音声と画面がシンクロした状態で上映」[*46]されていた作品で、音楽中心のものであった。

政岡は京都市立美術工芸学校と京都市立絵画専門学校で日本画や西洋芸術を学んだが、卒業後は、劇映画の制作に携わる。美術監督、俳優を経験したのち、興業的には振るわなかったが、児童向けの劇映画『海の宮殿』（一九二七）を監督する。[*47]一九三〇年、自宅を制作スタジオとして、『難船ス物語第壱篇　猿ケ嶋』の制作を開始する。[*48]海運業で財を成した政岡家の資産を投じて、一九三三年に京都の下鴨に新しいスタジオ、政岡映画美術研究所を設立する。スタジオの設計は政岡の弟の基次が行い、『新建築』（一九三四年二月号）という建築の専門誌においても平面図や外観が紹介され、注目すべき建造物として捉えられていた。[*49] アニメーション制作においては、制作者の自宅で小規模に行われることがほとんどであったため、専門のスタッフが複数人同時に作業できるような空間は大変先進的であった。

政岡は、一九三二年四月に松竹蒲田撮影所の所長であった城戸四郎とトーキー漫画映画の制作の契約を結んだ。[*50] 松竹としても、当時急激に評価の高まっていたトーキー漫画の国産作品をいち早く製作したいと考えていた。第一作となる『力と女の世の中』は「八人のアニメーターが約六か月の日数をかけて作業し」た作品で、音楽だけでなく、キャラクターに台詞をあてる俳優や効果音をつけるスタッフも制作に携わっていた。[*51] しかし、松竹は経済的な理由から、政岡との提携を数年で解除し、政岡は大手映画会社とは独立したかたちでトーキー漫画映画の制作を行うこととなる。しばらくは家族をスタッフとして動員しながら、新作の制作に取り組んでいた政岡だったが、実家の経済状況の悪化を契機として一九三五年には政岡映画美術研究所は倒産してしまい、スタジオも手放さざるをえなかった。その後、他社の下請けの仕事をしながら、一九三九年には日本動画研究所を立ち上げ、『べんけい対ウシワカ』（一九三九）を制作。[*52] その後、再びアニメーション製作に本腰を入れることになった松竹が、一九四一年五月二九日に本社に動画課を新設し、「京都に古い歴史を有する日本動画協会（経営者政岡憲三氏）を移管[*53]」したことで、政岡は再度松竹でアニメーション制作に従事することとなる。

日活もまた、一九三〇年代に、J.O.トーキー漫画部と連携し、漫画映画製作に再度乗り出すことになる。J.O.トーキー漫画部とは、一九三三年五月、京都に本店を置く大澤商会によって開所されたJ.O.スタジオ内にできたトーキー漫画映画を制作する部署である。大澤商会は当時の映画のトーキー化の時世をいち早く捉えた商社で、「映画の撮影・録音を請け負う新会社」であるJ.O.スタジオと太秦発声映画を設立している。京都において、トーキー映画制作の拠点となった。[*54]

それ以前の京都で、トーキー漫画映画の制作の中心を担っていたのは、童映社という京都の同志社大学の学生、卒業生を中心に結成されたアマチュアの映画制作集団である。「子供たちにとにかく面白くて有益な映画を見せること」を目的に一九二九年に結成されたが、ほとんどが映画制作の経験がなく、本格的な資材が揃っているわけではなかった。一作目の『アリババ物語』（一九二九）や同年製作の『一寸法師』、代表作である『煙突屋ペロー』（一九三〇）といった影絵アニメーションが制作されるが、一九三二年には解散となる。しかし中心メンバーだった中野孝夫らのアニメーション制作への情熱が再熱し、旧童映社のメンバーが再結集し、J.O.トーキー漫画部を新設し、J.O.スタジオの空きを活用しながらその制作を再開することとなる。[*55]

J.O.トーキー漫画部の制作した作品は、「オモチャ箱シリーズ」など、学校での上映会のプログラムとして高い評価をえていた。また、J.O.スタジオ社内のトーキー漫画部だけではなく、京都を拠点とする漫画映画制作者との関係も深めていく。政岡憲三、日活の漫画部と提携をして、音声の録音だけでなく、作品の共同制作が行われた。[*56]

これまで、漫画映画の制作拠点として京都を挙げてきたが、このような体制が長く続いたわけではなかった。というのも、トーキー漫画映画の制作にはやはり人手と日数がかかるため、海外製のものと比べて作品の値段が高くなってしまう。欧米のアニメーションは海外への輸出を見込んで大量生産されているため、販売価格が抑えられている一方で、日本製のアニメーションは国内での上映に限られているため、単価が高くならざるをえない。大藤によれば、日本製アニメーションが制作に一本一〇〇〇円かかるとすれば、「外国ものはミッキーマウス二本で千圓位で買える」というように二倍の価格設定であると指摘している。[*57]また、同時代に制作されていた劇映画と漫画映画のフィルム一フィートあたりの金額を比較したアニメーション研究者の萩原由加里によれば、漫画映画の値段は約一・四円に対して、実写映画が約〇・一四円となり、漫画映画は実写映画の一〇倍の値段と算出でき、割高であったことがわかる。[*58]採算が見込めない漫画映画の制作を継続的に行うことは困難であると判断されたのである。

したがって、J.O.トーキー漫画部は、設立の翌年には、規模が縮小され、最後には市川儀一が代表者となり、ほとんど一人体制で漫画映画制作を行っていた。市川儀一は、映画監督の市川崑の本名で、市川の作品制作のキャリアは漫画映画から始まっている。設立間もない一九三三年の入社以来、漫画映画制作に従事するが、最後の作品となった『新説カチカチ山』（一九三五）と『絵本モモタロー』（一九三五）は、「絵を描く作画作業や撮影はすべて市川が単独で」完成させた。一九三六年にトーキー漫画部は完全に閉鎖され、市川は漫画映画から劇映画へと転向するのである。[*59]提携していた政岡映画美術研究所も一九三五年七月に倒産、日活の漫画部も一九三五年六月には解散している。トーキー漫画映画への期待とともに京都においていくつかの制作組織が発足するものの、わずか数年でほとんどなくなってしまった。

一九三三年、J.O.スタジオと時期を同じくして、写真化学研究所（P.C.L.）が線画や漫画映画製作の一部門を設定した。主任は大石郁雄で、のちにJ.O.スタジオと合併して東宝映画株式会社が発足し、軍事教育映画の製作に従事することになる。

組織的制作の必要性

これまで、制作方法に関しては秘密主義が徹底されていたが、一九三〇年代には、アニメーション制作にかかわる文献が出版され始めた。それらは北山、下川、幸内といった、アニメーション制作の一線からは退いたパイオニアたちによって成し遂げられた。たとえば北山は、『映画教育の基礎知識』（一九三〇、教育書館）において、「線映画の作り方」としてアニメーションの原理や制作方法を公開している。また、幸内は、一九三四年に出版された『漫画講座　第二巻』（日本漫画会編、建設社）において、アニメーションの制作方法について「トーキー漫画の作成法」として分担執筆している。下川もまた、引退後、戦時下の一九四三年に漫画の描き方からアニメーションの作成方法までを一冊にまとめた『実習指導　漫画の描き方』（弘文社）を出版している。いずれも、当時、人気を博していたアメリカ製のトーキーアニメーションについて触れるとともに、アニメーションの作画法について、切抜法およびセルロイド法の二種類を紹介している。作画に関する分業のあり方（鉛筆でのデッサン、墨書き＝清書、切り抜き、背景）が順を追って説明され、清書で使用する机の構造を示す図まで掲載されている。[*60] 一九三〇年代の作り手らも映画関連雑誌においてアニメーションの制作方法について紹介するようになる。『映画評論』一九三四年七月号において、J.O.トーキー漫画部所属の中野による「トーキー漫画の出来るまで」という論考が掲載されている。

前述の書籍のなかで北山は、出版の意図としては、アニメーションの大量生産のための集団制作体制を確立することにあったと述べている。

> 漫画製作は他の映画製作の如く特に利口に立ち回って経費を節して作るということが困難で、どうしても費やすだけの手数をかけなければ出来上がらないことすなわち機械的に、大量的に生産できない机の上の時間と手間仕事である点において外国も日本も少しも相違しないからである。[*61]

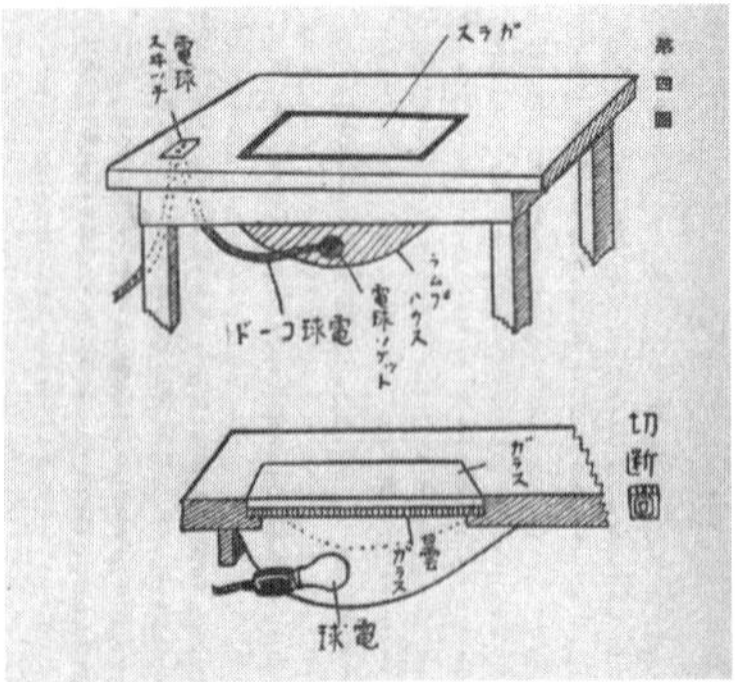

清書で使用する机の構造（「トーキー漫画の作成法」より）

つまり、アニメーション制作は手間、時間をかける必要があるため、他の映画制作と同様に経費を節約することが困難である。そして、アメリカのアニメーション制作体制と比較して、日本のアニメーション制作が小規模制作にとどまっている要因を、経済的問題として捉えているのである。[*62] アニメーション制作の場合、多量の絵を描く必要があるため、制作費の多くは、絵描きの人件費である。したがって、制作費の確保は、制作体制の分業化を可能にする条件となるのである。北山は「筋書きを作るすぐれた作者の支配下に技術者が忠実に仕事をすること」[*63]が必要であると強調する。そして、アメリカのアニメーション制作にならい「大きな統制と正しい分業の集合」[*64]が確立されない限り、日本のアニメーション制作に技術的進展はないと断言していた。

当時、「正しい分業」の模範例として考えられていたのは、人気を博していた「ミッキー・マウスシリーズ」や「シリー・シンフォニー」の制作を行っていたアメリカのアニメーション制作体制である。なかでも、アニメーションの制作プロセスに先立って、制作のうえで不可欠な技術家として「アニメーター」の存在を重要視していた。というのも、アニメーターは、描かれた絵画を「静」より「動」に導く役目を果たす技術家であり、アニメーション制作の主要な工程を担うだけではなく、その工程を分業化することでアニメーションの効率化を可能にするからである。

当時から、アニメーション制作には莫大な時間がかかると指摘されていた。アニメーション制作の先進国であったアメリカにおいてですら、一〇〇フィート（三五ミリフィルムで約一分）のアニメーションを制作するのに、「仕事の早いアニメーター」でも約八時間はかかるといわれていた。そのため、「仕事の早いアニメーター」を養成するために、六ヶ月間、スタジオで各種の仕事の手伝いや研究を行う「見習生」をおき、アニメーターのような特殊技能を持っている者を、それに適する仕事に採用していた。[*65]とりわけ、世界大戦期におけるディズニーのスタジオは、ビジネスの場というよりは、養成所であった。ディズニーが行うまでは、アニメーターを養成しようとする人はいなかった。[*66]ディズニーの功績の一つとしてアニメーター養成を試みたことが挙げられる。第3章で詳述するが、このようなアニメーションの組織的制作が日本において実現するのは第二次世界大戦期を待たなければならない。

3　日本初の長編アニメーション『桃太郎の海鷲』の上映

日本製の長編アニメーションが映画館ではじめて上映されるのは、すでに第二次世界大戦に突入していた一九四三年のことである。真珠湾攻撃の成功を主題にした『桃太郎の海鷲』（瀬尾光世監督、芸術映画社）は全長三七分と、これまでに例のない長尺であった。上の画像は、『映画旬報』一九四三年三月一一日号の見開き二ページに掲載された『桃太郎の海鷲』の宣伝である。宣伝文句は次のように記述されている。

『桃太郎の海鷲』の宣伝頁（『映画旬報』1943年3月11日号）

漫画の世界では日本一の桃太郎君！　迷利犬《メリケン》製のベティ・ブープやポパイなんかとは月とスッポンの違ひだ！　大東亜戦争下、一たび出撃命令下るや、波濤萬里鬼ケ島艦隊大爆撃を敢行！　真珠湾米鬼艦隊を震えあがらせる！　漫画ならでは描けぬ奇想天外！　正に痛快無類の大作戦！　こんな素晴らしい漫画映画をルーズヴェルトに見せてやりたい！

全國地區別封切成績表並びにその比率

三月第三週

	（紅）音樂大進軍 圓 錢		（白）再映週間 圓 錢	
關東	331432.48	4割4分45	233467.44	4割4分81
關西	248544.50	3割3分33	181414.04	3割4分82
中部	62044.92	8分32	31537.35	6分05
九州	76371.68	1割0分24	49557.28	9分51
北海道	27240.54	3分66	25063.27	4分81
合計	745634.12		521039.38	

三月第四週

	（紅）姿三四郎 圓 錢		（白）桃太郎の海鷲 闘ふ護送船團 圓 錢	
關東	369780.21	4割7分07	301832.97	4割6分40
關西	238035.87	3割0分30	232340.92	3割5分73
中部	59652.69	7分59	39174.27	6分02
九州	83757.62	1割0分67	53706.88	8分26
北海道	34350.50	4分37	23252.82	3分59
合計	785576.89		650307.86	

3月第4週（白）『桃太郎の海鷲』『闘ふ護送船団』興行成績（『映画旬報』1943年4月21日号）

ここでは、日本初の長編アニメーションが、アメリカ製アニメーションを越える長編作品として華々しく紹介されている。この作品は文部省推薦漫画映画に指定されたが、推薦理由としては、「従来の描画に比してその制作技術に一段の進歩が認められる」と技術面の評価が挙げられている。[*67]『桃太郎の海鷲』は一九四三年三月二五日に封切られ[*68]、第四週の白系[*69]映画館において、「一〇〇万近くの観客を封切において動員」し、興行収入は、六五万円を超えた[*70]（上の画像参照）。併映は『闘ふ護送船団』[*71]だった。これは、児童の春休みという時期的な要因もあり、「第一級の興行成績」を収めたと評価されている。[*72]日本製のアニメーションが呼び物作品となってこのような興行成績を収めたことはかつてなかった。「漫画映画の制作も興行も共に確実な企業たり得るという新しい実証を映画の新体制は漸く示しえたのである」[*73]。この事実をもって、当時、「漫画映画初陣の功名」といわれ、一般的にもアニメーションの興行可能性に期待が寄せられた。

その後も、アニメーションは制作され続けた。敗戦間近の一九四五年四月には長編アニメーション『桃太郎　海の神兵』が公開された。これは、『桃太郎の海鷲』に続く、瀬尾光世監督「桃太郎」二作目として軍部資本で製作された。

瀬尾は最初、『桃太郎　海の神兵』を制作するにあたって、自身が所属する芸術映画社所属のアニメーターの増員を希望したが、それが叶わなかったため、一九四三年九月、大資本である松竹に移籍することとなった。瀬尾は「アニメーションってものは大きな会社がやるべきもんだと日頃から思って」いたという。その点、松竹は一九四三年には政岡憲三監督作品『くもとちゅうりっぷ』を完成させ、そのスタッフを擁していたので、瀬尾は「そのメンバーをそっくりそのまま使えると思った」という。一年二ヶ月という日数をかけて制作され、制作費に関しても当時としては巨額の二七万円であった。[*74]

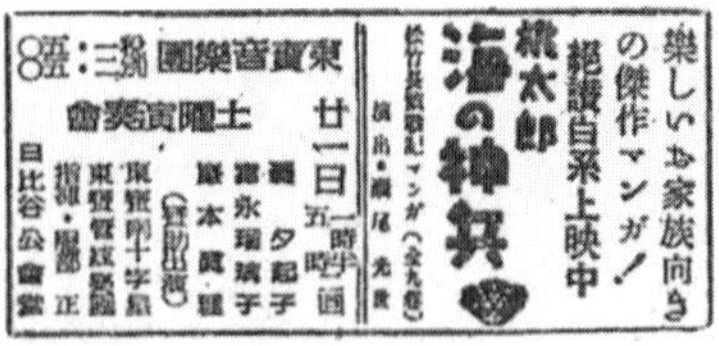

1945年4月15日の『朝日新聞』（東京版）に掲載された『桃太郎 海の神兵』の宣伝

当時、大阪の松竹座で、このアニメーションを観ていた手塚治虫は、『桃太郎　海の神兵』の全編に溢れた叙情性と童心に感激し、「おれは漫画映画をつくるぞ」と誓ったと述べている。[*75] 第4章で詳しく分析するが、たしかに、この作品は、一見すると、桃太郎と、日本とアジア・太平洋のかわいい動物キャラクターが登場する情緒的ともいえる内容である。また、七四分間の超大作であったが、手塚治虫のような例を除けば、大多数の人々は、映画を観る余裕などない状況であった。少なくとも、観客である児童は各地に疎開していたため、ほとんど観客がおらず、「話題にもならずに葬りさられた」という。[*76]

『桃太郎　海の神兵』の制作が開始された一九四四年、すでに戦局は著しく日本軍に不利な状況に陥っていた。しかも、公開された一九四五年四月は、大空襲による大きな被害によって東京や大阪は、すでに焼け野原と化していた。そのようななかで、あたかも戦争も何も起こっていないかのように、『桃太郎 海の神兵』は、「楽しいお家族向きの傑作マンガ！　絶賛白系上映中」として公開されている（右上の画像参照）。家族のなかには戦地に赴いている者や、すでに戦死した者、あるいは空襲の被害者になった者が多く存在した。とても、「楽しいお家族」として、「マンガ」を見ているような状態ではなかったはずだが、それにもかかわらず長編アニメーションが堂々と公開されているのである。[*77]

年	本数
1941	232
1942	87
1943	61
1944	46
1945	26

表1　1941年から1945年にかけての映画制作本数

一方で、映画そのものは、敗戦時まで細々と上映が続けられていたが、一九四一年から一九四五年までに制作された劇映画の本数の推移をみてみると、ほぼ一〇分の一に減少している（表1[*78]）。戦時期においては、その表現が制約されるだけでなく、紙やフィルムも配給となったことによって、物的諸条件も乏しくなったのが、その大きな要因である。[*79]

他方、アニメーションに関する限り、制作から上映に至るあらゆる条件が、戦時期は戦前に比べ、はるかに恵まれたものになり、敗戦を迎えるのである。

4 軍部とアニメーション

戦前は、個人作家によって、短編アニメーションが細々と制作されていたにすぎず、制作スタジオは設立されたとしても、維持が難しく結果的に閉鎖された。しかし、戦中には長編アニメーションが制作されるまでになった。このようなアニメーション制作をめぐる環境の変化は、いかなる理由によるものなのか。

海軍省報道部の米山忠雄は、アニメーションが「現在の殆んど個人的なといっていい製作所の中で恵まれない環境にお」かれていることを指摘し、その状況を改善されるべきとした。そして、「海軍としてもこの重要性は早くから認め試作時代も相当に永いのであるが、大東亜戦争を契機として、製作指導に乗り出す」こととなったと述べている[*80]。つまり、軍部が資金援助を行うことによって、アニメーション製作を推し進めようとしたのである。その結果、軍部資本で一九四二年から一九四四年にかけて少なくとも一〇本（海軍省八本、陸軍省二本）のアニメーションが製作された（表2）[*81]。

米山は、初の長編アニメーションとなった『桃太郎の海鷲』は、「大東亜戦争勃発と共にハワイ海戦に取材することとし、戦争直後に着手した」と述べている[*82]。監督である瀬尾光世は、制作のきっかけを次のように振り返る。「海軍省報道部から出頭命令があり、映画課の浜田《ママ》という中佐《ママ》からハワイ空襲の映画化の要請をうけた[*83]」と。つまり、一九四二年一二月の真珠湾攻撃を契機として、アニメーションの製作が企画されたのだ。大本営海軍報道部海軍少佐の濱田昇一は、この作品に関して「海軍としてもこの種映画に対しては、従来から着目し、これが活用を計っていたところであり、今回も後援して製作に当たらせたの

後援／委託	製作年	タイトル	スタッフ	内容	巻数
海軍省後援	1942	桃太郎の海鷲	制作：芸術映画社／企画：海軍省報道部／演出、撮影：瀬尾光世	真珠湾攻撃の成功をPR。	5
陸軍省報道部後援	1942	芋と兵隊	制作：塚本興行／作画、撮影：片岡芳太郎	食料が欠乏するも芋をふかして野営。	1
海軍省委託	1943	マレー沖海戦	制作：横浜シネマ商会／作画、演出：大藤信郎	マレー沖海戦の成功をPR。	3
海軍省委託	1943	ニッポンバンザイ	制作：朝日映画社／原案：米山忠雄	大東亜共栄圏建設にいたった背景。	1
海軍省後援	1943	お猿三吉 闘ふ潜水艦	制作：日本マンガフィルム研究所／企画：高橋幸次郎	三吉、特攻隊となり敵陣へ。	1
海軍省後援	1943	マー坊の落下傘部隊	制作：佐藤映画製作所／指導：米山忠雄	爆弾落下傘など新兵器で敵を撃退。	2
陸軍省航空本部後援	1944	上の空博士	制作：朝日映画社／演出：前田一、浅野恵	珍発明、珍兵器。	1
海軍省後援	1944	フクちゃんの潜水艦	制作：朝日映画社／演出：関谷五十二	フクちゃんが敵輸送船団を沈没させる。	5
海軍省後援	1944	僕等は海軍志願兵	制作会社不詳／瀬尾光世	海軍志願兵の募集。	2
海軍省後援	1944	桃太郎 海の神兵	指導：大本営海軍報道部／脚本、撮影、演出：瀬尾光世／影絵：政岡憲三	パレンバンに空挺部隊が落下傘降下。	9

表2　軍がスポンサーなったアニメーション一覧

であるが、幸に芸術映画社も非常に力を入れ、我が国の漫画として初めての長編漫画にして、かつ技術的にも我が漫画映画の水準を抜く優秀な作品を生み出した」と評価し、「この映画を平易且楽しく見られるうちに航空思想を啓発するものであり、小国民は勿論、国民総べてが必見の価値あるものと」して推薦の理由としている。[*84] 以前より、瀬尾は文部省の注文で芸術映画社において『あひる陸戦隊』（一九四〇）や『アリチャン』（一九四一）という短編アニメーションを制作しており、官庁でも評判になっていたという。[*85] 芸術映画社は、一九三六年一一月創立の文化映画制作会社であり、自主企画の文化記録映画の制作の他、経営のため官公庁からの委嘱映画の制作を請け負ってきた。[*86]

当時、「事業として安定が保証されていなかった」[*87]アニメーション制作者に対して、「製作費はいくらでも海軍省が出す」という条件が、長編アニメーション制作を可能にした。『桃太郎の海鷲』の制作には六ヶ月を要したが、三七分の長編アニメーションとなった。図3[*88]のように日本ではアニメーションは、一九四一年までの二五年間に三七七作品制作されているが、一作品あたり一巻の短編（約五分）が約四分の三の三二五本を占めており、アニメーションの長編制作は例がなかった。

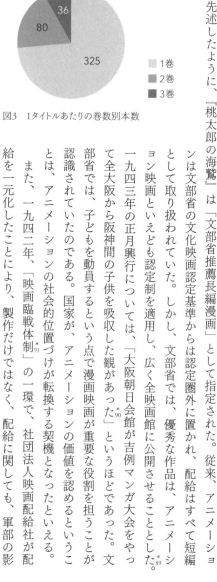

先述したように、『桃太郎の海鷲』は「文部省推薦長編漫画」として指定された。従来、アニメーションは文部省の文化映画認定基準からは認定圏外に置かれ、配給はすべて短編として取り扱われていた。しかし、文部省では、優秀な作品は、アニメーション映画といえども認定制を適用し、広く全映画館に公開させることとした。[*89]一九四三年の正月興行については、「大阪朝日会館が吉例マンガ大会をやって全大阪から阪神間の子供を吸収した観があった」[*90]というほどであった。文部省では、子どもを動員するという点で漫画映画が重要な役割を担うことが認識されていたのである。国家が、アニメーションの価値を認めるということは、アニメーションの社会的位置づけが転換する契機となったといえる。

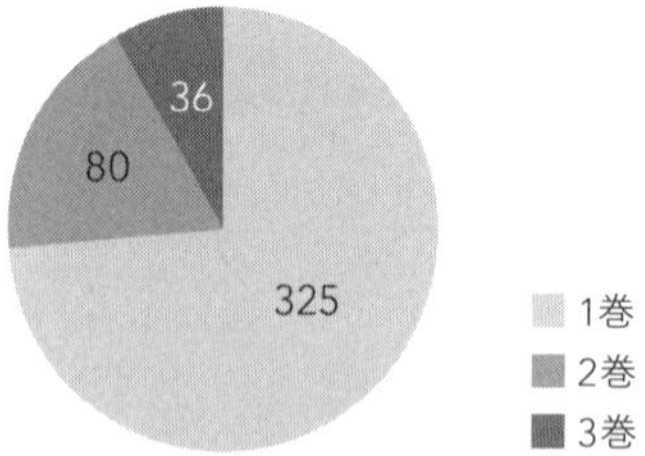

図3　1タイトルあたりの巻数別本数

また、一九四二年、「映画臨戦体制」[*91]の一環で、社団法人映画配給社が配給を一元化したことにより、製作だけではなく、配給に関しても、軍部の影響力が強まった。『桃太郎の海鷲』は、当初、農村漁村での巡回映画へ回すと予定されていたが、「急に海軍が圧力をかけて劇場公開」となった。[*92] 一般の映画館において本編として上映するという好条件で、アニメーションの配給ルートがはじめて保障されたのである。

ただ、このようなアニメーションへの注目は、単にアニメーションが戦意高揚のプロパガンダとして制作が奨励されたというわけではない。たしかに、戦時期における新しいメディアの誕生は、宣伝技術の革新として、しばしばプロパガンダ研究の枠組において論じられる。たとえば同研究領域では、第一次大戦において、「空中散布ビラ、無線通信、戦意高揚映画など大衆向けのニュー・メディアが続々と動員された」とし、現代戦においては、陸海空の三次元のみならず、「心理や思想を標的とした四次元空間にも前線が拡大した」ことを指摘している。これらの「ニュー・メディア」は、「国民一人一人の主体性を動員して、自ら進んで戦争に参加させる[*93]」ことを目的として開発されたものとされており、まさに、現代戦が「思想戦」と呼ばれる所以となっている。しかし、アニメーションと戦争の関係を考察するうえで重要なのは、単に新たなメディアが戦争によって誕生したということを示す点ではない。真に問わなければならないのは、なぜ戦時期において、アニメーションのような表現様式が文化として制度化されたのか、についてである。

次章では、なぜ戦時期に文化政策においてアニメーションが着目されたのか、詳しくみていきたい。

＊1　フレデリック・S・リッテン「「アニメ」が始まった時——1919年までの日本・欧米のアニメーションを通して」渡辺泰・松本夏樹およびフレデリック・S・リッテン『にっぽんアニメ創世記』集英社、二〇二〇年、一九四－一九五頁。
＊2　西村智弘『日本のアニメーションはいかにして成立したのか』森話社、二〇一八年、三四－四〇頁。
＊3　アニメーション史において、『凸坊新画帖』の最古の作品が何であったか、検討されている。作者や原題は不詳であるが、一九一〇年一二月三一日の『読売新聞』の映画紹介欄に『凸坊新画帖』が上映された記録があるといわれている（西村『日本のアニメーションはいかにして成立したのか』三八頁）。また、アニメーション史家のフレデリック・S・リッテンは、一九一〇年前後のアニメーション上映の記録を詳細に検討しているが一九一二年夏から一九一四年春頃までの上映状況はほとんど把握できないとしている（リッテン「「アニメ」が始まった時」）。
＊4　松風生「凸坊新画帖の話」『活動之世界』一九一六年一一月号、二八頁。
＊5　前掲、二八頁。
＊6　前掲、三〇頁。
＊7　Donald Crafton, *Before Mickey: the Animated film, 1898-1928* (Massachusetts: The MIT Press, 1984), p.158.
＊8　リッテン「「アニメ」が始まった時」一九－二〇頁。
＊9　津堅信之『日本初のアニメーション作家　北山清太郎』臨川書店、二〇〇七年、一六－一七頁、二八頁。
＊10　前掲、一六－四九頁。
＊11　『活動寫眞雑誌』一九一七年七月号、一一三頁。
＊12　リッテン「「アニメ」が始まった時」一九－二〇頁。
＊13　『活動之世界』一九一七年七月号、二二二頁。
＊14　リッテン「「アニメ」が始まった時」七六頁。

＊15 北山清太郎「私の漫画観」『活映』一九三三年八月号、一七頁。
＊16 リッテン「「アニメ」が始まった時」一〇一－一〇二頁。
＊17 津堅『日本初のアニメーション作家　北山清太郎』一〇一頁。
＊18 北山清太郎「線映画の作り方」全日本活映教育研究会編『映画教育の基礎知識』全日本活映教育研究会、一九三〇年、三二一－三四一頁。
＊19『活動之世界』一九一七年九月号、二七頁。
＊20 津堅『日本初のアニメーション作家　北山清太郎』一二五－一二八頁。
＊21 リッテン「「アニメ」が始まった時」七七－八二頁。
＊22 北山「線映画の作り方」三二三頁。
＊23 山口康男編著『日本のアニメ全史――世界を制した日本アニメの奇跡』テン・ブックス、二〇〇四年、五〇－五一頁。
＊24 佐野明子「日本アニメーションのもうひとつの源流――一九二〇～一九四〇年代前半における教育アニメーション」大塚英志編『動員のメディアミックス――〈創作する大衆〉の戦時下・戦後』思文閣、二〇一七年、八三頁。
＊25『映画教育』一九三六年一一月号、一六頁。
＊26 前掲、一六頁。
＊27 赤上裕幸『ポスト活字の考古学――「活映」のメディア史1911－1958』柏書房、二〇一三年。
＊28 前掲、一五〇頁。
＊29 北山「線映画の作り方」三二四頁。
＊30 かつて、アニメーションは、その用途に応じて、「漫画映画」「漫画」「線画」「動画」「描画」などと呼ばれていた。なお、本書においては、アニメーションに関して、引用および文脈に応じて、当時の呼称で記述する。
＊31 漫画映画制作者として瀬尾光世と大藤信郎が参加し、漫画家の田河水泡に加えて教育映画関係者、学校関係者が出席

している。「漫画映画座談会（一）」『映画教育』一九三六年一一月号、一六-三一頁。「漫画映画座談会（続）」『映画教育』一九三六年一二月号、一二-三三頁。
＊32 稲田達雄の発言。「漫画映画座談会（一）」一六-一七頁。
＊33 教育映画製作に従事していた東洋英和女学校小学科の関猛の発言。「漫画映画座談会（一）」二〇頁。
＊34 北山「線映画の作り方」三二二頁。
＊35 前掲、三二六-三二七頁。
＊36 瀬尾光世へのインタビュー。尾崎秀樹『夢をつむぐ――大衆児童文化パイオニア』光村図書出版、一九八六年、二一八-二一九頁。
＊37 瀬尾へのインタビュー。前掲、二一八-二一九頁。
＊38 上映当時、新聞広告では長編と報じられたが、五巻三七分の映像なので、現在では中編に分類されている。渡辺泰「『桃太郎の海鷲』の思い出」佐野明子・堀ひかり編著『戦争と日本アニメ――『桃太郎　海の神兵』とは何だったのか』青弓社、二〇二二年、二九頁。
＊39 瀬尾光世の発言。「漫画映画座談会（続）」二二頁。
＊40 安田清夫「発声漫画管見」『映画評論』一九三二年八月号、二三頁。
＊41 飯田秀世「発声漫画の芸術性」『映画評論』一九三二年八月号、四二頁。
＊42 『キネマ旬報』一九三二年一二月一一日号、三五頁。［　］は筆者による。
＊43 『キネマ旬報』一九三三年八月一一日号、二一頁。
＊44 『キネマ旬報』一九三三年一〇月二一日号、三三頁。
＊45 柳亮「沸蘭西映画発達史三――映画技術の変遷」『キネマ旬報』一九三六年三月一一月号、七六頁。
＊46 萩原由加里『政岡憲三とその時代――「日本アニメーションの父」の戦前と戦後』青弓社、二〇一五年、九四頁。

＊47 前掲、五七－六三頁。
＊48 前掲、六三頁。
＊49 前掲、一〇一－一〇二頁。
＊50 前掲、九八－九九頁。
＊51 前掲、一〇七頁。
＊52 前掲、一〇七頁。
＊53 「松竹本社に動画課新設」『映画旬報』一九四一年六月二一日号、一〇頁。
＊54 萩原『政岡憲三とその時代』六七－六八頁。
＊55 前掲、六九－七一頁。
＊56 前掲、七三－七四頁。
＊57 大藤信郎の発言。前掲の座談会において日本のアニメーション制作の課題を指摘している。「漫画映画座談会（一）」二二頁。
＊58 萩原『政岡憲三とその時代』八三－八四頁。
＊59 前掲、七七頁。
＊60 下川凹天『実習指導　漫画の描き方』弘文社、一九四三年、五八－六四頁。幸内純一「トーキー漫画の作成法」日本漫画会編『漫画講座　第二巻』建設社、一九三四年、一一五－一一七頁。
＊61 北山「私の漫画観」一六頁。
＊62 前掲、一七頁。
＊63 前掲、一七頁。
＊64 前掲、一八頁。

*65 神原直裕「トーキー漫画のこと」『活映』一九三三年八月号、三八頁。
*66 Leonard Maltin, *Of Mice and Magic: A History of American Animated Cartoons* (New York: NAL and McGraw Hill, 1980) p.15–16.
*67 「劇映画新作品」『映画配給社報』第四号、一九四三年、一八－一九頁（東京国立近代美術館フィルムセンター監修『映画公社旧蔵　戦時統制下映画資料集　第二巻』ゆまに書房、二〇一四年、八四－八五頁に収録）。
*68 『桃太郎の海鷲』は、一九四二年一二月に海軍省に納品されていたが、海軍省が春休み公開にこだわったという。そのため、一九四三年一月以降、上海、新京（長春）、奉天（瀋陽）などの映画館で先行上映されている（秦剛「中国で先行封切りされた『桃太郎の海鷲』」佐野明子・堀ひかり編著『戦争と日本アニメ――『桃太郎　海の神兵』とは何だったのか』青弓社、二〇二二年、一〇六－一一〇頁）。スライドによる字幕がつけられており、観客は中国人が八〇パーセント、日本人が二〇パーセントの割合と報じられている（秦剛「上海租界劇場アニメーション上映史考――『ミッキー・マウス』、『鉄扇公主』、『桃太郎の海鷲』を中心に」大橋毅彦・関根真保・藤田拓之編『上海租界の劇場文化――混淆・雑居する多言語空間』勉誠出版、二〇一五年、二〇四－二二一頁）。
*69 一九四二年四月一日より社団法人映画配給社による一元的配給が開始された。全国の約二四〇〇館の映画館が紅白二系統に分割され、一週間ごとに新しい番組編成が設定された。加藤厚子『総動員体制と映画』新曜社、二〇〇三年、一一六－一一七頁。
*70 『映画旬報』では、「興行展望」と題し、全国の映画館の興行収入を掲載していた。
*71 『闘ふ護送船団』（全七巻）は、制作芸術映画社、後援海軍省・陸軍省報道部の長編記録映画である。
*72 『映画旬報』一九四三年四月二一日号、四八－四九頁。
*73 『映画旬報』一九四三年四月一一日号、一〇一頁。
*74 瀬尾へのインタビュー。尾崎『夢をつむぐ』二二一頁。

＊75　手塚治虫『観たり撮ったり映したり』キネマ旬報社、一九八七年、一一一頁。
＊76　手塚治虫『ぼくはマンガ家』角川文庫、二〇〇〇年、二九頁。
＊77　アメリカの歴史学者であるジョン・ダワーは、『桃太郎　海の神兵』について、次のように評している「映画そのものは大変ロマンチックであった。そして製作時の実際の状況を気にもとめていないことは、本当に寓話やファンタジーの世界に住んでいた男たちの感覚を伝えている」。ジョン・W.ダワー『容赦なき戦争――太平洋戦争における人種差別』猿谷要監修、斉藤元一訳、平凡社ライブラリー、二〇〇一年、四二四頁。
＊78　南博『昭和文化　1925〜1945』(勁草書房、一九八七年）をもとに作成。
＊79　戦時期には、思想統制が徹底され、表現の自由が制約される。歴史学者の有山輝雄が指摘しているように、戦時期において「社会、文化、メディアなどの問題が取り上げられる場合は、政治権力によって自由が奪われ、新しい統制が課せられていたという側面がもっぱら強調されてきた」(有山輝雄「序――戦時期とメディア・イベント」津金澤聰廣・有山輝雄編『戦時期日本のメディア・イベント』世界思想社、一九九八年、ⅶ頁)。
＊80　米山忠雄「海軍関係製作の漫画映画について」『映画旬報』一九四二年一二月一日号、八四頁。
＊81　山口且訓・渡辺泰『日本アニメーション映画史』(有文社、一九七七年）の第三部資料編作品目録をもとに作成。
＊82　米山「海軍関係製作の漫画映画について」八四頁。
＊83　瀬尾の発言。小松沢甫「持永只仁の足跡」『FILM1／24』復刊第二九号通刊四一号、アニドウ、一九八〇年、一一頁。
＊84　『映画配給社報』第四号、一八－一九頁。
＊85　瀬尾へのインタビュー。尾崎『夢をつむぐ』二一九－二二〇頁。
＊86　「文化映画製作配給書巡り」『文化映画』一九三八年二月号、二四頁。
＊87　米山「海軍関係製作の漫画映画について」八五頁。

＊88　山口・渡辺『日本アニメーション映画史』の第三部資料編作品目録をもとに作成。

＊89　『映画旬報』一九四三年九月一日号、四頁。

＊90　「興行展望」『映画旬報』一九四三年一月二一日号、四一頁。

＊91　「映画臨戦体制」とは、「映画製作・配給・興行のあり方」を大きく転換させるもので、製作会社は「東宝、松竹、大映（日活の製作部門・新興・大都の三社合同による新会社）の三社」に限定され、配給は社団法人映画配給社に統一された。近藤和都「〝戦ふ映画館〟――戦時下のオフ・スクリーン」岩本憲児・晏妮編『戦時下の映画――日本・東アジア・ドイツ』森話社、二〇一九年、五七頁。

＊92　瀬尾へのインタビュー。尾崎『夢をつむぐ』二二〇頁。

＊93　佐藤卓己「連続する情報戦争――「十五年戦争」を超える視点」倉沢愛子他編『岩波講座　アジア・太平洋戦争　第3巻――動員・抵抗・翼賛』岩波書店、二〇〇六年、六四頁。

第2章

文化政策に動員されるアニメーション

他者への認識と文化の序列化

1　国家と映画

第1章では、第二次世界大戦下、軍部が奨励したことによって、アニメーション制作をめぐる環境が大きく変化したことを指摘した。戦前には、映画は、大衆娯楽の一つとして、一部では支持されていたものの「低俗なもの」と位置づけられていた。とくにアニメーションは映画の一形式として、本編の劇映画に併映されているにすぎなかった。それが、戦時期において、新たな国民文化として捉えられるようになった。文化としてのアニメーション制作の奨励は、文化政策の一環で行われた。文化政策は、文化の制度化を示す指標の一つといえる。

本章では、まず、いかにして、アニメーションに「国民文化」としての文化的価値が付与され、その制作が奨励されたのか、その過程を明らかにする。その際、なぜ戦時期にアニメーションが国家と結びついたのかという点に着目したい。

国民文化としての映画

一九三七年七月に勃発した日中戦争以降、国家は、映画を国民文化として捉えたうえで、その管理、統制を強化した。映画に関する管理、統制は、二つの組織が主導した。一つは、映画の検閲を行っていた内務省であり、いま一つは、宣伝、報道にかかわった陸海軍の報道部である。

とりわけ、映画行政の中心的役割を果たしていたのは、内務省警保局の検閲官であった館林三喜男である。館林は、映画が大衆に及ぼす影響の大きさについて評価し、総合的映画利用を目指した。そして、一九三九年には、内務省と文部省によって、日本初の文化立法である「映画法」が制定された。館林は、映画法制定の直前に、日本の映画事業の発展に関して、次のような文書を残している。

日本の映画事業をどうして、発展させるか、日本の映画をどうして国民芸術としての水準にまで高めるか、どうして国民文化の向上に寄与せしむるかの問題は、映画の製作業者も、監督も、俳優も、配給業者も、興行者も最も真剣に考へねばならぬし、映画評論家も亦それに対し、正しい指針を与へねばならぬし、官庁も亦最善の判断の下に行動しなければならぬ。[*1]

この文書から、国家が映画を「国民文化」あるいは「国民芸術」として捉え、映画の社会的位置づけを高めようとしていることがわかる。映画法の第一条には、映画が「国民文化の進展に資する」[*2]ことが目的として掲げられていた。映画法の制定は、映画を国民文化として捉えたということであり、映画をめぐる文化観の転換を端的に示している。

なかでも文化映画という分類の台頭は、国策とアニメーション上映を結びつけるうえで重要な枠組みとなった。たとえば、戦時下の文化研究も行っている批評家の大塚英志は、「「文化映画」とはそのような国策を具体的にアニメーションに導入しうる枠組みとして作用した」[*3]と指摘しているが、映画法第一五条において、文化映画の強制上映の法的根拠が示されている。ここでは文化映画ではなく、「特定種類の映画」と書かれているが、一九四〇年の映画法の改定では、「文化映画認定の範囲の標準」が定められている。[*4]文化映画の形式に関して具体的に触れられてはいないが、これ以降アニメーションを用いた映画は文化映画の枠組みのなかで製作されていくことになる。国家と結びつくことで、管理の対象となるという側面と、制作と上映の場が保障されるという両側面をえたことになる。

また、文部省においても、学校教育に映画を導入することが先駆的に始められた。それには、二つの目的があった。一つ目の目的は、当時、映画館は、子どもたちに悪影響を及ぼすといわれており、子どもたちを映画館から遠ざけるためである。もう一つは、より積極的に映画を評価する目的といえ、総合教育の一環として、映画を用いた教育方法を開発するということである。

とりわけ、一九三〇年代以降、児童を対象に開催された「講堂映写会」においてアニメーションが活用されていた。教育現場では、アニメーションには（一）場面場面の面白いシーンによって気持ちを軽くするといった特徴に加えて、（二）筋（テーマ）によってある教訓を与え、ことの内容を明らかにして把握を容易にする、という特徴があると指摘されていた。また、雑誌『映画教育』は、アニメーションの教育的価値についての調査を実施し、年齢を問わず、児童向けの教材としてアニメーションは大いに活用できると結論付けている。このように映画教育に関連する雑誌では、たびたびアニメーションの教育効果について言及されていたのである。[*5]しかし実際に文化映画認定漫画映画と文部省推薦漫画映画に選定されているアニメーションの作品数は多いとはいえない。映像産業史を研究する古田尚輝によれば、『映画年鑑』『日本アニメーション映画史』などから算出した文化映画認定漫画映画は三本、文部省推薦漫画映画は一本にすぎない。[*6] とはいえ、「映画法は「映畫」という枠のなかで陰に陽に日本の漫画映画に関与し続け」たといえ、アニメーションの社会的位置づけをも大きく変化させた。[*7]

軍部と映画

一方、日中戦争勃発以降は、軍部の文化政策に対する影響力が増す。一九三七年一一月二〇日に設置された大本営には、新たに海軍および陸軍の両報道部が設置された。大本営の設置は三回目であったが、陸海軍に報道部を組織した点が、過去二度の設置と大きく異なる点である。その任務は、「戦争遂行に必要なる対内、対外ならびに対敵国宣伝報道に関する計画および実施」とされていた。とりわけ、大本営の存在感が示されたのが、大本営発表である。

大本営発表第一号は、一九四一年一二月八日の日米開戦に関するものであった。はじめの六ヶ月間の報道は、戦況に忠実であった。しかし、日本軍が惨敗を喫したミッドウエー海戦前後から、大本営発表は、日本側の損害を隠蔽し、さらにはアメリカ側の損害を誇張した内容になっていった。つまり、ミッドウエー海戦以降、日本側の戦況が悪化するなかで、事実とは程遠い勝利報道がなされていったのである。大本営発表については、「発表の内容および時期、方法等は慎重顧慮、常時幕僚と緊密に連絡し、以て軍機の機密を保持すると共に我が国民の士気を鼓舞し、敵の戦意を失墜せしむるものとす」と規定されている。大本営発表においては、戦況を国民に対して忠実に報道するというよりは、戦意高揚のために、戦況をでっち上げるというほうが実態に近かったといえるだろう。[*8]

　また、日本国の支配の領域の拡大に連動し、占領地域における文化政策を通した統治が目指された。その一環として、新聞、雑誌の発行や、音楽、美術、演劇および映画の検閲などを行っていた。とりわけ、軍部は、大東亜共栄圏建設に際して、一九四一年一〇月、大本営陸軍部が出した「対南方思想戦ノ参考」のなかで、思想戦の重要性を指摘し、宣撫《せんぶ》工作の一環として映画に注目した。また、一九四二年九月一〇日付の内閣情報局における次官会議の抜粋によると、「南方映画工作処理要領」[*9]が立案されている。ここでは、「南方地域に対する映画工作は緊急を要し且内地の機構と連携を保持し強力に之を統制するを有利」としている。そして、南方諸地域における映画の配給および上映を、社団法人映画配給社に統括させ、時事映画、文化映画の現地製作に関しては、社団法人日本映画社[*10]があたり、現地の特殊性に対応するために各地に支店を置くことが示されている。というのも、南方は、大東亜共栄圏のなかでも、仏印（フランス領インドシナ）[*11]、タイ、マレーシア、蘭印（オランダ領インドシナ）[*12]、ボルネオ、フィリピン等、東南アジアがその対象とされていたが、それぞれの統治状態や興行条件が異なるため、配給を一元化することによって、現地映画産業の掌握が必要不可欠と考えられていたからである。

　当該地域における日本映画の流通に関して、戦時期に活躍した映画ジャーナリストの市川彩は、『アジア映画の創造及建設』において詳述している。たとえば、日本映画の問題点として、「日本映画の海外進出は在外日本人向輸出に始まり、今猶映画輸出は在外日本人向を主とし、未だ海外映画市場との関係は甚だ希薄である」[*13]という点を挙げている。ここでいう「在外日本人」とは、当時何らかの事情で日本以外の場所に住んでいるが、もともと日本に住んでいて日本語を理解する者を指している。したがって、異なる文化圏を対象としている日本映画は、ほとんど流通していなかった。この点に関しては、戦時下の映画を研究する加藤厚子が「日本映画は日本国内市場に拘束された状態にあり、世界的かつ普遍的な商品価値を持っていないために、日本映画を中心とした大東亜共栄圏の形成は困難であった」と分析している。[*14] つまり、市川の指摘は、日本映画が、国家や言語の境界を越えて公開されるという機会がきわめて少なかったことを指摘するものである。

したがって、異なる文化圏であるアジア・太平洋地域に対して、日本映画を知らしめるためには、「先ず先方の事情をよく理解することがその先決要件であり、何ら理解するところなくして、画一的な企画の下に同一の映画を輸出してみたところで、大して効果を挙げることはできない[*15]」と指摘している。適切で妥当な映画を用いた文化政策を行うためには、「不断に現地の事情を視察し、政治の動きや民心の帰趨を詳にすること」が必要となるという。[*16] 占領地の映画政策は、日本映画統制政策の一環というだけでなく、占領地の映画政策の対象となったアジア・太平洋の諸民族が、日本とは異なる文化を持つ異質な存在であったという点が強調されたものであった。[*17]

このような方針に則って、軍部は、たびたび映画上映に関する現地の視察を行っている。たとえば、陸軍報道班員の北町一郎によれば、昭南（現シンガポール）においては、「現在の上映物は、漫画、ニュース（または日本紹介映画）劇映画というのが原則になっている」が、「大部分は、英米映画会社または抗日華僑のフィルムを押収したもの」であったという。「英米などの映画には極めて巧妙な宣伝が含まれている」ことから、本格的な日本製映画の製作を要請していた。[*18] 新たに占領した地域は、日本とは異なる地域的特徴を有することが前提となっており、現地の事情を視察することの必要性を強調しているといえよう。ここで重要なことは、軍部が現地の視察を行い、思想戦の名のもとに映画政策を実施していくことである。つまり、戦時期には、軍部の価値観がまかり通るようになっていくのである。

次に、軍部が、アニメーションのいかなる特徴に価値を付与したのかみてみたい。

2 アニメーションの文化的価値

とりわけ、アニメーションは、日米開戦以降、軍部によって、その価値が見出され、制作が支援された。一九四二年、『映画旬報』一二月一日号において「軍と映画」特集が組まれたが、その特集のなかで、海軍省報道部の米山忠雄が、日中戦争以降、「永く認められなかったものの再認識や、埋もれていたものの新しい価値がどしどし発見されて行った」と指摘し、アニメーションの価値も新たな視点で再認識されなければならないとした。[*19] 米山は、アニメーションの価値について、二つの点で優れていると述べている。一つは、その「大衆性」であり、いま一つは「言葉の障壁を克服する」という特徴である。

「大衆性」

米山は、「大衆性」については次のように述べている。

［漫画の］大衆性は、国家の意思を国民の中に直かに浸透させる一つの武器として文化的に見てもっと重要視せられるべきものである。ましてそれが動く漫画、喋る漫画即ち漫画映画に依って生かされるなら、誰にでもわかりやすく、面白く国策の根本を大衆の中に持ち込んで行ける。[*20]

軍部は、アニメーションを「誰にでもわかりやすく」「面白い」と特徴づけ、「大衆性」という価値を付与した。アニメーションは、観賞するための特別な知識や教養を身につけていなくても理解することができるという点を評価された。

たとえば、『動物となり組』（一九四二）という短編アニメーションでは、当時進められていた隣組制度についてわかりやすく説明している。前年に制作された「隣組」（岡本一平作詞）の歌詞に合わせた動画で構成された作品である。隣組制度に関しては、当時の大阪毎日新聞において以下のように説明されている。

手篭行列の悩み一掃町内会に〝生活部〟
必需品を地域別配給：明るい国民生活の指導を目標として生れた厚生省生活局では、その第一歩として国民生活指導の組織体を整備すべく、内務、農林、商工関係各省と具体案を練っていたが、このほど成案を得、目下企画院で審議中である、同案によれば国民生活部門は現存の町内会、部落会にそれぞれ生活部（仮称）を置き、同部を中心として必需物資の配給、保健、衛生、厚生など総てを包含、関係官庁が共同主管となって地方庁を通じ現在の行政機構をそのままに流用、隣組へ生活必需品の確保などに

関する共同調査が講ぜられることになる

町内会、部落会の生活部に指導員などを置き、各隣組を巡回指導して食生活の合理化を計らせあるいは物資の配給特に都市の町内会においては乾物屋、八百屋、魚屋、パン屋、食料品店など食料品小売商組合と生活部で配給協議会を開催、町内会のどの隣組はどこの小売店と配給区分を決め（後略）[*21]

短編アニメーションは、「隣組」の歌詞をテンポの良いメロディにのせて、動物たちが非常時の近隣家族との協力の必要性を説いていくことで、新聞記事と比較して、子どもも含めて視覚的にも「誰にでもわかりやすく」「面白い」内容といえよう。そのメロディは、ザ・ドリフターズのバラエティ番組『ドリフ大爆笑』のオープニングテーマや、サントリーのトリスハイボールのコマーシャルソングとして現在も耳にする機会があるように、宣伝に効果的なものである。このような視覚と聴覚に訴える構造は、難解で受け入れがたいことであっても、知らず知らずのうちに人々の日常生活に浸透していく大衆性を持ち合わせていた。

アニメーションに「大衆性」という価値を付与することによって、アニメーションを「文化」として格上げした。これは文化観の大きな転換といえる。というのも、それまでは、大衆的であることと、文化的であることは、相反する価値であったからである。アニメーションを「文化」として捉える価値観は、大正時代から

『動物となり組』パッケージ（DVDアニドウ日本アニメーション映画史別巻）

昭和初期にかけて特権的立場であった学歴エリートが標榜する教養主義と一線を画する。教養主義においては、「哲学や、文学、歴史などの人文書の読書」を通じて、「学問や文化への畏敬心」を醸成したからである。ここで醸成された「畏敬心」は、特定の社会階層において特別な教育課程を修了した者のみが理解できるということに裏付けられていた。かつては、読書などを通じて、「教養」を身につけるための実践を行うかどうかは、社会階層によって決定されていた。また、「読書」や「教養」は、社会階層の再生産に資する制度でもあった。つまり、当時の学歴エリートにとって、教養の有無は、社会階層間を差異化する指標となっていたのである。[*22]

学歴エリートは、戦時期において後退の一途を辿る。学生生活そのものが兵営化され、学歴エリートは解体されてしまった。高等教育の正規カリキュラムは一変し、哲学や歴史といった教養科目は消え去った。代わって影響力を持ったのが、軍人エリートである。軍学校出身の軍人エリートは、学歴エリート的な教養主義とは疎遠であり、教養や読書への関心はほとんど重要ではなかった。[*23]

学歴エリートが特権的立場であったときには、特別な知識や教養を身につけていなくても理解することができるものは、取るに足らないものとして放置されていた。しかし、軍人が特権的立場となる場合には、特別な知識や教養を身につけていなくても理解することができるものに対して、「大衆性」という価値が付与される。しかも、第二次世界大戦下の軍人は、明治二〇年代から三〇年代初期における軍人エリートとは異なり、その出身階層の大半は士族ではなく、庶民階層であった。[*24] したがって、軍部の価値観は、大衆的なものへと一層、傾斜していったと考えられる。当時、陸軍報道部員であった平櫛孝によれば、報道および文化活動に対する権限を掌握し、文化政策の主体となる報道部の構成部員には、「報道部員として適任という経験または特別な技能を身につけた者」は、ほとんどいなかった。報道部は、教養とは縁遠い「よせ集めの寄り合い世帯」であった。[*25]「大衆性」に価値を置く軍部は、社会階層と明確に結びついていた教養主義とは真逆の考え方を実践したといえる。

「言葉の障壁を克服する」

さらに、軍部は、アニメーションの特徴として、「大衆性」に加えて、「言葉の障壁を克服する」という点を強調した。これは、当時「大東亜共栄圏建設」というスローガンのもとに、支配の領域を、使用言語の異なる場へと拡大しつつあった日本にとっては、必要不可欠な特徴であった。米山は次のように述べている。

殊に大東亜戦争の戦果が、南方諸地域に於いて今や建設戦の段階に達した今日に於いては言葉の障壁を克服して判り易く面白いという、漫画映画の独自性は文化的な役割に於いて今日の南方映画工作の中で非常な重要性を帯びて来たのである。[*26]

「大東亜共栄圏建設」では、アジア・太平洋に存在する言語や文化が異なる諸民族を、日本国民として同一の集団に形成することが目指された。とりわけ、インドネシア地区のように、多民族であり、現地語もそれぞれに異なり、言語体系が複雑なうえに識字率も高くないような地域を対象とした場合には、映像の説明に対して字幕を用いることは、困難であると考えられていた。つまり、従来の国家の支配の領域を超えて、アジア・太平洋の島々にまで支配の領域を拡大し、その地域の諸民族を取り込んでいくためには、「言葉の障壁を克服する」という特徴が絶大なる価値を持つと捉えられたのである。そのため、アニメーションが、「言葉の障壁を克服する」表現様式として、文化的にも高く評価された。

このように、第二次世界大戦勃発以降、支配の領域がアジア・太平洋に拡大しようとする動きに連動して、軍部から映画評論家までもが、国境や言語の障壁を克服するという点で、アニメーションを多大に評価し、一気にその存在価値を見出した。その状態を、漫画家の近藤日出造は、当時次のように述べている。

南方の広大な地域、幾多の民族が挙げてわが国の温かい指導下に属した今日、文化財として漫画映画がもっともいろいろの難点がなく浸透していく性格を備へたものであることは総ての有能な人々によって認められて居るところである。極言する人は、文化工作としては当分これ以外に道具も方法もない、とさへ言ふのである。[*27]

近藤の文章は、単に支配の領域の地理的拡大ではなく、文化的支配に資するための文化政策、とりわけ映画政策においてアニメーションが注目されていたことを端的に示している。前述したように当時は、「大東亜共栄圏建設」というスローガンのもとアジア・太平洋に存在する言語や文化が異なる諸民族を、日本国民として同一の集団に形成することが目指された。つまり、従来の国家の支配の領域を超えて、アジア・太平洋の島々にまで支配の領域を拡大し、その地域の諸民族を「国民」として取り込んでいこうとしたのである。

「大衆性」あるいは、「言葉の障壁を克服する」という特徴に共通している点は、教養や階層、年齢、性別、使用言語など、様々な差異にかかわらず理解を促すことができるという点である。軍部が、様々な差異を撤廃し、すべての人々に浸透するという特徴に注目した事実は、一見すると、アニメーションを国民の平等を達成するための「表現様式」として捉えたことを示しているようにみえる。しかし、軍部は、民主主義に則った平等ではなく、国民の均質性を求めるような思想において、アニメーションを活用したのである。

このようなイデオロギーの転換が、アニメーションを活用する原動力になったと考えることは、軍部の価値観とアニメーションの親和性を根拠としている。たしかに、戦時期における教養主義の衰退と軍事思想の台頭が、文化の領域にも影響を及ぼしたことはいうまでもないことである。ただ、いかにしてアニメーションという「表現様式」が軍事思想を表象しえたのかという点に関しては、さらなる考察を必要とするだろう。

その手がかりとなるのが、「他者」への認識という視点である。軍事思想の基底には、国境の外部に存在する「他者」を包摂することによって、支配の領域を拡大し、その範囲を世界全体に近づけようとする欲望がある。平時においては、その欲望が抑圧されているにすぎないが、抑圧されていた欲望が噴出することによって、戦争が勃発するのである。戦時期においては、対戦国はもとより植民地や占領地等、国家の外部に存在する他者との接触が不可避的に生じる。そのような状況下では、「他者の存在」を認識せざるをえない。実際に、明治期以降、植民地に向けられた日本人の眼差しは、博覧会を通じて、異民族表象を実現する。

文化人類学者の山路勝彦は、日本人の異文化表象を分析し、近代日本における植民地主義と博覧会の関係を明らかにしている。一九一二年に東京の上野公園で開催された「拓殖博覧会」などは、日清、日露戦争で獲得した植民地の諸民族の展示であるが、日本の領土の拡大による国力の誇示を、その目的としていた。逆に、日本の支配の領域の拡大と連動し、植民地で博覧会を開催することもあった。たとえば、太平洋戦争の真っ只中の一九四二年八月一〇日から五二日間にわたって、満州において開催された「大東亜建設博覧会」は、米英戦利品を展示するなど、宣伝活動の一環として行われた。[*28] 他者に関する知識がない場合には、攻撃あるいは支配のプロセスにおいて、他者に対する不安が常に湧き上がる。では、その不安はいかにして解消されようとしたのか。ここで、戦争を引き起こすイデオロギーの台頭と同時に、不可避的に湧き上がる他者に対する不安が、新たな文化的実践を生み出すのではないかという仮説が導かれる。

つまり、真に問わなければならないことは、単に軍部の価値観とアニメーションの親和性を根拠にするのではなく、いかなる契機でイデオロギーの転換が生じ、アニメーションが文化として制度化されるのかという点を明らかにすることであろう。

次に、他者に対する不安を解消するために、いかに他者を理解したのかを考察する。

3　文化による識別――国民の誕生

第二次世界大戦期においては、「大東亜共栄圏建設」が叫ばれるなか、アジア・太平洋の諸民族に関する知識を収集、蓄積することが制度化される。「民族政策に寄与する為諸民族に関する調査研究を行ふ」ことを目的として民族研究所が設立された。民族研究所は、一九四二年七月、文部省直轄研究所として開設されることが決定し、[*29]一九四三年、京都帝国大学の高田保馬を所長として設立された。たとえば、民族研究所は、「民族研究講座」を開設し、人類学の諸分野にわたり、各民族の文化を紹介するという概説的内容の啓蒙活動を行うようになった。ここで重要なことは、国家の境界線の外側に存在する他者に対するイメージは、「文化」を基準として創造されるという点である。他者の文化がどのようなものであるかを表現することで、自国家と他者を認識し、理解しようとしたのである。また、『民族研究所紀要』が発行され、東洋史学者の岩村忍等による現地調査に基づく学術的価値の高い民族学研究論文が報告される一方で、時局に乗って民族の意義を問う政治学者の中野清一の論文も掲載されるなど、実証的研究と国策協力との二側面がみられた。[*30]

ただ、この時期の特徴として、「にわか仕立ての評論家や著述家が多数、登場し、アジア太平洋の諸民族の風俗習慣について概説した著書や訳書が大量に発刊されだし」たという点が挙げられる。もちろん、堅実な学問書も出版されてはいたが、一方で、「大東亜共栄圏の民族を紹介する触込みの、怪しげな読み本もまた数多く出版されていたのが当時の世相であった」[*31]。したがって、流布した知識は、すべて事実に基づいているというわけではない。なかには事実が歪曲されたり、創造されたりしている内容も少なくなかった。当時、日本国内においては、アジア・太平洋の諸民族に対して、多大なる関心を寄せ、その知識を収集、蓄積していた。そして、他者に対するイメージを創り上げることによって、日本とは異なる文化圏に存在する他者を理解しようとしていた。

ここで考慮すべきことは、当時の他者に対するイメージが、恣意的か否かは別にして、事実とは異なっていた側面があるということである。本書では、他者に対するイメージを「他者像」と呼ぶ。「他者像」とは、「必ずしも実態を反映したものではなく」、他者に対して「イメージを抱く存在によって構成されたもの」である[*32]。もちろん、他者に対するイメージは、イメージを抱く者によってまったく等しいものであるとはいえない。また、そのイメージが正しいかどうかは検討の余地はないし、また問題にもならない[*33]。他者像を構成することの最大の目的は、自己に対峙する他者の存在を理解することによって他者に対する不安を解消するということであり、必ずしも他者を正確に把握することではないのである。

ただ、他者が、自己とはまったく異質で、比較することができなければ、他者像を構成することはできない。自己と他者に共通する概念が必要となる。荻野昌弘によれば、それが、人間という概念である。両者は、人間という同一性があるという前提があって始めて比較可能になるのである。一方で、一つの国家の成員間には、国民という概念の下に同一性が担保され、国民は文化を介して結びつく。社会学者のノルベルト・エリアスは、文化という概念が、国民性を強調するものとして文明化と区別されることを指摘している。エリアスによれば、文化は「自意識、政治的並びに精神的な意味における自らの国境をつねに新たにあらゆる面で求め、そうしてまとまっていなければならなかった国民の自意識が反映している」[*34]。文化は、国民の相違や集団の独自性を示しているのである。つまり、他者との差異を認識する過程で、文化を通じて、国家の独自性が認識され、国家の凝集性が強化されるといえよう。

以上のことから、人間と国民という二つの同一性概念が生み出され、さらには、国民間あるいは集団間において差異を同時に認識していることがわかる。ここで生み出された差異は、人間と国民という二つの同一性概念のあいだで、矛盾を生じさせてしまう。つまり、人間としては同一であるけれども、国民ではない他者の存在が、その二つの同一性概念を同時に成立させることを拒む。荻野によれば、この矛盾を解消しようとする論理が、同一性と差異の論理である。同一性と差異の論理とは、人間としての同一性と、国民と外国人の差異といった、同一性のもとに生まれる複数の差異のあいだにある矛盾を解消する方向に向かわせる論理である。というのも、世界が一つの国家になれば、すべての人間が一つの国家の国民となり、人間としての同一性と国民としての同一性は、矛盾なく同じ意味を持つからである。この矛盾の解消（結果的には一時的な解消に過ぎないが）の手段として、戦争や植民地化のような暴力的な行為が発生するという[*35]。

荻野は、一九世紀、近代国家秩序の形成と他者との関連について、本多利明や平田篤胤、佐藤信淵によって展開された植民論等の思想を分析し、いかに他者を認識したかについて考察している[*36]。信淵の植民地主義は、「軍事的な膨張主義を基本とするのに対して」、利明は、他者を積極的に肯定し、「西欧諸国との関係を踏まえて、戦略的な植民地化構想を練っている」といえる。[*37] 荻野は、このように他者に対する認識の仕方が異なることはもちろん、戦争の勃発は、肯定的な他者像が存在する余地がなくなったことに起因すると指摘している。つまり、他者像の構成は、植民地政策と切っても切れない関係にあるといえよう。植民地における文化政策は、他者像を構成することによって、具体的な実践へと結びつくのである。

4　アジア・太平洋の諸民族に対する他者像の構成

では、アジア・太平洋の諸民族に対して、いかなる他者像が構成されたのか。

アジア・太平洋の諸民族に対する他者像で典型的なものの一つは、「文化程度が低い」というものであった。たとえば、文化映画を制作していた朝日映画社の眞名子《まなこ》兵太は、太平洋の諸民族について、「人種が単純で、文化程度が低い」民族であると特徴付けている。「文化」を基準として、その民族の特徴を評価しようとしていることがわかる。「人種が単純で、文化程度が低い」というイメージを創造した根拠としては、「御承知の通り紙芝居程度のものがウケるといふことを聞いても判るように」としている。これは、「紙芝居」を文化程度の低いものとして判断し、文化をあらかじめ序列化していることを意味する。その結果、「文化程度が低い」というアジア・太平洋の諸民族の他者像が構成されるのである。

このような他者像から、眞名子は「技術者は、まず、日本の文化程度より南方の方が一段と低いことを念頭にいれ」、芸術性を追求するのではなく、「幼稚な頭の持主に理解させるんだという気持ちで作品にかからなくてはならない」と述べている。[*38] なかでも、アニメーションについては、「誰にでも解り、喜ばれる要素を持っている点で輸出映画としては絶好」と考えられていた。[*39] アジア・太平洋の諸民族の「文化程度が低い」わけではないが、当時の日本が、アジア・太平洋の諸民族に対して、従来の意味での日本国民よりも文化程度が低い民族という他者像を構成していたことは明らかである。

しかし、一方的に彼らを教育することがいいと考えられていたわけではない。遅れた文化を啓蒙するという試みは、容易に実践することは難しいと指摘されていた。市川は、この点に関して次のように述べている。

先進文明国としての優越感を以て、彼等を教導するという態度を執るときは民族主義高潮の東洋諸国に於いては却って、反感を挑発する惧れがあるから、彼等の文化的発展に協力する態度を以て、其の意の存するところを洞察し、彼等の昂揚しつつある民族的意識に合致するように心掛けなければならぬ。[*40]

ここでは、日本を「先進文明国」として、アジア・太平洋の諸民族を指導していかなければならないと提言している。しかし、そのような日本の態度が、彼らの「反感を挑発する」可能性があるとして危惧している。つまり、「指導すること」は、実は「支配すること」と結びついており、その結果、支配の領域に取り込もうとする過程で、他者に対する漠然とした畏敬の念が生じていることが示されている。他者に対する「惧れ」を回避するために、アジア・太平洋の諸民族に対して、東洋共通の「民族的意識」を持って自立させることを唱えており、日本は「先進文明国としての優越感」を排し、「彼等の文化的発展に協力する態度」が必要であると述べられている。さらに、他のアジア地域に関しては、「我国の文化は其の背景に、東洋の共通的感覚を持つから、之を強調することによって彼等に大いに魅力を感ぜしめることが出来やう」[*41]と指摘している。ここで重要なことは、互いの文化が有する「共通的感覚」を強調し、戦略的に彼らを他者としてではなく、親密な存在として接しようとする態度を示しているという点である。この考え方は、他者との共通点を認識したうえで差異化する、同一性と差異の論理によるといえよう。つまり、戦争を不可避的に引き起こしてしまう論理としての同一性と差異の論理を基底とした思想が文化政策として実践されている。

他者とのあいだに見出される同一性と差異化を基盤として、他者像はいかにして生成されるのか、また、そのプロセスにおいていかなる文化的実践がなされるのだろうか。次に、この点を明らかにするために、アニメーションに関連する他者の文化をめぐる言説を分析する。

5　影絵に見出された文化の同一性

映画関連雑誌『映画技術』の編集に携わる島崎清彦は、占領地における文化教養が「比較的低い」という認識から、動画映画の「平易さ」が適していると述べている一方で、占領地における文化と日本文化の共通点を次のように指摘している。

大東亜戦争の進展に伴って我が邦映画国力の圏内に入る地域は著しく拡大されつつあるのだから、我国映画に課せられる文化的、建設的使命は益々重且大を加へつつあるが、その新しい大部分の地域が文化教養の比較的低い事実を思へば、最も端的な、直感的な平易さを以て民衆に対し得る動画映画こそは、映画文化工作に於いて文字通り尖兵たるの役割を果たし得るに相違ない。殊に、南方地域各地の住民等が彼等の芸術として、娯楽として影絵を持つ点に想ひ到る時、恐らく最大の近親さを以てこの動画映画を歓迎する事であろう。[*42]

ワヤン・クリ（松原晩香『南方の芝居と音楽』より）

ここでは、影絵映画と占領地域の伝統芸能に見出される共通点から、アニメーションを活用するべきという考え方が指摘されている。他にも、『新映画』の記事「文化映画界展望」では、「南方民族は影絵を好み、あちらではワイヤン・クリットという影絵芝居が盛ん」であることからも影絵映画の有用性が指摘されている。[*43] ここでいう「ワイヤン・クリット」とは、「ワヤン・クリ」と呼ばれるインドネシアの伝統芸能で、革人形によって演出される影戯（影絵芝居）を指すと考えられる。「ワヤン・クリ」は、クリルと呼ばれる白い幕を張り、その裏で、革人形を使って芝居を行い、観客は、幕越しにその芝居を鑑賞する。もともとは、祖先の霊を喚び起すための宗教儀式であったため、「現在でもワヤンは尚ほ宗教的性質を帯びている」[*44]としている。右上の画像は、ワヤン・クリの上映の様子である。

影絵の共通性に関しては、実際に制作に従事するアニメーション関係者らも積極的に主張していた。たとえば、海軍省委託アニメーション『ニッポンバンザイ』の影絵部分を担当した影絵映画制作者の荒井和五郎は、影絵映画の芸術性を高く評価し、次のように述べている。

影絵映画の芸術性については、色々の論もあるようであるけれども、原始的、単純ではあるけれどもその表現は、他の映画又は絵画に見出す事の出来ない誇張が明快に現れるのであるから、今後の影絵映画の行くべき道は、雄大なる構想と表現の創意的なものに向かはなければならないであろう。[*45]

「南方共栄圏の内の島々では今日なほ盛んに影絵芝居が行われ、民衆の間に愛好されている」という点で、影絵を用いた表現が日本のみならず海外にも受け入れられる普遍的な表現としている。さらに、「一時に動員し得る人間の数を考へてみるとき、どうしても影絵芝居の最も進歩したものである影絵映画を持込み、彼等に与へなければならない事を痛感する」と述べている。[*46]

また、一九四二年、当時の短編映画関係者（文部省社会教育官・三橋逢吉、内務省検閲官・筑紫義男、東日映画部・稲田達雄、中央放送局・関谷五十二、映画評論家・今村太平ら）が集まり、短編映画をいかに活用していくのかについての座談会を行っている。ここでは、制作者のアニメーションに対する意見が紹介されている。たとえば稲田は、「『蘭印探訪記』にも出ていましたようにジャバ《ママ》あたりには古くから影絵芝居があるくらいですから、影絵がいちばんいい」ことから、大藤信郎が、占領地を対象とした影絵映画を制作中であることを伝えている。[*47] また、瀬尾光世は、アニメーションを啓発宣伝映画に活用できると主張していた。瀬尾は、朝鮮総督府から、急速に発達した鉄道の知識を人々に普及させるために鉄道事故防止のアニメーションの制作を依頼されたという。そのときに一ヶ月朝鮮に出張し、実情を調べてから制作に取りかかったという。実写映画と比較して、日本製であっても、アニメーションは「彼等自身の性格なり生活の特長を誇張してみせるので、それが一層痛切に身近に感じさせる」ことが効果的であるとしている。[*48] そして、「ああいう漫画をもって国内の小国民だけでなく、東亜共栄圏の各民族に対して啓蒙宣伝するというのは非常に結構」と評価しているという。[*49] つまり、子どものみならず、アジア・太平洋の諸民族に対して、アニメーションを活用するべきとしている。

実際に、軍部によって製作された『ニッポンバンザイ』について、原案を出した米山は、製作意図を次のように説明している。

> 啓発宣伝的なもので日本の小国民あるいは共栄圏の住民に対し今時戦争の意義と長期建設戦への協力を要望する意図を持つもので、漫画映画に依る政治性に注目されるであろう。漫画、影絵、線画、ニュースの四つの部分で構成され、影絵では、米英蘭の桎梏から救われた解放された南方民族の姿を南の情緒を出すべく取り入れた。[*50]

また、影絵映画と影絵芝居について影絵を用いている点で共通であるだけでなく、そこで描かれる題材における共通点についても次のように指摘している。

南方には、動画映画の題材に相応しい多くの伝説神話もあるし、またそれ等が我が国の神話や伝説に相似している点は、我国の神話伝説に盛られた日本の正義や真理を映画によって伝達理解せしめる事を容易にするであろう。[*51]

ここでは、占領地に伝わる神話や伝説と日本のそれとのあいだに見出される共通点を活用することによって、宣伝活動が容易になると主張されている。また、当時発行された『東印度の文化』（一九四〇）というインドネシアの文化について解説している文献においては、影絵芝居を啓蒙の手段として用いることの有用性が指摘されている。というのも、ジャワの人々は、「張幕に現れる各種の英雄型人形に理想を見出し又その言葉や行動に範を求めている」ため、影絵芝居を「大衆教育に利用すれば最も効果があがるはずである」からである。また、扱われる内容は、神話・伝説、英雄譚であり、「直接観衆を良悪哀楽の生の感情の中に摑んでいく力」があるという。[*52]

当時は、『東印度童話集』といったインドネシアの童話を収集した書物も流通していた。この童話集は、第4章で取り上げる影絵アニメーションの題材にも選ばれているのだが、編纂された意図について、次の二点が挙げられている。一点目は、東インド諸島の神話・伝説を通じて、「この地方の人々が、どんなに日本人に似ているか」ということ示すことである。二点目は、それと同時に、「如何にも熱帯らしい風俗や、考へや、自然」が見出されることを示すことである。これら二点は、日本人と東インド諸島の諸民族のあいだに見出される同一性を示すと同時に、日本と比較することによって、東インド諸島独特の文化や思想を見出しているのである。つまり、童話集の編纂を通して、日本と東インド諸島の同一性を認めたうえで、両者の差異を想起させることを実践しており、東インド諸島の諸民族は、日本人と類似した側面と異なる側面を両方持つという点で、両義的な存在といえる。

ただ、注意しなければならないのは、日本と東インド諸島の文化のあいだに見出されるのは単なる差異ではないという点である。童話集において、日本が「本当に善い兄、善い姉」として、現地の住民の手を取り、導かなければならないと述べられているように、主導する側とされる側が明確に区別されている。[*53]つまり、同一性のうえに「差異」を見出すということは、同一の価値基準を設定してはじめて、その差異に優劣をつけることが可能となることを暗に意味する。他者を同一のヒエラルキーに位置づけ、包摂される他者と捉えることによって、戦略的に序列化しようとする認識の方法といえよう。

以上のように、アジア・太平洋諸地域の諸民族の文化に対する序列化が行われた結果、影絵芝居に同一性を見出し、その発展した形式としてアニメーション制作が奨励されたことが明らかとなった。当時、アニメーション制作従事者が、戦時期におけるアニメーションの有用性を説くことは、国家の管理下で活動範囲を広げるための戦略だったと捉えることもできるであろう。ただ、ここで重要なことは、共通の文化的背景を持つということを基盤とし、文化の序列化がなされたことによって、影絵映画を含むアニメーションの制作を推進する文化政策が行われたことである。

　このようにして、アジア・太平洋の諸民族を、「大東亜共栄圏」として支配の領域に取り込んだのち、次なる他者が認識される。それは、アメリカに対する認識である。次節で詳述するが、当時、ディズニーを筆頭に長編かつカラーのアニメーションが上映されており、アメリカにおけるアニメーション技術の発達が指摘されていた一方で、アニメーションの起源を日本に求めるという考え方が唱えられた。対戦国であったアメリカの文化に対する序列化が、アメリカ製のアニメーションを基準として実践されるのである。ここで興味深いことは、技術的に優れていると捉えられていたアメリカ製アニメーションを単に追随するというのではなく、アニメーションの技法と日本の伝統文化との関連をめぐる日本特有の考え方が展開されたことである。次に、アメリカ製アニメーションの発達をいかに捉えていくのか、について考察したい。

6　アメリカ製アニメーションと日本文化

　アニメーションに関する論考を多く発表した映画批評家・今村太平は、とくに一九四二年発表の論文「漫画映画の諸問題」[*54]で、「秀れた漫画映画製作は秀れた政治」とし、アニメーションの政治性について言及している。ここでいう「漫画映画」とは、とくにディズニーなどのアメリカ製アニメーションを指す。たとえば、今村は「ディズニー漫画が大東亜戦開始前の我国で得ていた人気を思うと、戦時における政治的宣伝力はまた軽視できないものがある」と指摘している。というのも、アニメーションは、音楽、絵画、劇、舞踏といった特徴を持つ総合芸術と捉えることができ、そのため文化映画の持つ説教くささが隠蔽される。また、五感を同時に満足させ、わからない言葉や筋があっても、「目のさめるような画面」と「愉快な音楽」によって、たちまちアニメーションの世界に引き入れられてしまうような「同化力の深刻なことは明白である」という。したがって、アニメーションは、宣伝を宣伝と悟られず、「性、年齢、教養、身分、国籍の如何を問わず訴える」効果を持つ。アニメーションは、すべての社会階級、年齢層、男女の別を越えて、大衆の関心・趣味を充足させる。したがって、ディズニー製アニメーションは、芸術、思想宣伝の観点において優れていて、これを謙虚に研究することが肝要であるとしている。

そして、「支那はもちろん、大東亜共栄圏内のあらゆる大都市映画館において、アメリカ漫画がつい最近まで上映されていること」を指摘し、日本のアニメーション制作の貧弱さを嘆いている。また、徳澤献子は、「敵国アメリカ映画界」について、アメリカの新聞雑誌記事を分析しているが、そのなかで、とりわけ、ディズニーが、制作の大部分を納税報国等、国策宣伝映画にあてていることに言及している。たとえば、一九四二年に封切られたディズニーが制作したドナルド・ダック主演の『新しい精神（The New Spirit）』に関しては、戦車や軍艦、飛行機や工場等の生物化も巧みに行われている。その点で、政府の宣伝がユーモアと芸術性を持つものであるとし、宣伝映画嫌いなアメリカ人にとっても評価されているとしている。[*55] つまり、アニメーションは、国家による思想統制としての側面を隠蔽しながら、動く絵と音楽を用いて「宣伝を宣伝と悟られず」戦争参加を促す文化装置としての機能を持つと捉えられていた。

当時、アメリカ政府は国内のみならず、隣国との結びつきを補強するためにミッキー・マウスの「父」であるウォルト・ディズニーの絶大な人気を利用していた。ネルソン・ロックフェラーが資金を提供した南米旅行では、ディズニーは米州問題におけるワシントン使節だったのである。ディズニーは、この南米旅行を題材にして『ラテン・アメリカの旅（Saludos Amigos）』（一九四二）と、『三人の騎士（The Three Caballeros）』（一九四四）の制作を行った。その他短編作品のなかには『総統の顔（Der Fuehrer's Face）』（一九四二）や『死への教育（Education for Death）』（一九四三）、『理性と感情（Reason and Emotion）』（一九四三）などの反ナチプロパガンダ映画がある。また、アリグザンダー・ド・セヴェルスキー少佐の爆撃機増産運動を支援するため、ディズニーは、アニメーション『空軍力の勝利（Victory Through Air Power）』（一九四三）を自己資金[*56]で制作した。[*57]

一九四二年に発行された『映画技術』九月号では、「漫画映画の最高峰と自他共に許したディズニィ作品も、今日無条件に嚥下することは許されないが、然し、彼等の技術の先進的な面には、良識の眼を注いで益なしとしない[*58]」としている。また、島崎は、ディズニー・アニメーションの撮影技術やその芸術性について、次のように評価している。

ディズニィの撮影法が単なる漫画体の動きから、陰影法を加へ、遠近法を加へて写実的撮影法に達し、動画の持つ夢幻的な要素と、混然と一体となって、直感的な造形美と、詩や音楽の感動的な思索の美と同時に映画の境地として包含し、それを最も端的に表現しようとした進歩の跡も充分考究してみる必要がある。[*59]

ここでは、アメリカのアニメーションについて、撮影技術が高度であり、かつ映像の芸術性が高いと肯定的に評価されており、日本のアニメーション制作者らは、その制作方法について考究していく必要があることが指摘されている。また、今村は、一九四一年に執筆した『漫画映画論』のなかで、「ウォルト・ディズニーの作品は、まだその片鱗にすぎないけれども、しかも、それは老幼、男女、身分、階級、人種の別なく」世界の民衆に喜び迎えられているという。そして、「漫画映画は、いままでのところアメリカ以外に見るべき発達を示していない」と指摘したうえで、今後、世界各国で、その国固有の題材と技法を用いて制作され始めるに違いないという。[*60]

なぜアメリカでのみアニメーションが発達していたのかという点に関しては、明確な要因は挙げられてはいないが、アメリカのアニメーションの原則を「活動写真の分解した運動を厳密に絵に描きとってゆくということ」とし、「おそらく、ディズニーはいろいろの動物の動作を、運動学的に観察し、分析しつづけたにちがいない」と推測している。[*61]つまり、ディズニー・アニメーションの魅力は、写真をもとにした運動の分析によると認識しているのである。一方で、当時の日本のアニメーションは、ほとんどが新聞雑誌の印刷漫画を基礎にしているため、ディズニー・アニメーションのリアリティのある動きが創造できないと指摘している。[*62]ディズニー・アニメーションで描かれている動きにリアリティがあるかどうかはともかく、ここでは、アメリカ製のアニメーションの優位性を認めていることがわかる。

このように、アメリカがもっともアニメーション技術が進歩しているという評価は珍しくない。たとえば、一九四二年に開催された座談会において、雑誌『小型映画』の記者の青地忠三は、次のように問うている。

第一に漫画映画というと、国際的にアメリカ物の独壇場になってをりまして、漫画映画というものの通念がアメリカ物で支配されています。（中略）第二にはアメリカ以外の国々に漫画というものが発達しない。映画芸術の方からいって、また制作技能の方からいっても非常に優れた他の国々があるのに、全然それに手がついていないということはどういうわけであるか。[*63]

このように問題提起をしたうえで、座談会では、日本のアニメーションがいかに発展していけばいいのか、その方向性が摸索されていた。先述の通り、当時、すでにディズニーを筆頭に長編かつカラーのアニメーションが上映されており、アメリカにおけるアニメーション技術の発達が指摘されていた。それは、映画関連の専門誌に限らず、アメリカのアニメーションの技術的発達に関する一般向けの展覧会が開催されていることからも明らかだろう。たとえば、一九四一年七月二〇日から八月三日まで、日本橋の白木屋にて「映画新体制展覧会」が開催され、横浜シネマ研究所およびディズニー・スタジオを中心とするアニメーション制作過程が展示された。[*64]

『桃太郎　海の神兵』の監督である瀬尾光世もまた、戦時期に軍および映画関係者に向けて限定上映されたディズニーの『ファンタジア』（一九四〇）を鑑賞し、多大なる影響を受けたという。『ファンタジア』はカラー映像であることに加え、映像面ではマルチプレーン・カメラ、音響面でもステレオ音声方式の導入された当時の最新技術が結集した作品であった。[*65] 視覚文化論やジェンダー論を専門とする堀ひかりはこの鑑賞経験が『桃太郎　海の神兵』において「日本の漫画映画の型を」目指す契機になったと指摘する。[*66]

ただ、このようなアニメーション技術のアメリカにおける発達を認識しながらも、日本におけるアニメーション制作において、単にディズニー製のアニメーションを直ちに模倣する必要があるとか、これに追いつき、追い越さなければならないと考えているわけではない点が着目すべきところである。社団法人日本映画社の赤峰俊は、日本にはフクちゃん等漫画の主人公、紙芝居の材料も豊富であるから、それらを用いた日本独特の作品が求められるとしている。また、共栄圏の子どもを対象とした娯楽漫画映画、あるいはそれを宣伝用に動員すること、ルーズベルト、チャーチル等を揶揄した政治的漫画映画、解説の補助としてニュース映画のなかへの挿入など、漫画映画の内容、用途、対象について提案している。[*67]

さらには、今村が『漫画映画論』において強調しているように、「日本の過去の芸術が漫画映画にきわめて近い性格をもち、さらに漫画映画に共通する手法すら使っていたことは、われわれのまず第一に注目すべき点である」[*68]。つまり戦時下には、アニメーションの特徴および手法の源流が「日本の過去の芸術」にあると捉えられたのである。たとえば、「日本の過去の芸術」の一つとして、時間進行のある絵物語を描いた絵巻を挙げている。「日本の絵巻は、物語と結合して時間的であろうとした絵画の、もっとも古い形態」であり、アニメーションの絵は静止している場合には価値がなく、それが価値のあるものとなるのは、時間の連続を通じてである。両者は「時間の進行を通して鑑賞される」という点で、共通した特徴を持っている。さらに、アニメーションは、実写の映画と異なり、「単なる物の動き」を再現しているのではなく、「観念の時間的流動の造形的な表現[*69]」という点で、なお一層日本の絵巻とのあいだに共通点が見出されると指摘している。[*70]

もう一つ、アニメーションの起源として捉えられた日本文化は、人形浄瑠璃をはじめとする能、歌舞伎といった伝統芸能である。これらは「生きた動作を分解し、それらから普遍的な型を作り上げ」、表現する演劇形態である。[*71]とくに、人形浄瑠璃といった人形芝居は、人形は、ただの「形骸」にすぎない。人間によって動かされなければ静止したままである。また、限られた指先であやつられるため、その演技がきわめて限定されるという特徴を持つ。そして、同時にアニメーションの原理も次のように指摘している。

一枚一枚に書かれた絵は人形と同じくただの形骸である。この形骸を操ることによって生きた感じを出すには、最も特徴的な動作だけを選ばねばならぬ。漫画にあっては、写真のようにすべての動きを一様に把えるわけにはいかないから、観客の眼を主役の動きの最も意味のある部分にだけむける必要がある。[*72]

つまり、人形芝居とアニメーションの共通点として、ともに「形骸」を扱い、この形骸に「人間らしい動作を与える芸術」である点を強調している。アニメーションは、人形芝居のように「もっとも特徴ある動作だけ選ぶ必要があ」り、観客の目はある特徴的な動きに集まるのである。[*73] たしかに、アニメーションの映像形式の特徴は、簡略化された表現を用い、特徴的な側面を強調する点にある。[*74] アニメーションで用いられる絵それ自体は、簡略化されたもので、特徴的な部分のみを強調し、キャラクターあるいは背景の差異化を図っている。そのような映像形式になるのは、アニメーション制作工程をみれば明らかであろう。というのも、アニメーションの動きを作り上げるには、一コマずつアニメーターが大量の絵を描かなくてはならないからである。そのため、効率よくアニメーションを制作するためには、必要な情報を取捨選択し、一枚あたりにかける時間をできるだけ少なくする必要がある。基本的には、他の絵画作品のように一枚に莫大な時間をかけることはできない。

絵巻や人形芝居がアニメーションのもとになっているかどうかはともかく、ここで興味深い点は、当時、アメリカにおいてのみ発達していると認識されていたアニメーションの起源を「日本の過去の芸術」に求めている点である。

当時、このように指摘するのは、今村だけではなかった。三五ミリフィルム以下のフィルム映画を指す小型映画の研究者であった西村正美は、漫画およびアニメーションの起源を日本に求めている。西村は、雑誌『映画技術』掲載の「日本漫画の伝統」において、「わが国近世の漫画は、いわゆるポンチ絵から始まっていると云ってよいと思ふ」と述べながら、「ポンチ絵」といった「名称は借り物」であり、「実質においてはわが国独自の筆触、対照を確立した」という。というのも、「イギリスのポンチ誌[*75]にならったとされているポンチ絵にみられる形式を採って現すのに適した感情、ものの見方が伝統的に国民のなかにあったことは江戸時代の文学、浮世絵から、室町、鎌倉、藤原と遡っても、その限られた古記録のなかにも見出すことができる[*76]」からである。そして、アニメーションに関して「その大部分は漫画型式をかりた絵物語」であるといい、かつての絵巻に「漫画型式をかりた絵物語への好尚を示しているのではなかろうか」と指摘している。そのうえ、アニメーションの誕生の契機について次のように訴えている。

今、私がわが国の此種映画の作家に求めたいものは、本来の意味における漫画「絵画」の在りかた、さらに古くわが国独自に発達した世界に誇るべき絵画形式、絵巻物のなかに流れている啓発性、風刺性の現代的再生―国家、民族の意志を以って世界のあらゆる不正、不合理、不自然、不調和に警告し、攻撃する積極的漫画映画の創生である[*77]。

ここでは、アニメーションは、世界に蔓延る悪を是正することができるものとして誕生したと述べられている。また、そのアニメーションは、日本の伝統芸術である絵巻に由来するという点が指摘されている。ただ、注意しなければならないことは、絵巻がアニメーションの起源であるかどうかは問題ではないということである。西村自身も次のようにことわっている。

漫画型式をかりた絵物語への好尚をここに見出す、見出さぬはとにかくとしても、今私達が考へ至って日本の伝統の力を身内にしっかりと感じさせる[*78]。

つまり、アニメーションを日本固有の文化として認識することが重要となるのである。以上のように、当時、アメリカ製アニメーションの技術的進歩が指摘されているなかで、アニメーションの起源を絵巻や人形浄瑠璃に求めることは、実はアニメーションは日本古来の芸術によるところが大きいという考え方の台頭だった。

物の起源を日本にあるとする考え方は、一九世紀に現れた平田篤胤らの思想にみることができる。平田篤胤は、『霊能真柱』において、日本は「万国の祖国」つまり、世界最古の国であり、各国の言語の違いは、すべての言語の起源である日本語が、外国に正しく伝わっていないにすぎないとしている。[*79] また、開業医でもあった篤胤は、西洋医学の優越性を認めたうえで、その起源は日本にあるとしている。篤胤によれば、医学の知識は日本において誕生したものであるが、それが外国に伝わり、「悪病の多かる」故に発達したという。そして、もともとは日本を起源とするものであるから、西洋医学を排斥する必要性はないとした。[*80]

外国で発明され、発達しているとされるアニメーションも、歴史を遡れば、日本の伝統芸能に起源があるとする考え方の台頭は、単に伝統回帰によるものではない。アニメーションを外国の産物として排斥するのではなく、むしろ、アニメーションを積極的に活用し、アニメーションを通じて、日本が世界を支配することが当然の帰結とする考え方が生まれた。

7　他者の二類型

以上のように、文化政策の一環としてアニメーションが誕生する契機となったのは、他者との接触であることがわかる。アニメーションを主軸にすることで、日本と他者の関係を明確にし、より戦略的に他者を日本の支配下に置こうとしたのだ。

戦時下における日本の支配の領域の拡大は、単に国家の地理的膨張ではない。占領地における文化政策が推し進められるなかで、占領地の文化を基準として、それを遅れたものとして捉えるという動きがあり、一方で、アメリカで発達したと捉えられていたアニメーションの起源が日本にあるとする考え方が生まれた。これは、文化の起源という観点から、世界の中心を日本とする考え方を基盤としていると考えられる。

ここで重要なことは、占領地や敵対国といった場所に存在する異なる二つのタイプの他者が認識されているということである。一つには、アジア・太平洋地域の諸民族のような大東亜共栄圏構想による支配の領域の拡大によって、新たに境界内に包摂されようとする他者である。もう一つは、敵対国のように、境界外に排除されている他者である。二つの他者の類型にしたがって、二つの他者像が構成される。ここでは、前者を包摂される他者、後者を排除される他者と呼ぶことにする。この二つの他者像の関係はいかにして捉えることができるのだろうか。

この問題を明らかにするためには、自国と他者、さらには、包摂される他者と排除される他者のあいだにある境界線について考察しなければならない。というのも、他者を認識するには、自国とのあいだに境

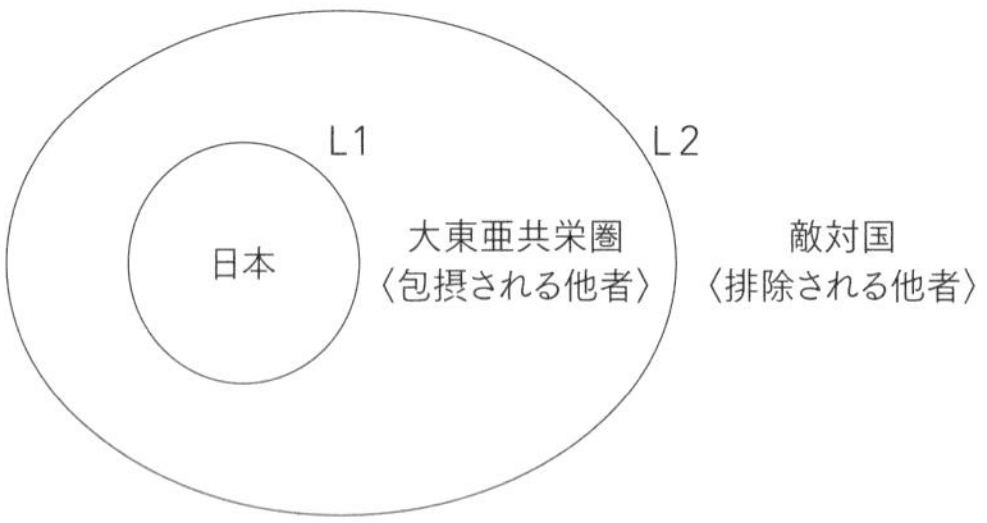

図4　2つの境界線の創出

界線が新たに設定される必要があるからである。二つの類型を可能にするには、上の図4のように二つの境界線が引かれなければならない。

荻野は、一つの境界線が引かれると同時にもう一つの境界線が引かれるというように、二つの境界線が設定され、それによって他者が認識されるという境界のありかたを「境界の二重性」と呼ぶ。[*81] 図4に示したように、第一の境界（L1）と第二の境界（L2）のあいだに存在する他者は、どちらの境界に焦点を当てるかによって、包摂される対象か、排除される対象かが変化する。第一の境界に焦点を当てれば、排除される対象となり、第二の境界に焦点を当てれば包摂される存在となるのである。その意味で、第一の境界と第二の境界のあいだに存在する他者は、両義的な存在となる。ただ、注意しなければならないのは、敵対国は、永久に排除される対象ではなく、いずれは、境界内に包摂される対象となる。世界全体が一つの境界内に包摂されるまで境界線をめぐる闘争は繰り広げられる。このような繰り返される闘争を導く論理が、前述した同一性と差異の論理といえる。この論理に従って繰り返される闘争は、二度の世界大戦を現実化したといえよう。

以上のような境界線をめぐる闘争は、領土を拡張する運動に結びつくだけでなく、文化的実践にも結びつく。本章で詳しく分析したように、占領国や対戦国の文化を基準として、文化を序列化するなかで、自国の文化に優位性を与える。そのプロセスにおいて、国家がアニメーションの制作を支援することによって、自国の文化が強化されていくのである。

続く第3章では、国家がアニメーションに着目したことで、アニメーション制作体制がいかに変化したのか、詳しくみていきたい。さらに第4章では、長編アニメーション『桃太郎　海の神兵』を事例に、他者とのあいだに繰り広げられる境界と空間をめぐる闘争が、いかにしてアニメーションという表現形式によって視覚化されているのかを明らかにする。

＊1　舘林三喜男「映画法案雑感」『日本映画』一九三九年三月号、一〇頁。
＊2　映画法第一条には、「本法は国民文化の進展に資する為映画の質的向上を促し映画事業の健全なる発達を図ることを目的とす」とその目的が示されている。
＊3　大塚英志『ミッキーの書式──戦後まんがの戦時下起源』角川学芸出版、二〇一三年、二四四頁。
＊4　前掲、二四五頁。
＊5　『映画教育』一九三六年一一月号、一六頁。
＊6　古田尚輝「映画法施行下の漫画映画」『成城文藝』第二三七・二三八合併号、成城大学文芸学部、二〇一六年、八二頁。
＊7　前掲、九〇頁。

＊8　平櫛孝『大本営報道部――言論統制と戦意昂揚の実際』光人社NF文庫、二〇〇六年、二四頁。
＊9　国立公文書館の資料による。［請求番号］本館-二A-〇一五-〇〇・纂〇二七〇五一〇〇［件名番号］〇二四［作成部局］内閣［年月日］昭和一七年九月一〇日［マイクロフィルム］〇七一八〇〇-〇六四八。
＊10　一九四〇年四月、毎日、朝日、読売の各新聞社、同盟通信のニュース映画部門が統合され社団法人日本ニュース映画社が発足。更に一九四一年五月、文化映画協会を吸収して社団法人日本映画社となった。加藤厚子『総動員体制と映画』新曜社、二〇〇三年、九七‐九九頁。
＊11　現ベトナム、ラオス、カンボジア。
＊12　現インドネシア。
＊13　市川彩『アジア映画の創造及建設』国際映画通信社出版部　大陸文化協会本、一九四一年、九二頁。なお、市川彩の肩書については以下を参照した。渡邉大輔「映画館調査の「国際性」――市川彩に見る戦前映画業界言説の一側面」『演劇研究』第三五号、二〇一二年、三一‐三二頁。
＊14　加藤厚子『総動員体制と映画』二三九頁。
＊15　市川『アジア映画の創造及建設』七六頁。
＊16　前掲、七五頁。
＊17　東南アジア社会史を専門とする倉沢愛子は、インドネシア、ジャワにおける映画工作について論じる際に、現地の諸民族を味方につけるためのプロパガンダとしての映画の側面を強調し、戦時期にプロパガンダ映画を製作するのは自明のこととしている。倉沢愛子「日本軍政下のジャワにおける映画工作」『東南アジア――歴史と文化』第一八号、東南アジア学会、一九八九年、四一‐六九頁。
＊18　北町一郎「昭南と映画」『映画旬報』一九四二年七月一日号、一四頁。
＊19　米山忠雄「海軍関係製作の漫画映画について」『映画旬報』一九四二年一二月一日号、八四頁。

＊20　前掲、八四頁。［ ］は筆者による。
＊21　『大阪毎日新聞』一九四一年九月一九日（データ作成、二〇〇八年四月、神戸大学附属図書館）。
＊22　竹内洋『日本の近代12　学歴貴族の栄光と挫折』中央公論新社、一九九九年、二五七－二五八頁。
＊23　前掲、二六八－二六九頁。
＊24　前掲、二六八－二六九頁。
＊25　平櫛『大本営報道部』八二頁。
＊26　米山「海軍関係製作の漫画映画について」八四頁。
＊27　近藤日出造「「桃太郎の海鷲」を観て——漫画榮華論」『新映画』一九四三年五月号、四七頁。
＊28　山路勝彦『近代日本の植民地博覧会』風響社、二〇〇八年、一九三－一九五頁。
＊29　中生勝美「民族研究所の組織と活動——戦争中の日本民族学」『民族学研究』第六二巻一号、一九九七年、四九頁。
＊30　山路勝彦『近代日本の海外学術調査』山川出版社、二〇〇六年、九〇－九一頁。
＊31　前掲、九三頁。
＊32　荻野昌弘『資本主義と他者』関西学院大学出版会、一九九八年、八二頁。
＊33　このような理解の方法は、様々な社会現象を解き明かすために生み出された、マックス・ウエーバーのいう「理念型」概念に通じる。ウエーバーは、社会科学の方法論論文『社会科学と社会政策にかかわる認識の「客観性」』（富永祐治・立野保男訳、折原浩補訳、岩波文庫、一九九八年）で、経験科学において、その現象の本質的な部分に迫るには、「いかに単純であっても個性的な事象の文化意義を確定し、性格づけようと企てる」ことによって、「理念型としてのみ鋭くまた一義的に規定できるような概念を用いて研究している、また、そうせざるをえない」と指摘する（一一七頁）。ここで重要なことは、「理念型」とは、「ひとつの思想像であって、この思想像は、そのまま歴史的実在であるのでもなければ、まして「本来の」実在であるわけでもない」という点である。理念型は、「純然たる理想上の極限概念である

ことに意義のあるものであり、われわれは、この極限概念を基準として、実在を測定し、比較し、よってもって、実在の経験的内容のうち、特定の意義ある構成部分を、明瞭に浮き彫りにするのである」（一一九頁）。つまり、「他者像」にしろ、「理念型」にしろ、両者は、理解しがたい存在あるいは現象に対して、特徴的な部分を手がかりにして理解する方法の基盤になるといえる。

＊34 ノルベルト・エリアス『文明化の過程 上――ヨーロッパ上流階層の風俗の変遷』赤井慧爾・中村元保・吉田正勝訳、法政大学出版局、一九七七年、七一頁。

＊35 荻野『資本主義と他者』一八八頁。

＊36 前掲、一八六頁。

＊37 前掲、一八五頁。

＊38 一九四一年に行われた「大陸映画座談会」では、日本映画は、言語の問題および心理描写の多用という点でわかりにくく、国際性が低すぎるといわれ、どのような映画が適しているのか模索されていたのであった。眞名子兵太の発言などにみられる文化の優劣に関する価値観は、戦時期特有の考え方が色濃く出ており、現在の文化的多様性を尊重する考え方からは程遠いものとなっていることを理解されたい。「大陸映画座談会」『映画旬報』一九四一年六月一一日号、四五–五二頁。

＊39 眞名子兵太「南方輸出映画の問題」『新映画』一九四二年七月号、七四–七六頁。

＊40 市川『アジア映画の創造及建設』七五頁。

＊41 前掲、七四頁。

＊42 島崎清彦「動画映画とその技術」『映画技術』一九四二年九月号、九頁。

＊43 「文化映画展望」『新映画』一九四二年七月号、七四–七五頁。

＊44 松原晩香『南方の芝居と音楽』誠美書閣、一九四三年、三〇頁。当時発行された占領地における芸能に関する書物で

ある。本書では、「ワヤン・クリ」についての詳細な記述がある。このような書物の流通あるいはニュース映画のなかの「現地便り」から、アニメーション制作者たちは、占領地の文化に関する情報を得たのではないかと考えられる。画像は口絵一〇頁から引用。

*45　荒井和五郎「影絵映画について」『映画旬報』一九四二年七月二一日号、一二－一三頁。

*46　前掲、一二－一三頁。

*47　稲田達雄の発言。「漫画・影絵・ホームグラフ・相撲映画を語る」『映画旬報』一九四二年七月二一日号、一九頁。

*48　『小型映画』一九四二年六月号、一〇頁。

*49　『映画旬報』一九四二年七月二一日号、一九頁。

*50　米山「海軍関係製作の漫画映画について」八四頁。

*51　島崎「動画映画とその技術」九頁。

*52　斎藤正雄『東印度の文化』寶雲舍、一九四〇年、三九三頁。

*53　小出正吾『東印度童話集　クスモの花』増進堂、一九四二年、二頁。

*54　今村太平「漫画映画の諸問題」『映画旬報』一九四二年七月一日号、五六－五八頁。

*55　徳澤献子「真珠湾以後の敵国アメリカ映画界」『映画旬報』一九四三年三月一日号、二九頁。

*56　Giannalberto Bendazzi, *Cartoons: One Hundred Years of Cinema Animation* (London: John Libbey Cinema and Animation, 1994) p.68–69.

*57　このように、第二次世界大戦期に生産されたアニメーションは、若者から大人まですべての世代を対象としていたため、一九八〇年代以降、同質な大衆に向けて生産された大衆文化の歴史的資料になると評価されている。従来、アニメーションは、学術的研究の対象として省みられなかったが、当時の劇場用のアニメーションが歴史を把握するうえで、重要な資料として位置づけられるようになったのである。Michael S. Shull and David E. Wilt, *Doing Their Bit:*

＊58 *Wartime American Animated Short Films, 1939–1945* (North Carolina: McFarland, 1987) p.6–7.
＊59 渡部多美三「ディスニイ撮影所の機構」『映画技術』一九四二年九月号、三一頁。
＊60 島崎「動画映画とその技術」九頁。
＊61 今村太平『漫画映画論』スタジオジブリ編集、徳間書店、二〇〇五年、一二八頁。
＊62 今村太平「映画芸術の性格」『今村太平映像評論2』ゆまに書房、一九九一年、一四三頁。
＊63 前掲、一四一頁。
＊64 青地忠三の発言。「日本漫画映画の将来に就て」『小型映画』一九四二年五月号、一六頁。
＊65 『映画旬報』一九四一年八月二一日号、七-九頁。
＊66 萩原由加里『政岡憲三とその時代――「日本アニメーションの父」の戦前と戦後』青弓社、二〇一五年、一五三頁。
＊67 堀ひかり「『桃太郎　海の神兵』の異種混交性――テクストの越境性とナショナリズム言説について」佐野明子・堀ひかり編著『戦争と日本アニメ――『桃太郎　海の神兵』とは何だったのか』青弓社、二〇二二年、七八頁。
＊68 赤峰峻「敵国アメリカの宣伝映画と日本の対外映画宣伝の考察」『映画旬報』一九四三年五月一一日号、一三頁。
＊69 今村『漫画映画論』一二九頁。

国際アニメーション協会（Association Internationale du film d'animation: ASIFA）の初期の規約の序文では、アニメーションは、時間の次元での創造を可能にする表現様式として定義されている。アニメーション映画は、映画の一つの形式であるが、実写映画との大きな違いは、動きの記録の方法にある。それは、同規約の序文に次のように集約されている。

実写映画は、出来事の写真と同じ出来事をスクリーン上に表すことを通じて、機械的に分析されることによって制作される。一方、アニメーションは、事実に基づいた再現とは異なる方法で出来事を創造する。アニメーションに

おいて、出来事は、はじめてスクリーン上に現れるのである。(Bendazzi, *Cartoons*, xvi)

アニメーションは、自動的に記録される物の自然な動きの録画ではない。映画は、一秒間に二四コマの静止画を連続的に映写することによって、動いているように見せる仕組みになっている。撮影という観点からいえば、一秒間に行われる動きを二四コマに分解して自動的に記録している。一方で、一九八〇年の国際アニメーション協会の規約の序文では、アニメーションは、現実を一秒間に二四コマではない速さで撮影しているものすべてとしているという(Bendazzi, *Cartoons*, xvi)。つまり、アニメーションは、単に現実を自動的に記録するのではなく、人工的な時間の流れのなかで物の動きを生み出す、いいかえれば時間の次元での創造を可能にする表現様式といえる。

＊70　今村『漫画映画論』一二九‐一三〇頁。
＊71　前掲、一六六頁。
＊72　今村「映画芸術の性格」一五四頁。
＊73　今村『漫画映画論』一六三頁。
＊74　荻野昌弘「アニメのなかの真実」『世界思想』第三三号、二〇〇六年、一八頁。
＊75　「ポンチ誌」とは、イギリスの風刺漫画雑誌『パンチ(Punch)』のことと考えられる。
＊76　西村正美「日本漫画の伝統」『映画技術』一九四二年九月号、一一頁。
＊77　前掲、一四頁。
＊78　前掲、一三頁。
＊79　田原嗣郎・関晃・佐伯有清『日本思想大系50　平田篤胤・伴信友・大國隆正』岩波書店、一九七三年、二一頁。
＊80　前掲、六八‐六九頁。
＊81　荻野昌弘「他者の社会理論序説」『関西学院大学先端社会研究所紀要』第一号、二〇〇九年、七頁。

第3章

アニメーターの誕生

アニメーション産業の基盤の胚胎

1　アニメーション制作の分業体制

国家がアニメーション製作に介入するようになると、その制作体制は一変する。当時、情報局によって文化映画制作会社を一元化する政策が進められていた。映画法の施行以降、文化映画の需要が高まり、その制作会社が増加したが、映画臨戦体制[*1]においてそれらを統合し管理することが計画されたのである。当初は一社統合が目指されたが、業者間の利害不一致が解消できず、実現にはいたらなかった。[*2]一九四三年一月七日に妥結した三社統合案では、文化映画を制作する民間会社を朝日映画社の他、電通映画社、理研科学映画社（通称、理研）に統合する案が進められようとしていた。[*3]一方で、三社に統合されなかった多くの小規模な制作会社は残され、統合が徹底されているとはいえなかった。[*4]

当時の制作現場を記録した資料はきわめて限られているが、雑誌『新映画』一九四四年四月号に掲載された近藤日出造の「朝日漫画製作所」のスケッチは非常に参考になる。ここでいう「朝日漫画製作所」とは、朝日映画社の漫画映画を制作する部署であると考えられるが、朝日映画社は、戦時体制における文化映画界の統合を背景として、朝日映画社と藝術映画社が合併し他関西の五社が統合されて誕生した。軍部後援の『フクチャンの潜水艦』（一九四四）や『上の空博士』（一九四五）といったアニメーションを制作した。映画を利用した「思想戦の一つの核心は時間にあり、機会にある」[*5]ことから、アニメーションに関しても制作の迅速化のために、制作工程の分業化が目指された。制作所における組織的制作の様子を、近藤は次のように述べている。

日本に於いて、殆ど漫画映画を製作するために幾つもの窓を持つ堂々たるバンガロー風の建物があてられ、その中を漫画映画だけを作る人々が右往左往しているという事実が驚異であり、異様であった。*6

これは、アニメーション制作が、戦前のそれと打って変わって、大規模な工場のような建物のなかで、集団で行われるようになったことを明確に示している。それだけでなく、建物内部には、模型室、作画室、撮影室、トリック室があり、アニメーション制作の各工程が異なる部屋に区分して行われていると記述されている。アニメーション制作の分業化の兆しがあったといえる。近藤は、戦前においては、アニメーション制作が、作家個人の自宅で行われているような状況であったのが、戦時期において、まるで工業製品のように生産されている様子を目の当たりにし、驚愕しているのである。とりわけ興味深いのが、男女二〇名ほどもの「絵描き」が在籍していたという「作画室」のスケッチである。「作画室」では、上の画像のように、「首領格」の男性が二、三人ずつおり、一番肝要な「型」と「動き」の絵を描いている。

朝日漫画製作所におけるアニメーターの様子
（近藤によるスケッチ）

　ここでいう「絵描き」とは、アニメーションの動きを構成する絵を描くという役割を担う点で、単なる「絵描き」ではない。一九三〇年代にアメリカのアニメーション制作体制で重要視されていた「アニメーター」という専門職に相当する。この「アニメーター」は、アニメーション制作における分業を五つに分けた場合、次のように位置づけられている。[*7]

1 演出
2 レイアウト・マン（設計）
3 アニメーター（動かす人）
4 インキング（仕上げ係）
5 撮影

まず、演出では、アニメーション全体の構成を決定する。次に、レイアウト・マンが、各シーンにおける画面の構成を決定する。その後、アニメーターは、「レイアウト・マンの指示した形態に動きをつけ、大体の構図の下書を完成する」工程を担当する。アニメーターの特徴で重要な点は、「類型的同一的方向の性格に限定され、その範囲内に於いて各自の技術的特長が適用される」ことである。アニメーターの仕事は、自由な創作ではなく、一定の枠内での熟練と達成が目指された職人的な要素をはらんでいる。さらに、「常に広範に渉る各種々の題材を考慮し、夫々の題材に適応せる手法の発見、研究につとめ」るべきであるとしている。[*8]また、東宝で軍事教育映画の制作に従事していた大石郁雄は「甚だ多難な図解映画の製作に当たる者は、まず何よりも立派な技術者でなければならぬ」と述べている。[*9] つまり、アニメーターには、複雑な物の動きを科学的に分析し、それを忠実に再現することが求められているのである。

次の工程は、アニメーターによって描かれた原画をセルロイドに写し取る「インキング」工程である。左の画像は、作画室において、インキングを担当する女性たちである。ここでは、「少女の絵描きさん達が挺身隊の如き意気込みで」セルロイド板に写し描いている様子が描写されている。

また、アニメーターが動きを正確に捉えることができるように、朝日漫画製作所では、模型室やトリック室を設置していた。模型室では、作画のために必要な飛行機や航空母艦など様々な模型を乏しい資材を駆使して制作した。そして、アニメーターは、この模型をモデルにして、「前でも後でも斜めでも横でも自由に見て」描いた。また、トリック室では、「相当こみいった機械がゴテゴテ置かれてあるし、小さな回り舞台のようなものがあるし、背景の様なものがあるし、大きな電燈がぶら下がってい」た。[*10] これらは、アニメーションの動きをできるだけ忠実に捉え、再現したり、撮影したりするための装置である。

朝日漫画製作所におけるインキングの様子（近藤によるスケッチ）

それだけでなく、長編アニメーション『桃太郎の海鷲』や『桃太郎　海の神兵』を制作した瀬尾光世は、制作にあたって、実際の機材や動きの正確さを期すために、茨城県の霞ヶ浦海軍航空隊を見学し、飛行機の離着陸、プロペラの回転、操縦動作等を細かく観察していた。[*11]『桃太郎　海の神兵』のテーマを落下傘部隊とした際には、『海軍落下傘部隊メナド奇襲』（一九四三）と題されることとなる戦争画を依頼されていた宮本三郎とともに海軍への体験入隊を行った。[*12]「スチルだけでも落下傘部隊を五〇枚位」撮影したり、「スケッチも一〇日体験入隊している間に」行ったり、実証的に落下傘部隊の描写を行なったという。[*13]アニメーターにとって、「動きを出来るだけ細密に科学的に分析して、与へられた芸術性におきかへることが肝要」であり、「漫画の生命はこの動きを画くことにかかっている」という。[*14]物の動きを正確に描写する能力が追求されていたといえる。アニメーターに求められたこのような能力は簡単に習得できるものではない。アニメーションの技術は、特別に養成されない限り培われない。次のような政岡憲三の指摘は、アニメーターが「絵描き」と根本的に異なることを示している。

漫画に限って、十分な絵描きさんを呼んですぐできるかというと、これが駄目なんです。動画といっておりますが、画を動かすということは、特別に養成しない限り、完成品がないわけです。[*15]

一九四四年に完成した『桃太郎　海の神兵』の製作では、アニメーターを養成する専門教育機関の設立には至らなかったが、制作現場で、アニメーターが短期間で養成された。たとえば、松竹では、宣伝部や美術部の人員を社長命令で招集したり、一般から新聞広告で募集したりして、なんとか七〇名ほどを集めることができた。育成に関わった政岡は、自作のテキスト[*16]を用いて、一ヶ月でアニメーターを養成した。[*17]

総勢七〇名の内、三〇名がまったく素人であったという。瀬尾、桑田良太郎、新たに養成したアニメーターをチーフとして抜擢し、五班編成で制作に取り組んだ。[*18] 制作を統括していた瀬尾によると、「戦時中だったもんですから、自分達もこの映画を作っている一員なんだっていう自覚を持たす事」が重要であったという。[*19]

さらに、女性の職業としてアニメーターが注目されたのも戦時下の特徴である。『桃太郎の海鷲』の公開によって、その制作に従事する人材が少ないことが、制作各社で問題視されていた。戦時下、男性は応召、徴用で抜ける者が多かったことが影響している。『桃太郎　海の神兵』の制作現場でも、一九四四年一二月の完成時には、「男性が五〇名から三、四名」、「女性の方も三〇名から一五名ぐらいになってい」たというほどであった。[*20] そこで、女性の新職業としてアニメーション制作に従事する者を養成する方法が採り上げられ、『婦人公論』誌主催で松竹、朝日映画等の制作関係者出席のもとに座談会が開催された。[*21] 一一七頁の画像に描かれていたように、アニメーション制作に従事する者は、女性が多かったといえる。

以上のように「作画室」に配置される「動き」を描くための専門職として「アニメーター」が誕生したことが明らかとなった。軍部がアニメーションの制作を支援したことにより、一九四四年には、アニメーターの短期養成が実現し、アニメーション制作の分業体制の萌芽が見られた。アニメーターは、アニメーション作家に求められる独自の個性は必要ではない一方で、どのような題材の動きでも描く専門性が必要とされるのである。さらに、この技術が、軍事教育映画と結びつくことによって洗練された。

軍事教育映画の開発は、アメリカにおいても、アニメーション界の転機となった。第一次世界大戦期における兵士の訓練を目的として、軍事教育映画が制作されたが、コンピュータ・グラフィックスやシミュレーション映像は開発されていなかったため、アニメーターの技術は軍事教育映画に必要不可欠だったのである。

一九四一年一二月八日、日本による真珠湾攻撃ののち娯楽映画の作り手として名高いディズニー・スタジオも、政府や陸海軍と緊密な関係を持つようになった。第二次世界大戦において生産物の九〇〜九五パーセントが陸海軍通信部隊等の軍事教育映画となった。国家と結びつくことで、ディズニーは戦時期も会社を閉鎖することなくスタジオの有能なアニメーターを雇用し続けることができた。[*22] 次に、日本においていかにして軍事教育映画の制作がなされたのか、みていきたい。

2 まぼろしの軍事教育映画への手がかり

現存しない軍事教育映画

単に劇場向けアニメーションの生産が行われただけではなく、戦時期には、軍事教育映画にアニメーションが積極的に活用された。海軍省の米山忠雄は「目下、教材映画の立派な製作が要望されているに鑑みても、線画、描画の技術的な推進は国家的な意味における一大必要事」とし、アニメーションのみならず、「線画、描画を含めた映像におけるこの一分野の真剣な研究機関を一日も早く確立」することを提言していた。[*23] 戦時期には、米山がいうように、軍事教育映画の制作と、それに従事する線画を描く「線画要員」

が強く求められた。後述するが、軍事教育映画の制作を契機として、特撮や線画といった撮影技術に関しても様々な進展が要求された。

ただ、兵士のための軍事教育映画に多くの技術者が動員されたことはわかっているが、詳細の記録はほとんど残されていない。戦時期における軍事教育映画の制作を中心に行なっていた東宝航空教育資料製作所においては、「ネガやプリントは敗戦後の八月二七、二八日と二日間かけてすべて関係者によって燃やされ」たとされている。[*24]したがって、軍事教育映画に関しては、現存する映像がないのである。東宝航空教育資料製作所に焦点をあてた論考「The Shadow Staff: Japanese Animators in the Toho Aviation Education materials Production Office 1939–1945（影のスタッフ――東宝航空教育資料製作所、一九三九〜一九四五年にかけての日本人アニメーター）」においても、軍事教育映画の制作は軍部が集中的に投資したものではあるが、軍事用に制作され、限られた人々にしか視聴されなかったこともあり、アニメーション史において、忘れられた存在であることが強調されていた。[*25]

軍事教育映画の構成――『爆撃教育用映画取扱説明書』の発見

先述したように映像自体が現存しないため、軍事教育映画のシナリオともいえる『爆撃教育用映画取扱説明書』（以下、『説明書』）は、映像の内容を推察する重要な手がかりといえる。これらは、終戦直後、アメリカがドイツと日本から運び出した軍用機の技術に関する資料の一部で、一九四六年四月頃よりオハイオ州デイトンのライト・フィールド基地で、整理、撮影され『German-Japanese Air Technical Documents

（ドイツおよび日本における航空技術に関する資料）』としてアメリカ議会図書館に長年保存されていたものである。[*26] アメリカから返還された日独両国の陸海軍軍用機の技術情報が収められたフィルムに添付されていたもので、現在は国会図書館憲政資料室においてマイクロフィルムで閲覧可能である。

左に画像を載せた『説明書』の概要頁には、映画の概略、同作にかかわった組織と製作時期が次のように記載されている。

企画　海軍航空本部
製作指導　鈴鹿海軍航空隊
製作　東宝映画株式会社特別映画班
製作年月　昭和十六年六月－昭和十八年三月

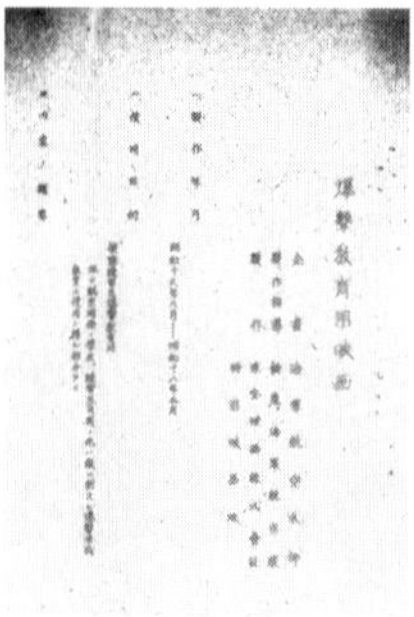
爆撃教育用映画

『爆撃教育用映画取扱説明書』概要頁

東宝映画株式会社特別映画班によって、鈴鹿海軍航空隊において取材を行いながら、一九四一年六月から一九四三年三月の期間に制作されたものであることがわかる。東宝映画株式会社特別映画班がいかなる組織体であったかは、後で詳述するとして、ここでは、シナリオとなる『説明書』から、どのような目的と内容で映像化が進められたのかを考察していきたい。

篇	映写時間（分）	摘要	解説頁数
爆弾理論	54	爆弾弾道照準角に関する爆撃基礎理論	24
照準器（理論、同調理論、機構）	100	鏡式（二点同調式）照準器の理論および機構使用取扱法の概要	21（ただし、理論、同調理論のみ）
爆弾	37	主として一キロおよび三〇キロ演習爆弾ならびに同投下器の構造装備取扱法	不明
機上作業	72	爆弾機上作業の概要および基本照準投下法	不明
弾着偏差	85	「機上作業」の続編にして、照準器投下法の実技教育	34

表3　『爆撃教育用映画取扱説明書』の映像内容の概要

映像の目的としては、「偵察練習生爆撃教育用／ただし航空関係の学生及びその他一般に対する爆撃常識教育に使用し得る部分あり」とされている。映像は内容別に一．爆弾理論、二．照準器、三．爆弾、四．機上作業、五．弾着偏差（機上作業実技編）に分けられているが、『説明書』に記されている各内容の映像の長さとシナリオのページ数を上の表にまとめた。ただし、すべての内容に関してシナリオが残されているわけではないので、掲載のないものに関しては「不明」とした。それぞれ内容が短い映像でも三七分、長い映像になると一〇〇分にもなり、戦時期に制作された物語アニメーションの長さと比べてもかなり長尺であることがわかる。

次に、シナリオから確認できる映像の字幕および解説についてみておきたい。とりわけ一．の爆弾理論編に関しては、爆弾の落下などの物理現象の図解、さらにはその現象の数式を用いた解説が多くの紙幅を割いて記述されている。

『説明書』の別冊第一号には、第一篇爆弾理論の解説が掲載されている。そのなかの「第一章　爆弾の弾道」は、「字幕　第一章　爆弾の弾道」と始まる。そして、第一篇は、使用上の参考として、「本映画は爆弾弾道、照準角に関する初歩の基礎理論に重点を置く」と書かれており、物体の落下についても丁寧に解説されている。その書き出しは以下のように記述されている。

> 爆弾の弾道について説明する為に、我々が日常見聞きする手近なもので、先ず実験してみよう。試しにこの球を投下してみると、垂直に落下する。これは重力に依って矢の方向に力を生ずるからである。然し、この同じ球を、力を加へて投下すれば、球は力を加へられた方向に進まうとして、此の様に落ちる。
>
> 飛行機から爆弾が投下される時も、今の実験と同じように落下するのである。
>
> 今、此処で投下すると、爆弾は重力に依って、矢の方向に力を生ずるが、一方、飛行機より矢の方向に進む力を与へられて居るのである。この二つの力が同時に作用して、爆弾はAの方向に落下するのである。
>
> 飛行機から爆弾を投下すると、この様に落ちていく。
>
> この弾道の通った経路を爆弾弾道というのである。（傍点は筆者による）

ここでは、物を落としたときの運動を文章で解説しているが、文章中に傍点を振ったように「矢の方向」「Aの方向」と、映像中に図示して解説していることがわかる。また「飛行機から爆弾を投下すると、この様に落ちていく」というように爆弾が落下する軌道を「この様に」としていることから、軌道を動画で説明していると考えられる。物体の落下のように計算式で表すことのできる現象は、現代ではシミュレーション映像としてコンピュータ・グラフィックスの技術で表現することができる。しかし、当時はまだその技術がなかったので、アニメーションの手描きの技術が用いられたのではないかと推測できる。
　さらには、「第二編　爆撃照準器理論、照準器同調理論」になると、より難解な数式を用いた解説も含まれている。たとえば、別冊第二号のシナリオ「爆撃照準器理論」編三頁をみよう。

　第一章 照準器とはどんな機械か
　字幕　第一章　照準器とはどんな機械か解説
　爆撃照準器とは爆撃実施に当たって、爆弾を目標に命中させる照準角を求めて、投下点を決定する機械である。
　この照準角は爆撃高度と投下した爆弾が弾着するまでの時間、落下秒時Tと目標と飛行機の関係速力V_Rに落下秒時Tを掛けたこの距離と爆弾の空気抗力による遅れ、即ち追従Trまたは追従角λとが判れば求められる。

　以上のように記されている。シナリオは、特定の機器を使いこなすために必要な知識に関して、数式を用いた専門的な解説で構成されていることがわかる。このような「落下」を把握する内容に関しては、従来の教科書による学習では動体的なイメージが捉えにくいと考えられる。映像の活用方法においても「座学教育に幻燈掲図と併用し難解の部を抽出、適宜映写せば理解を容易ならしむる」としている。そこで、高度な数学的知識に基づく解説を視覚的にわかりやすく説明するためにアニメーションの図解が活用されたのではないかと推察できる。多くの兵士を迅速に訓練する場において、「わかりやすい」解説は軍事教育映画にとって必要不可欠だったといえる。

ではこれらの軍事教育映画の制作を行っていたのがいかなる組織体だったのか、次に詳しくみてみたい。日本において軍事教育映画を制作していた機関は、東宝の他、横浜シネマ、理研の三社が中心であった。[*27] 次節では、軍事教育映画制作に従事していたアニメーターの回想録、社史などを資料として、映像の制作方法を考察していきたい。

3 軍事教育映画に従事するアニメーター

軍属の制作所

まず、前節で提示した爆撃教育用映画の制作を行うなど軍事教育映画を中心的に制作していた東宝の航空教育資料製作所について概観したい。どれだけの映像を制作したのかその全体像を把握することはできないが、文化庁の日本映画情報システムで、東宝航空教育資料製作所が制作した映画については二一本がリストアップされており、そのうち、六本がアニメーション、その他はドキュメンタリーに分類されている。関連して、東宝の撮影技師をしていた林穎四郎《えいしろう》が作成しているリストには、東宝航空教育資料製作所が制作した映像は五三本挙げられているが、のちに詳述する通り線画を担当していた大石郁雄、鷺巣富雄、市野正二が関わった一〇本は少なくともアニメーション技術を用いたものであるといえる。[*28]

母体となる東宝映画株式会社の発足は、一九三七年八月、P.C.L.（写真化学研究所、一九二九年発足）と京都のJ.O.スタジオ（一九三三年発足）の合併に始まり、ここに文化映画部が設置された。P.C.L.は「当時に於いて我国最新の設備を有し録音及び現像作業の優秀を誇ったもの」として評される企業であった。東宝文化映画部は一九四〇年一二月頃には、「陸海軍を初め、文部省、商工省、逓信省等、現在我国に於ける委託作品は殆ど東宝文化映画部に於て製作されている状況」といわれていたほどであった。[*29]

一九三九年四月、映画法が公布され、映画が「国民文化」として、文化的価値づけがなされる一方で、その制作に関して政府の管理下におかれることとなる。まず、東宝は軍の要請で、「航空資料研究所」を映画科学研究所内に設置した。この映画科学研究所は、軍の援助をえて発足した貸しステージ専門の会社であるが、陸海軍航空本部御用達の撮影所となる。一九三九年五月四日に地鎮祭を行い、翌一九四〇年三月八日に修祓《しゅばつ》式が行なわれている。[*30]実際には三月二四日から撮影が行なわれたが、円谷英二による『海軍爆撃隊』（一九四〇）という特撮が作品第一号となった。映画科学研究所内に円谷英二の指揮で特殊撮影のセットを組み撮影に臨んだ作品である。[*31]

一九四一年八月には先述した映画臨戦体制が決定し、文化映画業界が再編される。一一月には、東宝映画株式会社は松竹の文化映画部とともに、社団法人日本映画社に統合され、文化映画界では映画制作会社の統制が進められた。東宝では、記録映画関係者を中心に一一六名が日本映画社に移籍した。[*32]約三〇名は「特別映画班」として残留し、「軍属的存在となり、軍や軍需工場の要請による映画を製作」するようになっていく。[*33]

特別映画班は、航空資料研究所内で制作を行った。一九四二年一二月からは、航空資料研究所は航空教育資料製作所と改称し、特別映画班のスタッフによって撮影が行われた。[*34] 一九四四年一二月の東宝役職員名簿によれば、航空教育資料制作所は本部と四工場一分室に分かれていて、従業員は二七三名と大規模に拡大していた。[*35]

線画要員の仕事

ここで着目したいのは、線画要員として中心的な役割を担った鷺巣富雄[*36]の証言である。軍事教育映画の制作に関する公式の記録が残されていないなか、きわめて貴重な証言といえる。一九三九年五月、鷺巣富雄は、東宝技術部特殊技術課線画係に新入社員として配属された。「線画要員募集　東宝撮影所線画室」という新聞の求人広告をみたことがきっかけだったという。[*37] 線画室の同僚は、もともとP．C．L．に所属していた大石郁雄（出征中）、市野正二、進八郎（出征中）らであった。[*38] 入社した当時、大石は出征中で不在であったため、特殊技術課の課長であった円谷英二の仕事も手伝っていたという。課長室の隣の部屋が線画作画室、撮影室となっていた。円谷は、陸軍省受注作『飛行理論』の制作に二年がかかりで従事し、熊谷飛行学校へ長期ロケに行った。そこで撮影したネガをもとに文化映画『飛行機は何故飛ぶか』（一九四〇）と『グライダー』（一九四〇）の二作品を制作した。鷺巣がまず制作したのは兵士の訓練用の映像である『九九式軽機関銃』で、新式の機関銃のリアルな断面図を描いて、弾丸の発射されるメカニズムを線画で解説したものである。

やがて、この部署は特別映画班と呼ばれるようになり、一九四〇年九月、鈴鹿海軍航空隊にて、『水平爆撃の理論編』の制作に従事する。一〇巻（一時間）の教材を一年がかりで制作したという。鷺巣は、大石の作成した軍極秘の朱印が表紙に入ったシナリオをもとに、ストップウォッチで秒数をはかり、カット割りして絵コンテに仕上げたという。実際に、鈴鹿の演習場にて訓練機に乗り、ドイツ製の照準器を覗いて模擬爆弾を投下して、それをアニメーションにするという作業を行ったのである。制作のための飛行がどのようなものであったかは後述するとして、『鈴鹿海軍航空隊教材映画』をはじめ『水平爆撃の理論編』と『実際編』と『応用編』が一九四一年夏までに完成した。[*39] 身分は、海軍直属の尉官待遇となっていたという。[*40]

鷺巣は一九四三年四月に陸軍に入隊するまで、軍事教育映画の制作に従事したというので、前節で考察したシナリオに基づいて、鷺巣が記憶している制作の手法で映像が作られたと理解してよいのではないかと考える。同様に、軍事教育映画の制作に線画部門の部員として従事していた市野正二によれば、「飛行機、空中戦・爆撃・戦闘機理論など軍関係の実科映画を専門に製作」していたという。とくに、陸軍航空関係を担当し、「三重県明野飛行場や浜松飛行場に出張、爆撃機に搭乗して爆撃落下を実際に見たり、照準器の使用法などを教官に教えてもらいアニメ化した」という。また、身分は、軍報道班員に準ずるものであった。[*41]

なお、軍事教育映画の制作の中心であった東宝航空教育資料製作所においては、特殊技術課の課長であった円谷英二がいたように、ミニチュアを用いた特撮技術での撮影も行なわれていた。戦時期は新しい撮影技法（特殊技術）が様々に開発されていた。そのなかには、微速度撮影はいわゆる「コマ撮り」があり、「人間の目では観察できない長時間にわたる物体の変化の過程を、極めて短時間に見せる」[*42]など、線画やアニメーションに共通する技術として捉えられていた。この点に関しては、鷺巣も語っているところである。

仮に線画っていうふうに総称してたけど、実際にはディティールにはあらゆる技術がありました。どっちかというと特撮ですよ。特撮の円谷さんの世界です。線画といってもね。つまり、線画というといかにもフラットな感じでしょう。そうじゃなくて、キャメラワークで引いたり寄ったり移動したり。やっぱり三次元的な表現をいろいろするものだから。僕はその技術を、独立してピープロになってから生かして、随分仕事をやりましたね。[*43]

つまり、特撮と線画、両者は一つの作品のなかでも混在しており、不可分な関係性にあったといえる。

線画、撮影技術の革新

一九三九年公布された「映画法」が翌年施行され、映画関係者に国家資格が求められた。この試験制度に対応するために大日本映画協会の企画で『映画撮影読本』上下巻（一九四二）が刊行された。ここでは、特殊撮影が必要とされる背景として、とりわけ文化映画では科学的要素が多分に存在することが指摘されている。[*44] 航空撮影や海底撮影といった実写の撮影技術に加えて、特撮や線画の撮影技術にも触れられている。線画においては、東宝の大石が以下のように説明している。

極く簡単な例を線画にとってみると、地図の或る地点から出発して他の地点まで線を走らせるとすればば、目的の理解には凡そ何秒間で線が終点に到着すればよいかを考へてみる。これはその距離の長短にもよることであるが、仮に五秒間で線を走らせるとすると、（一秒間二四駒の割合）一二〇回に分けて線を描き進めてゆけば目的の線画が出来るのであるが、この程度の単純なものは、これを二駒ずつ六〇回に分けて線を進める場合もある。[*45]

この線の動きは、軍隊の侵攻状況を動画で示す場合にも用いられているものである。また、より正確に連続した画を描くためには、連続して描かれた画が同一でなければならない。そのため、全体の形を崩さないように写し描きするための作業台が紹介されていたが、「ガラス板を嵌めた机で、ガラス板の下からの照明によって、前の原画の上に新しい用紙を重ねても、下の画が透いて見えるやうにし[*46]」ているもので、今日までアニメーターが使用しているものと同形態といえる。この作業台上では、「用紙の上部の中央に二個の孔をあけて、描く時も撮影する時も同一の位置に用紙を重ねられるやうにして置く」という具合に、少しずつ動かした画を描き、その描く枚数によって、映像のスピードをコントロールすることができる。

それだけでなく、撮影機器に関しても技術開発がなされており、撮影台は照明や露出を変更することができたり、コマ数あるいは尺数を示す二通りの計数機を備えていたりと、より正確に記録しながら撮影できるような機能が追加されていた。上記のように、より正確に動きを構成する画を描くための手法と機材が開発されてきたことが示されている。ただ、ここで強調されていることは、「少しずつ変化させた絵を一齣ずつ撮影する技術」がすべてではなく、その描き方には、解説的な側面、視覚的な側面また、芸術的な側面がそれぞれ要求され、作画者が「多角的な表現様式の創案」をしなければならないということである。[*47]

　大石は戦前よりアニメーション制作に従事しており、試行錯誤しながら日本のアニメーションの黎明期の一角を担った存在であることから、線画に限らずアニメーション技術の革新を目指すことを重視していたと考えられる。いずれにせよ、作画者が画を連続的に描くことで意図通りの動きを構成し、視聴者に視覚的にそれを把握させることが求められたといえよう。とりわけ、軍事教育映画では、映像を通じて視覚的に訓練することの可能性が期待されていた。

　東宝が中心的に制作を行なっていたが、日米開戦を契機として、「海軍は航空要員の教育に映画を大いに使用することになり」、戦前、文化映画に定評のあった横浜シネマもまた、海軍航空本部より、航空要員を養成するための教育用術科映画の制作を委託された。文化映画を制作していた会社はこれまで「百何十」を数えていたが[*48]、前述した朝日、理研、電通映画に加え、日本映画の四社に統合され、横浜シネマは、文化映画の制作から、海軍の依頼による術科映画の制作に転換を余儀なくされたのである。この術科映画には、解説面で「線画を多用したい」という軍の意向があった。この意向に対しては、これまでの技術では対応できないことから、新たに作業所、研究所を設けて制作にあたったという。たとえば、独自の方法としては、海中を進む潜水艦を表す場合に、「空中から海水を通して見る感じを、複雑な切り絵によって撮影効果を出しながら表現するなど」の映像技術が開発された。ここで制作の中心となったのが、戦前からアニメーション制作に従事し、切り絵アニメーションを得意とする大藤信郎であった。[*49]

実際に制作に従事していた横浜シネマ社長の佐伯永輔によれば、一九四二年以降、戦局が悪くなるにつれ、海軍はますます教育映画に力を入れるようになった。横浜シネマ、東宝、理研の三社が指定を受けて術科映画の制作を行なうことになり、これまで漫画映画（アニメーション）を制作してきた横浜シネマは、「立派な描画の陣営や非常に優秀な撮影陣」を活用することができた。横浜シネマは、この時期に依頼を受けて、「航空機の操縦編、航空母艦よりの発進法、着艦法、潜水艦よりの発艦法、着艦法、計器航空法など矢継ぎ早に制作した」という。これらの撮影では、撮影用の機材が準備できない場合、実際に撮影隊を霞ヶ浦航空隊などの基地に派遣したり、作戦中の航空母艦に便乗したりして撮影を行なった。[*50]

一方で、映画のカラー化を目指す動きもみられた。一九四四年一月、横浜シネマにも新たに研究室が設置され、術科映画のカラー化が要求された。このとき個人の研究室である「田中天然色研究所」において開発された映像のカラー化の技術を用いて、撮影、スライド制作が行なわれ、海軍に納品されたが、一九四五年三月の東京大空襲、五月の横浜の戦災によって、消失してしまった。[*51]

4　飛行するアニメーター、視聴する兵士

軍事教育映画はシナリオをもとに、先述したように線画の制作者の実地飛行を経て、制作されることになる。鷺巣は照準器を用いた模擬爆弾の訓練の実態を次のように回想している。

実際に飛行機に乗ってドイツ製の時計発動式照準器を覗いて、伊勢湾の上空へ行っては模擬爆弾を落として、照準器がいかに正確に目標をとらえるか、ということをさんざんやらされてその映画を作った。だから一日に四回ぐらい飛行機に乗るのが当たり前だった。操縦者と連携してね、「ようそろ、ようそろ」、ちょっと外れそうになると「三度右」「三度左」とかね。それで爆弾を落とすんだけれど、これがなかなか当たらない。[*52]

この回想から、照準器を用いた模擬爆弾がいかに難しい技術を必要とするかがみてとれる。飛行場で練習機に搭乗してから、機上では爆撃照準器を操作し、「眼鏡を覗き操縦士に伝声管で正しく軌道飛行を誘導」し、微調整しながら正確に模擬爆弾を投下するだけでなく、一連の動作をすべて記憶し、その記憶に基づいて「アニメで分解作業する」のである。[*53] 技術的に難しいうえに、飛行には常に危険がつきまとっていた。飛行訓練の危険性については、次のように語っている。

練習機はみんな「赤とんぼ」。これに操縦士と二人前後に乗り込んでね。高度一〇〇〇メートル上空あたりだとね、風がまともに顔に当たって息ができない。びっくりして機体をつかむでしょ、するとメリメリって破けちゃうんだから。[*54]

「赤とんぼ」と呼ばれる布製の複葉の練習機は、事故も多く、なかには墜落して殉職した者もいたという。[*55]それほど危険であったため、乗務には、飛行手当がついていて、一週間くらい行くうちに給料の倍になったほどである。[*56]

先述した横浜シネマの佐伯も回想しているように、撮影用の機材が準備できない場合には、実際の戦闘機に同乗する場合もあり、取材は死と隣り合わせであった。このような経験をもとに制作された実際の「画面は幾何学的図解で三次元描写にな」ったという。線画要員の物の動きを忠実に再現する技術を用いて、座学だけでは把握しにくい爆弾投下の技術について、「動きは高度な線画処理で見せ」ることが可能になったのである。したがって、「将校下士官の生徒たちが実地訓練と併用すれば、それまでの静止画教材とは違って映像の教材は格段に教育効果を挙げた」と評価された。[*57]実際、ここで制作された軍事教育映画で学習した兵士が、真珠湾攻撃を実行したことを鷺巣はその夕方に知らされたという。[*58]海軍省は真珠湾攻撃の成果を東宝に映画化するよう依頼し、それは『ハワイ・マレー沖海戦』(一九四二、山本嘉次郎監督)として公開されることとなる。当時、映画化の背景としては、「ハワイ・マレー沖海戦の実写というものは歴史的なものでございますけれども、満足するものではない」とされており、「何んとしても国民にはっきり見せたいといふわれわれの希望があったものですから委嘱した」としている。[59] 真珠湾攻撃には、秘密保持はもちろん、「艦載機の一機でもカメラマンのために割くのは惜しい」とも考えられ、プロのカメラマンが同行していないため、実写の記録映像は乏しく、ニュース映画では「饒舌なナーレーションとともに」スチール写真が数枚公開されたにすぎなかったのである。[60] その制作にあたっては、円谷英二が真珠湾のミニチュアセットを作り上げるなど特撮技術が活用されるが、鷺巣は円谷に頼まれ、映画に「爆撃照準器視野部分のカットを提供し」たという。[61]

航空技術のような専門知識に関して「動く映像」を用いて、わかりやすく解説することによって、多くの人材を養成していくことが可能になると考えられた。さらにいえば、当時、兵士の訓練をするための資材が十分とはいえないなか、実際に戦闘機に搭乗することなく、軍事教育映画の視聴を通じて、経験していないことを経験させることが目指されたと推察できる。陸軍航空本部航務課の木下少佐もまた、軍事教育映画について、「映画の視覚的効用性は今更言う迄も無く多大なもので有」るとしている。爆撃における照準器の使用に関しても「機上において一々の生徒に就き教官が指導するよりも、映画で以て眼鏡の照準状態の成否を撮影し、之を映写して具体的に知らしめた方がより簡単である」としている。「抽象的な講義が映画で以て補足される処又極めて大なり」と座学の授業における映像の活用を推奨している。[62] ただし、「航空映画の製作は決して容易なものでは無い」、というのも「航空機の活躍する空間それ自体が一般の劇映画の持っている環境と著しく異なったものであると同時に、速度もまた等しく現実の尺度を超越した高度のテンポであ」り、そのため、実際の撮影が技術的に困難をきわめる。[63] したがって、撮影した映像をそのまま教材として活用するというよりは、機上で体験することを座学において学ぶことが可能となる映像の制作が求められたのである。

鷲巣が述べているように、実際に鷲巣自身が経験したことをもとに、より忠実に映像化を行なうことが目指される。また、理論的には高度な数学的知識を理解する必要がある場合でも、それに対して、線画といった図式的な説明で、よりわかりやすく習得させるということが重視されている。ここで重要なことは、軍事教育映画は、航空技術の理論および実践の両者を視覚体験を通じて習得することを目的として掲げている、ということである。

その考え方はコンピュータ・グラフィックスを用いたフライトシミュレーションの技術を生むことになる。計算機科学者のニコラス・ネグロポンテは、フライトシミュレーションについて、「もっとも歴史が古く、最も洗練されたＶＲの応用」と要約しているが、現実に飛行機を操縦する以上にリアルな体験を可能にするとしている。たとえば、「現実世界で試してみることが不可能な、ごく稀にしか起こらないありとあらゆる状況」をフライトシミュレーションは作り上げることができるのである。[*64] ここで重要なことは、経験していないことであっても、映像を視聴することで追体験できるという考え方である。映像を通じて視覚を管理しようとする点に関しては、あらためてアンリ・ルフェーヴルの「視覚化の論理」を参照したい。[*65]

序章において、ルフェーヴルの「視覚化の論理」を通して、絵画における遠近法の発明に始まり、現実を一コマとして切り取る写真、さらには、それを動かすことで現実を再現する映像、というように認識を再現する技術が次々に開発されていくことを指摘した。翻って、今日の映像技術をみると、立体的にものを捉える3DCG映像に進化し、さらにはVR技術を筆頭により空間の再現性が追及されていることがわかる。

しかし、兵士の訓練を、映像の視聴で代替することは果たして可能であったのだろうか。物資が不足するなか、長期におよぶ実地訓練を映像化することで、多くの兵士を教育するとされていたが、実際には、ほとんど訓練されないままに敵地へ向かうという場合も多かったのではないだろうか。視覚的に把握できることに力点が置かれ、経験を視覚が代替できると考えることは、幻想ではないだろうか。映像は直接的感覚的な理解を促すという点で、視聴者にとって「わかりやすい」教材となったにちがいない。難解な数学的知識、複雑な兵器の仕組みの理解について誰もが簡単に身につけることが目指されていた。加えて、さきに提示した『爆撃教育用映画取扱説明書』の「弾着偏差」の最終頁である三四頁においては、「字幕一撃必滅」とあり、次のように精神論で締められている。

解説

一撃必滅、これこそ帝国海軍の爆撃精神である。蓋し、爆撃の成果は直ちに戦闘の勝敗を左右し一撃克く戦局の大勢を決するものである。終り。

つまり、単に軍事技術の習得だけを目的とするのではなく、戦意高揚のプロパガンダとしての要素も含みこまれている。加えて、大本営海軍報道部第一課長の平出大佐は「技巧というものを離れて、真の力一杯の勢力を発揮しているものは美」といい、軍事映画に関しては、「非常な美」と捉える観点もあるとしている。「私は部下が自分のありったけの精力を出して、平時であるにも拘らず、その訓練に熱中している顔を見ていると、これは美だと思います」と述べている。[*66] 軍事教育映画に兵士の訓練映像が含まれているわけではないが、訓練に美を見出す視点は、ここでいう「爆撃精神」を正当化するものとして捉えることができる。戦時期においては、視覚に訴え、感覚的に理解を促すという点で、「わかりやすい」映像が求められてきたが、それは間接的に戦争に兵士を動員する装置となっていたといえよう。わかりやすいことは、一見すると、広く知識を平等に浸透させることに結びつく。ただ、わかりやすさを重視する価値の背後には、国家が大衆の視覚を支配し、教化するという意図が隠されている。

以上のように、戦闘機の操縦や爆弾の投下技術といった軍事教育のために、多くのアニメーションを用いた教材が制作された。そこでは洗練された線画技術が求められ、その結果として、物の動きを正確に描写する専門職として、アニメーターが誕生したといえる。

軍事教育映画を制作していた教材映画研究所において中心的な存在であった山本早苗の手記によれば、大竹市の海軍潜水学校や、横須賀の海軍水雷学校といった海軍の基地へ取材に行き、終戦まで、線画や図解の仕事に取り組んだと述べられている。仕事の内容や量については次のように語っている。

戦雲は日を追って厳しくなり、当時の主な仕事は、海軍の兵器分解や軍事総典の分解図、潜水艦の操縦法、戦艦の戦法やジグザグ操縦法等を動画と線画で解説していくもので、仕事場に缶詰めにされて何日も家に帰れぬ日が続いた。動画のキャラクターを描く仕事は殆んど無くなり、線画だけになってしまった。（中略）

長い大きな岩山をくりぬいて中に洞窟を大きくしたような部屋を造り、その中を作業場や寝室にしていたが、そこへ軍の機密である機械を持ち込んで図解の仕事に取り込んだ。西倉君と大工原君がいつも私と共に居て頑張って難解な仕事を進めていた。[*67]

組織の規模としても、「仕事が多いので社員も六十人ぐらいになっていた」という。[*68] ここでは、戦時期に仕事を失った漫画家も軍事教育映画の製作に従事していた。[*69] 戦時期に軍事教育映画の制作に従事していたアニメーターは、山本の先導により教材映画研究所のあった練馬の地に、戦後再結集することになる。今日、練馬区および隣接する杉並区に多くのアニメーション関連会社が位置しているのはこのためでもある。

今日、アニメーターの多くは下請けスタジオに在籍し、「作画」を担う職能集団を形成している。現代におけるアニメーターの職業としての特徴は第8章に詳述するが、物の動きの正確な描写能力と、「何でも描く」という幅広い要求への対応力といった、戦時下、アニメーターに必要とされた資質は、今日のアニメーターという職能集団にも継承されている。国家がアニメーション制作に介入したことによって、意図せざる結果として、アニメーション産業の礎が築かれたといえよう。

＊1　本書第1章の＊91を参照。

＊2　木村智哉「戦時下映画業界の統制とアニメーション——文化映画会社統合と軍委嘱映画」佐野明子・堀ひかり編著『戦争と日本アニメ——『桃太郎　海の神兵』とは何だったのか』青弓社、二〇二二年、一一八‐一二二頁。

＊3　『映画旬報』一九四三年一月二一日号、七頁。

＊4　木村「戦時下映画業界の統制とアニメーション」一二二‐一二三頁。

＊5　津村秀夫『映画戦』朝日新聞社、一九四四年、四七頁。

＊6　近藤日出造「漫映漫歩」『新映画』一九四四年四月号、五一頁。

＊7　青木光照「線画技術とその必然性」『映画技術』一九四二年九月号、一八頁。

＊8　前掲、一八‐一九頁。

＊9　北條希士雄「大石郁雄氏が語る線画と図解映画」『映画技術』一九四二年九月号、二一頁。

＊10　近藤「漫画漫歩」五一‐五二頁。

＊11　青木光照「漫画映画の技術　瀬尾光世氏と語る」『映画技術』一九四二年九月号、一七頁。

＊12　尾崎秀樹『夢をつむぐ——大衆児童文化のパイオニア』光村図書出版、一九八六年、二二一頁。

＊13　瀬尾光世の発言。「座談会——幻の日本初の長編アニメーション『桃太郎の海の神兵』を語る」『FILM1／24』第三二号、アニドウ、一九八四年、七五頁。

＊14 瀬尾光世へのインタビュー。青木「漫画映画の技術」一六頁。
＊15 『映画評論』一九四三年五月号、一三頁。ここに掲載された「日本漫画映画の興隆」という座談会では、アニメーター養成の必要性が議論されている。この座談会の参加者は、漫画映画制作に関与する政岡憲三、瀬尾光世、荒井和五郎、熊木喜一郎、滋野辰彦および映画評論家の今村太平、野口久光であったが、漫画映画制作者が一同に出席し開かれた座談会の言動が、映画雑誌に掲載されたのははじめてのことである。
＊16 同テキストは、『政岡憲三動画講義録』と呼ばれ、戦後のアニメーター養成においても活用されることとなる。第8章で詳述する。
＊17 尾崎『夢をつむぐ』二一八頁。
＊18 瀬尾の発言。「座談会――幻の日本初の長編アニメーション『桃太郎の海の神兵』を語る」七四頁。
＊19 瀬尾の発言。前掲、七六頁。
＊20 瀬尾へのインタビュー。尾崎『夢をつむぐ』二二四頁。
＊21 『映画旬報』一九四三年六月一一日号、五頁。
＊22 Carl Nater, "Walt Disney Studio - a War Plant," *Journal of the Society of Motion Picture Engineers*, 42(3), 1944, p.170.
＊23 米山忠雄「海軍関係製作の漫画映画について」『映画旬報』一九四二年一二月一日号、八五頁。
＊24 佐藤卓己「連続する情報戦争――「十五年戦争を超える視点」」倉沢愛子他編『岩波講座　アジア・太平洋戦争　第3巻――動員・抵抗・翼賛』岩波書店、二〇〇六年、六五頁。
＊25 Jonathan Clements and Barry Ip, "The Shadow Staff: Japanese Animators in the Tōhō Aviation Education Materials Production Office 1939–1945," *Animation*, 7(2), 2012, p.193.
＊26 『説明書』は、Preliminary List of Microfilms in Custody of the Library of Congress Japanese Section (1)の一部である。

＊27　ヨコシネディーアイエー『映像文化の担い手として——佐伯永輔「ヨコシネ」の歩んだ70年』ヨコシネディーアイエー、一九九五年、三九頁。
＊28　林穎四郎「日本映画史のミッシング・リンク／東宝の航空教育資料製作所の補遺〈総括編〉〈下〉航空教育資料製作所の製作した作品群のリスト」『映画テレビ技術』二〇〇六年七月号、四六－四九頁。
＊29　「東宝映画と文化映画部」『文化映画』一九四〇年一二月号、八八頁。
＊30　林穎四郎「日本映画史のミッシング・リンク／東宝の航空教育資料製作所〈上〉東宝の航空教育資料製作所の生い立ち」『映画テレビ技術』二〇〇六年三月号、五〇－五一頁。
＊31　前掲、五二頁。
＊32　木村智哉「戦時期日本における長編アニメーション映画製作事業の推移とその特質——国際比較と未完成作の分析から」『千葉大学大学院人文公共学府研究プロジェクト報告書』第三三三集、一一六－一二八頁。
＊33　関口敏雄「東宝の文化・教育映画製作の系譜をたどる——東宝30年史の一側面として」『短編フィルム』ユニ通信社、一九六二年、一九頁。
＊34　林「日本映画史のミッシング・リンク／東宝の航空教育資料製作所の補遺」五三頁。
＊35　前掲、五三頁。関口によれば、一九四三年秋には、組織が拡大し、総人員は三〇〇名近かったという（関口「東宝の文化・教育映画製作の系譜をたどる」一九頁）。
＊36　鷺巣富雄は、戦後、うしおそうじ（牛尾走児）というペンネームでマンガを刊行する他、アニメーション、特撮等の映像作品の制作に従事した。
＊37　鷺巣富雄『スペクトルマンVSライオン丸——うしおそうじとピープロの時代』太田出版、一九九九年、四一頁。
＊38　うしおそうじ『夢は大空を駆けめぐる——恩師・円谷英二伝』角川書店、二〇〇一年、一六五頁。
＊39　前掲、二二三－二三三頁。

＊40　鷺巣『スペクトルマンVSライオン丸』五二頁。
＊41　市野正二へのインタビュー。小松沢甫「続幻の東宝図解映画社市野正二の足跡」『FILM1／24』第一九号、アニドウ、一九七七年、八頁。
＊42　円谷英二「特殊技術」大日本映画協会編『映画撮影学読本　下巻』大日本映画協会、一九四一年、四三頁。
＊43　「うしおそうじインタヴュー」『まんだらけ　zenbu』NO.7、二〇〇〇年、四頁。
＊44　岩淵喜一「特殊撮影」大日本映画協会編『映画撮影学読本　下巻』大日本映画協会、一九四一年、一五頁。
＊45　大石郁雄「線画と漫画の技術」大日本映画協会編『映画撮影学読本　下巻』大日本映画協会、一九四一年、七三頁。
＊46　前掲、七四頁。
＊47　前掲、七七頁－八〇頁。
＊48　登川尚佐「文化映画の製作一元化について」『文化映画』一九四二年二月号、一九頁。
＊49　ヨコシネディーアイエー『映像文化の担い手として』三八－三九頁。
＊50　前掲、三九頁。
＊51　前掲、四一－四二頁。
＊52　鷺巣『スペクトルマンVSライオン丸』五三頁。
＊53　鷺巣富雄「巻末エッセイ・真珠湾攻撃四六四日前」ウォルター・ロード『真珠湾攻撃』宮下嶺夫訳、小学館文庫、二〇〇〇年、三三〇頁。
＊54　鷺巣『スペクトルマンVSライオン丸』五四頁。
＊55　前掲、五四頁。
＊56　前掲、五三頁。
＊57　うしお『夢は大空を駆けめぐる』二三二頁。

＊58　鷲巣「巻末エッセイ・真珠湾攻撃四六四日前」三三三頁。
＊59　大本営海軍報道部第一課所属の濱田少佐の発言。「海軍と映画　座談会」『映画旬報』一九四二年一二月一日号、一七－二二頁。
＊60　清水晶「日本における戦争と映画」上野俊哉他著『日米映画戦――パールハーバー五十周年』青弓社、一九九一年、六一頁。
＊61　鷲巣「巻末エッセイ・真珠湾攻撃四六四日前」三三三－三三五頁。なお、現在視聴することのできる『ハワイ・マレー沖海戦』ではカットされている。
＊62　木下少佐「航空と映画」『映画旬報』一九四二年一二月一日号、二三頁。
＊63　前掲、二二頁。
＊64　ニコラス・ネグロポンテ『ビーイングデジタル――ビットの時代　新装版』福岡洋一訳、アスキー、二〇〇一年、一六五頁。
＊65　アンリ・ルフェーヴル『空間の生産』斎藤日出治訳、青木書店、二〇〇〇年。
＊66　平出大佐の発言。「海軍と映画　座談会」、二〇－二一頁。
＊67　山本早苗『漫画映画と共に――故山本早苗自筆自伝より』宮本一子、一九八二年、一一八－一一九頁。
＊68　前掲、一一九頁。
＊69　小野耕世「【戦時中の国策。】桃太郎の海の神兵　アニメ映画事情。」『潮』三〇五号、一九八四年、一五九頁。

第4章

境界と他者の二類型

『桃太郎　海の神兵』における空間の再編成

1 『桃太郎　海の神兵』における他者

本章では、終戦間近の一九四五年四月に公開された『桃太郎　海の神兵』を取り上げ、アニメーションが、戦時期において、空間を規定する境界をめぐる闘争を、いかにして表象しているのかを分析する。この作品の完成および公開は、戦時期におけるアニメーション制作をめぐる環境が一変したことを端的に示しているが、それだけでなく、このアニメーションで描かれている内容を分析することで、なぜ、アニメーションが戦時期に脚光を浴びたのかを、前章とは異なるかたちで明らかにすることができると考える。ただ、戦時期に制作された作品は、監督や演出の個人的な意志はほとんど排除されてしまう。個人の意図を超え、時局に則り戦争を引き起こす思想が不可避的に表象されるという観点で作品を分析するという点をことわっておきたい。

『桃太郎　海の神兵』は、境界線で隔てられた空間と、その空間に存在する他者という観点から四つのシークエンスに区分することができる（表4）。まず、あらすじを追いながら、いかなる空間が描かれているのかみてみたい。

シークエンス1は、終戦後、海軍兵が故郷に戻り、村の子どもたちに出迎えられる牧歌的な風景から始まる。本作は、日本がアメリカとの戦闘に勝利したという設定である。そして、帰郷した海軍兵が、子どもたちにせがまれて戦闘体験を語る。ここでいう戦闘体験とは、巻頭に、「メナド降下作戦に参加せる海軍落下傘部将士の談話による」と字幕があるように、一九四二年一月一一日オランダ領東インドのセレ

	空間	他者	内容
1	故郷	—	終戦後、海軍兵が帰郷し、戦闘の様子を村の子どもたちに話して聞かせる。
2	太平洋のある島	アジア・太平洋の諸民族	海軍設営部が太平洋の島に、原住民と共同で陣を設営する。／日本語教室にて日本語を教える。
3	ゴアの国	アジア・太平洋の諸民族／「白人」	「白人」に占領された太平洋の島を日本軍が救済する。
4	鬼ヶ島	鬼	鬼ヶ島に上陸、日本軍が無条件降伏を迫る。

表4　『桃太郎 海の神兵』における4つのシークエンス

ベス島メナドにおける日本軍初の空挺作戦の成功を主題としている。

監督の瀬尾光世は、体験入隊し、この空挺作戦に参加した将兵に聞き取りを行い、それをもとに脚本を執筆した。[*1] シークエンス1で、海軍兵は、故郷でタンポポの綿毛が舞っている風景と、落下傘部隊が敵地へ降り立つ姿を重ね合わせる。タンポポの綿毛の表象は落下傘部隊の比喩としても捉えられるが、佐野明子は、日本画家の横山大観の『野に咲く花二題（蒲公英・薊）』（一九四二）との比較において、タンポポは田舎の風景の叙情性だけでなく、国土愛を表象するとして、戦時ファシズムのモチーフとしても捉えられると指摘している。[*2]

そして作品のなかの海軍兵は、太平洋のある島（東インド諸島を想定していると思われる）を起点とした落下傘部隊での戦闘を回想し始める。回想シーンは、シークエンス2、4の二つのシークエンスで構成されている。シークエンス2では、桃太郎率いる日本海軍が鬼ケ島へ攻め込む前に、太平洋のある島に滞在する。ここでは、日本海軍と、太平洋のある島の原住民との交流の様子を描いている。たとえば、原住民と協力し、海軍のテントを設営したり、原住民に日本語を教えたりする場面がある。一方、シークエンス4は、太平洋のある島から、落下傘を用いた上陸作戦で鬼ケ島に攻め込む場面である。ここでは、鬼として描かれているアメリカ軍との戦闘に勝利した日本海軍が、アメリカ軍に無条件降伏を迫る。そして、アニメーションの最後は、再び故郷のシークエンスに戻る。そこでは、故郷に戻った兵士の子どもたちが、落下傘部隊を模して、木から、地面に描いたアメリカの地図の上に着地するという様子が描かれている。

また、シークエンス3では、「白人」が東インド諸島を占領する経緯と、日本による東インド諸島の救済について描かれた童話「ずるいオランダ人」(『東印度童話集』収録)が白黒を基調とした影絵調のアニメーションで描かれている。のちに詳述するが、このシークエンスは、本筋とは異なる物語として約五分間挿入されている。

各シークエンスを他者表象という観点でみてみると、表4で示したように、シークエンス1では、他者は登場しない。戦闘を終えた海軍兵は、他者が認識されない「故郷」という空間へと戻る。日本と他者の関係を端的に描いているのは、シークエンス2以降である。シークエンス2では、故郷から太平洋のある島へ、空間の移動に伴って生じる、境界外の存在としてのアジア・太平洋の諸民族との交流を描いている。また、シークエンス3では、太平洋に位置するゴアの国を中心として、日本人とアジア・太平洋の諸民族と「白人」といった三者の関係が提示される。さらに、シークエンス4では、太平洋のある島から、鬼ケ島への空間の移動を通じて、他者としての「鬼」との闘争を描いている。以上のように、本作では、シークエンスごとに、「故郷」「太平洋のある島」「鬼ケ島」と海で隔てられた空間の移動を通じて、他者との関係性の変容が描かれている。

では、まず、太平洋のある島に存在する他者と日本との関係が描かれたシークエンス2を詳しくみてみよう。

2　同一性としてのかわいい動物キャラクター

シークエンス2では、日本海軍落下傘部隊は、鬼ケ島での戦闘（シークエンス4）に備え、太平洋のある島に陣を張る。このシークエンスに登場するキャラクターは、大きく二つのカテゴリーに分けられる。一つ目のカテゴリーは、桃太郎の部下で海軍に属している、イヌ、サル、キジ、ウサギ、クマである。これらは、桃太郎は言うまでもなく、『金太郎』など日本の民話に登場する動物である。もう一つのカテゴリーは、当時、日本ではあまり馴染みのなかったゾウ、ヒヒ、サイ、ヒョウ、カンガルーなどの「南方」に生息するとされる動物である。このシークエンスでは、ヒヒやヒョウ、ゾウのような動物が、軍服を着用したウサギの指示を受けて、木を切り出し、組み立て、新しい基地の建築作業をしている。桃太郎率いる海軍設営本部のために肉体労働を行っているのだ。さらに、「南方」の動物は、「南方」の果物を日本海軍に与えるなど、海軍の陣地設営に協力的な存在として描かれている。

また、シークエンス2には、この映画でもっとも有名な「アイウエオの歌のシーン」と称される占領[*3]地における日本語教室の様子が含まれる。次頁の画像は、南方の動物たちが整列して着席しているが、シーンの冒頭では、我先にと席を取り合っている。そこへ、桃太郎の部下であり、軍服を着用したイヌの教師が登場し、笛を吹いて、授業の開始を告げる。生徒の南方の動物たちが着席したところで、イヌの教師が黒板に書かれた字を指しながら、「ア」と読むと、動物らが声を揃えて「ア」と繰り返す。続いて、教師が「アタマ」、生徒ら「アタマ」、教師「アシ」、生徒ら「アシ」、教師「アサヒ」、生徒ら「アサヒ」と日本語の反復練習をしていく。その後、教師が「はじめからみんなで、はい」といって、黒板の「ア」という文字を指すも、生徒らは各々動物のように鳴くだけでうまく発音できない。次々に指名されるが、言葉にならない。南方の動物たちは、文字を認識することが困難である様が示されている。動物たちはふざけ始め、授業にならなくなってしまい、イヌの教師は困り果ててしまう。その様子を離れたところからみていたサルとクマの日本軍の兵士が助け船を出す。それは、歌を用いた方法であった。クマはハーモニカで、「アイウエオの歌」を演奏し、サルはその旋律に合わせて歌い始める。「アイウエオの歌」は、五十音に旋律をつけたものである。それを聞いた生徒たちは曲に合わせて歌い始め、そのことによって五十音を習得していく様子が描かれている。

『桃太郎 海の神兵』で、「アイウエオの歌」を合唱する日本語教室のシークエンス

　監督の瀬尾によると、「アイウエオの歌」は、実際に日本軍が日本語を教えるために作られた歌で、ニュース映画のなかに入った中国や南方からの現地便りで歌われているのを聞き、採用した。[*4]「アイウエオの歌」の作曲は古関裕而で、『桃太郎　海の神兵』の音楽を担当し

たことから映画での使用もすぐに決まったという。[*5] アニメーション研究者の萱間隆によると、占領下のジャワにおいてもニュース映画『アイウエオの歌』が一九四三年以降たびたび上映されている。映画『アイウエオの歌』には、日本人の児童が歌う「アイウエオの歌」が収録されており、「日本語普及映画」と位置付けることができる。[*6]

シークエンス2で重要な点は、日本海軍の兵士と、太平洋の島にもともと存在していた住民の両者が「動物」という同一のカテゴリーで描かれているという点である。ここでは、どちらか一方を人間、他方を動物として描いているわけではないが、描かれている動物の種類で明確に、日本海軍とアジア・太平洋の諸民族を差異化している。日本海軍は、イヌ、サル、キジ、ウサギ、クマといった日本の民話に馴染みのある動物で描かれている。この地域で、ゾウ、サイ、ヒョウやカンガルーといった動物が、実際に生息地を同じにし、同一空間に存在しうるのかどうかということは問題ではない。日本にとって、アジア・太平洋の諸民族が「珍しい」存在であることを示す必要がある。「動物」という同一のカテゴリーに両者を包摂したうえで、それぞれの役割（教師／生徒）を明確にしている。[*7]

しかし、動物の種類で両者を差異化している一方、アニメーションで描くことによって、その差異があいまいになる。前述したように、両者を表象する動物の種類は異なるが、意図されているか否かは別にして、アニメーションに欠くことのできないかわいらしい動物キャラクターを用いることで、両者の差異は消失する。というのも、動物で描かれた両者が互いに協力的で、同じ空間に存在することによって、あたかも両者が同一の集団であるかのようにみえるからである。そうすることで、巧妙に、アジア・太平洋の諸民族を、日本の支配下に取り込むプロセスを隠蔽することが可能となるといえよう。他方、両者を動物ではなく、人間としていた場合、肌の色、顔の形状あるいは毛髪の色など、両者の身体的特徴を浮き彫りにしてしまう。両者の身体的特徴に基づく差異を描くことは、結果として、両者のあいだに見出された「同一性」を消し去り、両者に優劣をつけて序列化するという方策が暴露されてしまう。ここでは、同一の集団に両者を位置づけなければならない。

では、なぜ、その方策は隠蔽される必要があるのか。それは、他者に対する不安ともいえる感情による。本来、日本人とアジア・太平洋の諸民族は、異なる地域に存在し、交流することはなかった。その意味で、日本人にとって、アジア・太平洋の諸民族は、第2章で説明した第一の境界線で隔てられた他者であったといえる。同時に、アジア・太平洋の諸民族にとっても、日本人は他者であった。

『桃太郎　海の神兵』では、シークエンス1の日本の故郷から、シークエンス2の太平洋のある島への場面転換を通じて、他者をいかに包摂するのか、そのプロセスが描かれている。故郷とその外部との境界線を越えて支配の領域を拡大する場合、とりわけ、他者を包摂するプロセスにおいては、不可避的に、両者のあいだでコンフリクト（衝突）が生じる。しかし、シークエンス2では、両者が共存するための空間を、共同で生み出しているように描かれ、他者が共同体内に滞在することを正当なものとしている。そうすることによって、共同体と他者とのあいだにコンフリクトが生じることなく、両者が一つの空間に存在することが可能となる。本作は、実際に現地で上映される機会がないままに終戦を迎えるが、もともとはアジア・太平洋の住人も観客の対象として想定されていた。したがって、本アニメーションは、両者のあ

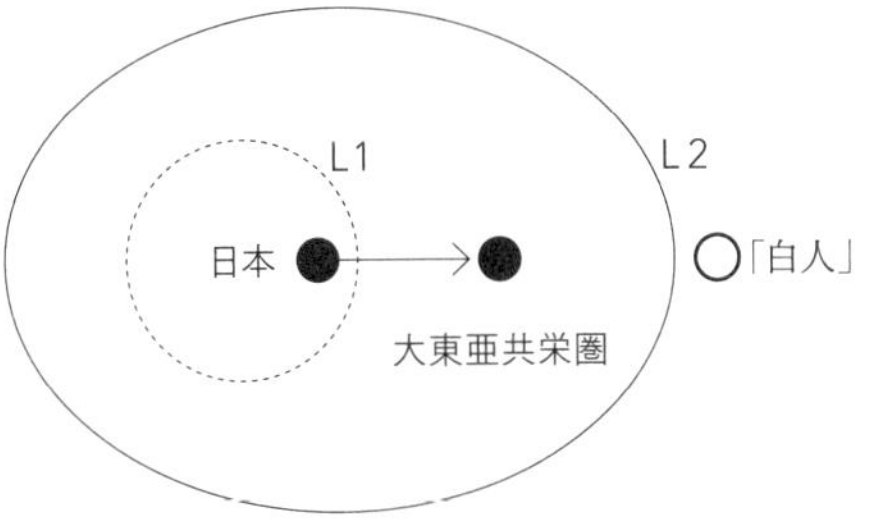

図5　他者を包摂し、支配の領域を拡大する「大東亜共栄圏」

いだでコンフリクトを生じさせないために活用されなければならなかった。つまり、他者に対する不安は、他者を理解し、巧妙に支配の領域に取り込むことで解消されるといえる。文化政策においては、その点が重視されるのである。

さらに重要なことは、このように他者を包摂することによって、事態が収束するわけではないということである。第2章でも指摘したが、第一の境界（L1）を乗り越えると同時に、第二の境界（L2）が立ち現れる（図5）。両方の境界が同時に認識されるとき、他者の二つの類型は、より明確になる。それらは、「第一の境界と第二の境界のあいだに存在する他者」と、「第二の境界の外に存在する他者」である。このような状態を端的に捉えているのがシークエンス3である。同シークエンスでは、日本人、アジア・太平洋の諸民族に加えて「白人」が登場する。次に、シークエンス3を詳しく分析することで、二つの他者の類型を明らかにしたい。

3　立ち現れる第二の境界

シークエンス3は、太平洋の諸民族が「白人」に支配され、その状況から日本が太平洋の諸民族を救済するという物語が描かれている。ここでは、太平洋の諸民族を「大東亜共栄圏」として包摂した日本と、「白人」との境界線、つまり、第二の境界が認識される過程を描いている。

先述したように、同シークエンスの原作になっている物語は『東印度童話集』に収録されている「ずるいオランダ人」である。この童話集は、著者の小出正吾によれば「大東亜共栄圏の中の東インド諸島に伝へられている神話・伝説」から「童話風に書き下ろしたもの」である。[*8] 東インド諸島は、ほぼ今日のインドネシアにあたる地域である。この地域は、第二次世界大戦下、オランダ本国がドイツに占領される以前は、その大部分がオランダの占領地であった。一九四二年以降は、日本軍に占領され「大東亜共栄圏」の一部となったという経緯がある。『東印度童話集』では、各童話について解説がされているが、「ずるいオランダ人」の解説では、「「オランダ人を」今に追い払ってやる時が来よう」というこの話の王様の言葉は今日始めて日本軍の手によって実現された」[*9] という部分が強調されている。東インド諸島を日本の支配下に取り込む過程において、オランダとの関係は意識せずにはいられない。

『桃太郎 海の神兵』に挿入された影絵アニメーションのシークエンス

当時の『映画旬報』誌においても、インドネシアの映画上映状況に関して報じられているが、日本映画社常務理事であった星野辰男は、映画はインドネシアにおいて「唯一の直接宣伝、啓発機関として力強いものになる。かつ、彼らは映画を愛好しているので益々その力を加えることになる」と評していた。[*10] 加えて、インドネシアに対して「同祖同族」という言葉を使って大東亜民族であるという意識をはっきりさせるようにし、「日本人はえらいのだ、オランダ人を叩いたのでオランダ人よりもっとえらいということをはっきり認識させることが肝要である」としている。[*11] そして、「彼らに対する宣伝目標は日本に対する認識を確立させること」であり、それと同時に、映画を通じて「日本の行うところの政治、それに対して、日本軍に飽くまでの協力して大東亜建設に邁進するという観念をはっきり植えつけること」が目指されていた。[*12]

影絵アニメーションでは、オランダ人は「白人」と言い換えられている。同シークエンス冒頭では、ゴアの国の住民は突然現れた「白人」に魅力を感じていた。ゴアの国の人々にとって、「白人」は、肯定的な存在であったのである。しかし、結果的に両者のあいだにコンフリクトが生じる。つまり、ゴアの国にとって、「白人」は、肯定的な存在から、否定的な存在へと転換したといえる。では、境界外の存在とのあいだにコンフリクトが生じるのは、いかなる場合か。次に、そのプロセスについて詳細に考察したい。シークエンス3は、ゴアの王のもとに、「白人」の商人が現れるところから始まる。

突然現れた商人は、ゴアの王に次のように話し、ゴアの国の領土の利用を許可するように陳情する。

私たちの船には世界各地の宝物がぎっしり積み込んでございます。まずペルシャの絨毯、エジプトのタバコ、インドの宝石、シャムの首飾り、アンナン・カンボジアの更紗、支那・広東の茶、おなじく北京の黄金、そして羊毛、砂金、これだけの宝物を陸揚げして、王様にごらんにいれたいのでございますが、それには、どうしても並べる土地が必要でございます。なあに、その広さは一セント硬貨ほどの大きさがあれば十分でございます。

この台詞で、商人は、世界中を移動することで手に入れた宝物を列挙し、王を魅了している。そして、一セント硬貨ほどの大きさの土地の利用を許可させる。ゴアの国の人々にとって、突然現れた外国人は、商人の姿をしている。商人は、世界各国を渡り歩き、珍しい事物を共同体にもたらす。社会学者のゲオルク・ジンメルによれば、共同体にはじめに現れるよそものは、商人である。よそものは、けっして「土地所有者ではない」[*13]。というのも、よそものは、一定の地域に定住することなく、空間から空間へと移動する存在である。様々な地域の宝物を所持していることは、商人が一つの地域に定住せずに、様々な地域を移動していることを示している。もともと共同体が有しない事物が共同体内にもたらされることは、その共同体にとっては歓迎すべきことである。この意味で、よそものは、共同体にとって肯定的な存在として認識されるのである。

しかし、シークエンス3のなかで、商人は地図に描かれた島を一セント硬貨で覆い、島全土を占領する。王は、交易をしにやってきた商人を信用した結果、騙されて、領土を占領されてしまうのである。それによって、商人は、一転して否定的な存在になる。ここでいえることは、よそものは、肯定的な存在でありながら、常に否定的な存在に転換しうる側面を持っているということである。共同体は、よそものが定住することを何としても阻もうとするため、よそものと共同体のあいだにはコンフリクトが生じる（図

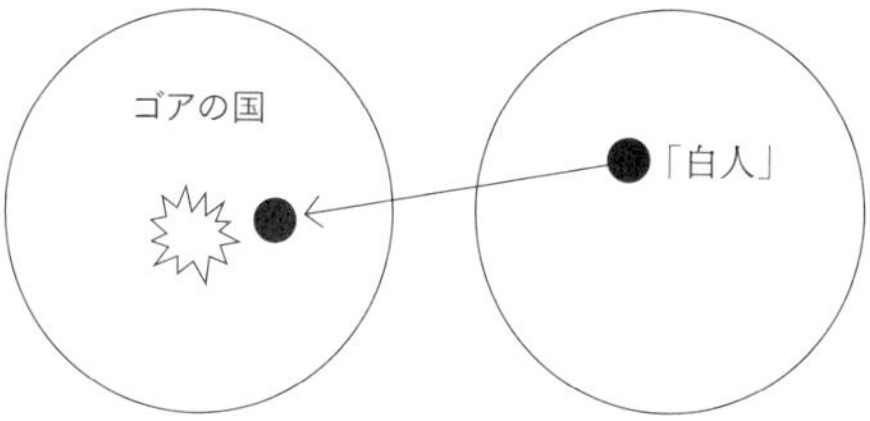

図6　他者が定住することによって発生するコンフリクト

6)。よそものは、そもそも両義的な存在であるが、よそものが定住しようとすることによって、共同体にとって排除すべき他者となる。永久に滞在しようとする他者とのあいだに発生するコンフリクトが戦争となる。

日本、東インド諸島および「白人」のあいだにある序列の意識は、シークエンス3全体に示されている。物語のあらすじは先述したように、船でやってきた「白人」に騙されたゴアの王が、島を占領されてしまうというものである。そして、最後に、「東方天子の国より白馬にまたがりたる神の兵来たりて、必ずや民族を解放せむ」というナレーションが挿入されていることからも明らかなように、日本によって、「白人」の占領から東インド諸島が救済されることを暗示させるのである。[*14] ただ、日本が、実際に東インド諸島を完全に解放させるわけではない。いうまでもなく、当時、大東亜共栄圏建設構想は、日本にとって、アジア・太平洋諸地域を占領することを正当化するうえで不可欠なイデオロギーとして生み出された。したがって、童話「ずるいオランダ人」における東インド諸島をめぐる三者（日本、東インド諸島、オランダ）の関係を、シークエンス3では、当時の世界情勢を背景とした、日本と二つの他者（アジア・太平洋の諸民族、「白人」）の関係に置き換えているのである。

翻って、作品全体をみてみよう。作品全体に貫かれているのは、「日本」「アジア・太平洋諸地域」「西洋」の三つの空間に存在する三者の関係性である。とりわけ、シークエンス4では、「日本」がアジア・

太平洋の諸民族を「大東亜共栄圏」として包摂したことによって、「西洋」との境界線（第二の境界）が立ち現れる点に着目したい。

一般的によく知られている民話『桃太郎』では、イヌ、サル、キジを家来とし、たびたび人間の村にやってきては悪事を働いていた鬼を退治するために、鬼ケ島へ向かう。民話『桃太郎』では、共同体の外にいる他者（鬼）が、共同体に侵入してきては、共同体の秩序を乱していた。共同体内に再び安定をもたらすため、桃太郎が、秩序崩壊の要因となる他者を征伐する（鬼退治）という物語になっている。人間の村と鬼ケ島は、海によって隔てられており、境界が明確にされている。鬼と人間がそれぞれ存在する空間は完全に隔てられており、重なる部分は皆無である。つまり、共同体内に侵入しようとする他者は、共同体内に包摂するのではなく排除するという伝統的な社会のあり方が描かれているといえる。

一方、『桃太郎　海の神兵』では、第二の境界の外側に存在する他者＝鬼を境界内に包摂しようとする段階を示している。というのは、最後に鬼に無条件降伏を迫り、日本の支配下におこうとするからである。本作では、第二次世界大戦を背景として、鬼は連合国軍の表象として描かれているといえる。それは、鬼がアニメーション内で英語を話していることからも明らかである。さらにいえば、このシーンに関しては、「山下・パーシバル会談」（一九四二年二月一五日）を報じるニュース映画や戦争画が引用元として指摘されている。[*15] 日本陸軍がシンガポール陥落後に行った会談では、陸軍中将・山下奉文がイギリス軍中将のアーサー・パーシバルに「イエスか？　ノーか？」と迫ったというエピソードが著名であるが、アニメーションのなかでも、なかなか返答を決断できない鬼の長に対して、桃太郎は無条件降伏を強く迫っている。

いずれにせよ、『桃太郎　海の神兵』では、共同体の外側を未知の地域と考え、日本海軍を自閉している共同体の成員として捉えているわけではない。支配の領域が世界と重なるまで拡張することを目指す近代国家の成員として描いているのである。

4　空間の生産とアニメーション

以上のように、ある他者を包摂することによって、第二の境界が立ち現れる。そして、第二の境界の外側に存在する他者が認識される。そして、第一の境界と第二の境界のあいだに存在する他者は包摂される他者となる。第2章でも説明したが、境界の二重性とは、このような状況を指す。つまり、他者には、肯定的な側面と否定的な側面がある。否定的な側面が露呈する場合、排除される他者となり、否定的な側面が露呈することなく、肯定的な側面のみが現れる場合には包摂される他者となる。いずれかの判断は、他者が、共同体内に侵入したのちの振る舞いによって下される。その根拠は、他者が共同体と空間をいかに共有するか、によるところが大きい。

前述したように『桃太郎　海の神兵』は、シークエンス2では他者が共同体内にとどまるがコンフリクトが生じない場合を、シークエンス3では他者が共同体内にとどまることによってコンフリクトが生じる場合を描いている。この二つの状況は、他者との交流によってコンフリクトが生じるか否かによって区別できる。コンフリクトが生じない場合としては、アジア・太平洋の諸民族は、日本にとっては包摂される他者であり、日本との境界線の内側に取り込まれている。コンフリクトを発生させることなしに、境界の内側に取り込めるかどうかは、他者との同一性を認めるかどうかにある。

第2章で述べた通り、日本は、アジア・太平洋の諸民族に対して、影絵芝居や民話を通じて、文化の同一性を見出した。また、本作では、動物キャラクターを用い、両者を同一の集団として描いた。このような文化的実践が、両者のあいだにあった境界（第一の境界）を隠蔽したといえる。そして、その外部とのあいだの境界線（第二の境界）をあぶり出し、新たな他者を発見することで、日本とアジア・太平洋諸国を同一の空間とする認識が強化されるのである。その表象が影絵アニメーションで描かれたシークエンス3であり、「白人」がゴアの国へ移動し、支配しようとすることによってコンフリクトが生じる。「白人」は第二の境界の外に認識される排除される他者となることを描いている（図7）。

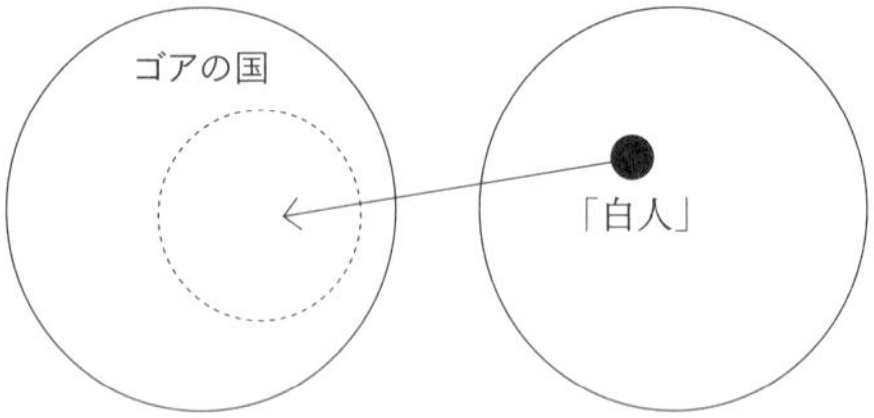

図7　包摂される他者と排除される他者の二重構造

ここで、重要なことは、このような空間の再編成と連動して、アニメーションが文化として制度化されたという点である。本章で詳細に分析したように、アニメーションは、映像を通して、共同体と他者とのあいだにある境界を隠蔽したり、第二の境界をあぶり出したりすることで、空間を自由に視覚化することができる。アニメーションは、空間を自由に表象することが可能な表現様式であるといえる。それは、実写映像とは異なり、アニメーションは、背景から登場人物の動きまで、すべての映像を制作者の意図通りに構成することができるからである。基本的に、アニメーションの画面上には、制作者が描いたもの以外は存在しない。偶然に映し出される情報は皆無である。つまり、アニメーションは、映像すべてを統制することが可能なのである。この特徴は、戦時期のようにすべてを統制する必要性が生じる際には適している。

しかし、単に国家内部の秩序を維持するために統制することだけが目的ではない。より重要なのは、戦争を引き起こす契機となる同一性と差異の論理に従って、空間の再編成を表象できるということにある。というのも、同一性と差異の論理は、人間としての同一性と、国民としての同一性のあいだに生じる矛盾が解消される空間を目指すからである。ここでいう理想的な空間とは、他者を取り込み、支配の領域を拡大することによって膨張した国家であり、最終的には、世界と国家が重なる空間である。すなわち、『桃太郎　海の神兵』は、アニメーション映像を用いて、共同体が掲げる、まだ達成されていない理想的な空間を創造したのである。

以上のことから、アニメーションは、二つの他者像とその境界線の創出による空間の再編成を契機として、それを視覚化する映像的手法として台頭したことが明らかとなった。戦時期におけるアニメーションの勃興は、他者間で生じる境界線をめぐる闘争と、それに伴う空間の再編成の視覚化に連動しているといえるのだ。

さらに興味深いのは、戦争を契機として、アニメーション産業の基盤が胚胎した国家は日本に限られないという点である。フランスのアニメーション史について研究を行っているセバスチャン・ロファも指摘しているように、第二次世界大戦期、映画を製作することが可能であった国家において、アニメーションが開花した場合が多い。[*16]日本のみならず、アメリカ、フランスなど欧米諸国だけではなく、中国[*17]においても、戦時期にアニメーション制作が盛んに行われており、戦争とアニメーションの関係は切っても切り離せないといえよう。

次章では、第二次世界大戦期のフランスにおけるアニメーションの勃興について検証したい。

＊1　尾崎秀樹『夢をつむぐ――大衆児童文化のパイオニア』光村図書出版、一九八六年、二二一頁。
＊2　佐野明子「『桃太郎　海の神兵』論――国策アニメーションの映像実験」『アニメーション研究』第二〇巻一号、二〇一九年、二二頁。
＊3　小野耕世「【戦時中の国策。】桃太郎の海の神兵　アニメ映画事情。」『潮』三〇五号、一九八四年、一五五頁。
＊4　尾崎『夢をつむぐ』二二八頁。
＊5　小野「【戦時中の国策。】」一五六頁。
＊6　萱間隆「「大東亜共栄圏」のための「アイウエオの歌」――『桃太郎　海の神兵』の想定される観客をめぐって」永田大輔・松永伸太朗編著『アニメの社会学――アニメファンとアニメ制作者たちの文化産業論』ナカニシヤ出版、二〇二〇年、七四頁。

＊7　同シーンについては、秦剛が、動物キャラクターを「日本国籍動物」および「南方の動物」に分類し、「人間の〈擬獣化〉と動物の〈擬人化〉」といった視点から、アニメーションで動物キャラクターが用いられる意義を考察している。秦剛「『桃太郎　海の神兵』における表象のユートピア――虚構のリアリティーならびに〈擬獣化〉の起源」佐野明子・堀ひかり編著『戦争と日本アニメ――『桃太郎　海の神兵』とは何だったのか』青弓社、二〇二二年、八九―九三頁。

＊8　小出正吾『東印度童話集　クスモの花』増進堂、一九四二年、一頁。

＊9　前掲、二九〇頁。［　］は筆者による。

＊10　星野辰男「南方映画工作より還りて」『映画旬報』一九四三年五月一一日号、一六頁。

＊11　前掲、一六頁。

＊12　前掲、一六頁。

＊13　ゲオルク・ジンメル『社会学――社会化の諸形式についての研究』居安正訳、白水社、一九九四年、二八七頁。

＊14　この表現は日本の侵攻を正当化するもので海軍は喜んでいたが、担当した政岡憲三は最後まで不満だったという。「座談会――幻の日本初の長編アニメーション『桃太郎の海の神兵』を語る」『ＦＩＬＭ１／24』第三二号、アニドウ、八三頁。

＊15　小野「【戦時中の国策。】」一五八頁。木村智哉「アニメーション映画『海の神兵』が描いたもの――戦時期国策映画の文脈から」乾淑子編『戦争のある暮らし』水声社、二〇〇八年、一四七―一四九頁。大塚英志「戦時下のユビキタス的情報空間――『桃太郎　海の神兵』を題材に」佐野明子・堀ひかり編著『戦争と日本アニメ――『桃太郎　海の神兵』とは何だったのか』青弓社、二〇二二年、五六―五七頁。

＊16　セバスチャン・ロファ『アニメとプロパガンダ――第二次大戦期の映画と政治』古永真一・中島万紀子・原正人訳、法政大学出版局、二〇一一年。

＊17　佐野明子は、一九四一年に公開されたアジア初の長編アニメーション『西遊記　鉄扇公主の巻』が、日本におけるアニメーション製作に多大なる影響を及ぼしたと指摘している。「漫画映画の時代――トーキー移行期から大戦期における日本アニメーション」加藤幹郎編『映画学的想像力――シネマ・スタディーズの冒険』人文書院、二〇〇六年、九六―一二七頁。

第5章

フランスにおけるアニメーションと国家

植民地および連合国へのまなざし

1 ヴィシー政権の樹立

第二次世界大戦以前、フランスの映画館では、上映されるアニメーションの七五・五パーセントをディズニーやフライシャーといったアメリカ製アニメーションが占めていた。しかし、一九四〇年七月、ヴィシー政権の樹立以降、アニメーションをめぐる状況が一変した。ヴィシー政府が、フランス製アニメーションの再興を期待し、その生産を支援し始めたことによって、フランスにおけるアニメーション産業の基盤が整備されたのである。「ヴィシー政府は国産のアニメーション制作を支援するために一〇〇〇万フラン近い額を融資したと思われる」のみならず、「情報省は六七〇〇万フラン近くもこの分野に拠出した」といわれている。[*1] アニメーション制作会社は国家からの融資をほとんど返済することができなかったが、「対独協力の四年間は、国家による前例のない支援によってフランスのアニメーションが開花する時代、いわば黄金時代を迎えることになった」と結論付けられている。[*2]

では、なぜ、ヴィシー政権期において、アニメーションが制度化されたのだろうか。一九四〇年六月にドイツ軍の侵攻を受けたフランスは、休戦協定を結び、フィリップ・ペタンを国家主席としたヴィシー政権を樹立した。ヴィシー政権において重要な課題は、パリを含む国土の約六割がドイツによって占領されたことによって失われた国家の自立性を保障することであった。そこで、占領を免れた植民地を再認識する動きが強まったのである。「占領軍ドイツの陰がなくヴィシー政府が完全な主権を行使していると主張できる」広大な植民地は、当時のフランスのよりどころとなったといえる。[*3]

つまり、この時期のフランスは、敗北と国土の占領によって、国家意識にゆらぎが生じ、一方では、北アフリカの植民地を再認識するという空間認識の変化が生じていくのである。本章では、このような国家意識のゆらぎと、それに伴う植民地の認識の変化が、いかにしてアニメーションの制度化に結びついたのか検討する。

次に、進行する支配空間の再編成と、変容する他者認識が、いかにしてアニメーション映像で表象されているのか、その内容を分析する。そうすることで、なぜ、戦時期にアニメーションが必要とされ、その制度化に至ったのかという点を明らかにすることができる。

2　アニメーション制作に乗り出すポール・グリモー

一九四〇年五月から一二月のあいだ、フランスにおける映画制作は停滞していた。一九四〇年夏には、パリの映画館は興行を再開したが、新作が上映されず、占領期の初期において、映画館で上映される映画の七五パーセントがドイツ製であった。一九四〇年六月一九日、プロパガンダを管轄する高等弁務官事務所（Haut-Commissariat à la propagande）が設置され、それは、七月一五日、情報・出版・ラジオ情報局事務局（Secrétariat général de l'information, de la presse et de la radio）に取って代わられる。[*4] 七月、ヴィシー政権が樹立されると、一〇月、ユダヤ教徒は、危険分子として裁かれ、映画業界から追放され始めた。[*5] ドイツ占領下、映画制作の拠点はパリ、マルセイユ、ニースであったが、中心はパリを含んだ占領地域であり、宣伝部の映画部門（Le service cinéma de la Propaganda Abteilung）は、検閲を指導し、ドイツ大使館は、政治・文化映画あるいは、短編プロパガンダの製作を担当した。[*6] ドイツはまず、「アングロ＝サクソン系の映画の上映」を禁止する（一九四一年五月二二日）。そしてその範囲は、フランスのナショナリズムを鼓舞する映画、ユダヤ人の役者やスタッフ、あるいはフランスから亡命した役者やスタッフがかかわっている映画まで拡げられた。「短編（ドキュメンタリー、アニメ）だけがペタン政権と対独協力のイデオロギーの中継点として役に立」つとされるなか、一九四〇年一〇月以降、アニメーションに関しては優遇制度が開始された。[*7]

一〇月三日、ナチス宣伝省ヨーゼフ・ゲッベルス管轄下のフランスの映画担当委員であるアルフレート・グレーフェンは、アニメーションに出資するコンチネンタル社（La Société Continentale）を設立した。グレーフェンによって提案された契約は、不安定な無政府状態のなかで、アニメーションに従事する者にとって魅力的なものであった。というのも、「グレーフェンは、あらゆる政治的な痕跡をもたない「フランス的な良質さ」を持つ映画を作りたいという意図のもと、最良のプロたちを雇うことを望んで」おり、プロパガンダ映画を製作することを第一義にしてはいなかったからである。アニメーションの制作会社としては、レ・ジェモー社（Les Gémeaux）が注目されていた。「グレーフェンの野望は、ドイツを、禁じられたアングロサクソン系のプロダクションに取って代わることのできるような偉大なヨーロッパ映画のプロモーターに仕立てあげる」ということだった。[*8]

一方、第二次世界大戦以前のドイツ国内では、アニメーション制作は、簡単な設備を用いて、「ひとりで仕事に精を出している」というような状況であったが、戦時下、外国映画の上映禁止とディズニー映画の世界的な成功を背景として、一九四一年六月にドイツ・アニメーション映画会社が設立された。ここでは、ディズニーに対抗するようなドイツ映画を制作することが目指され、アニメーターの育成が計画に盛り込まれていた。[*9]

映画制作の実権はパリにあることには変わりないが、フランス南部はヴィシー政権の主導で、情報事務局が取り仕切ることとなる。一九四〇年一一月二日、映画産業組織化委員会（le Comité d'Organisation de l' Industrie Cinématographique／以下、COIC）が発足した。フランスにおいてはじめて、映画が情報事務局というプロパガンダを取り締まる省庁（Secrétariat général à l' information）と結びついた。[*10] フランス政府は、映画局（Service du cinéma）において、ピエール・ジラールを長としたアニメーション部門を創設した。[*11] そして、作画家による静止画をアニメーションにするために必要な中割の絵を描けるアニメーターの組織化が目指された。

その結果、一九四一年より、前述の通りアニメーション制作に対する助成が行われた。実際の制作は、フランスではじめてカラーアニメーション制作に着手していたレ・ジェモー社を中心に、いくつかのスタジオで行われた。レ・ジェモー社は、一九三六年に設立されたポール・グリモーとアンドレ・サリュが率いる広告アニメーションの会社であった。戦前に組織されたフランスで唯一のアニメーションスタジオで、仕事は多かったが、設立以来、経営の改善策を見出せないでいる状況が長く続いていた。[*12]

サリュとグリモーは、フランスにアメリカのような組織的な制作体制を持ち込むことを目標としていたが、大きな目標とは裏腹に、はじめの拠点はパリのシャンゼリゼ通りにほど近い、ベリ通りの女中部屋であった。[*13] グリモーは、当時の様子を、一九三七年四月一五日の『プチ・ジュルナル（Petit Journal）』紙で、次のように語っている。

動画の試作という仕事を始めてもう一年近くになります。（中略）私たちは、熱意はやたらとあったけれど技巧はほとんどないまま始めてしまった。そこでアメリカ人たちの仕事のやり方について資料を集めました。そうして、すべてを一からやり直したんです。全員がその作業にかかりました。私たちのチームは今では一五人の専門家から成っていて、楽しく共同で仕事をしています。[*14]

一五人の専門家は、動きを構成するアニメーターや原画をセルに写し取るトレーサーで構成されており、アニメーション制作の分業体制がすすめられてはいたが、財政はこのうえなく不安定なままであったという。一九三九年、エールフランスをはじめとする公的機関の補助金を受け、『ゴーは飛び去る（Gô chez les oiseaux）』の制作がフランス最初のカラーアニメーションとして企画されるが、同年九月二日の宣戦布告によって中断される。

スタジオ内でも、一九三八年秋頃からメンバーが出征しはじめたが、グリモーも出征することとなり、一九三九年にはスタジオを閉鎖せざるをえなかった。[*15] グリモーが除隊して、パリに戻ったのは一九四〇年から一九四一年にかけての冬のあいだであった。一九四一年三月に受けた『プチ・パリジャン（Petit

Parisien)』紙のインタビューでは、今後三年間で技術者を二〇〇人組織すると語っている。ここでいう技術者は、「ただ画家だとかデザイナー」ではなく、動きを構成する絵が描ける者、すなわちアニメーターという専門職を指している。アメリカのディズニーのように月一本のペースで制作し、また「元をとる」ためにフランスのみならずヨーロッパ市場での展開を見据えていた。[*16]

一九四一年七月、サリュも除隊となり、パリへ戻り、レ・ジェモー社は再建されつつあった。レ・ジェモー社は一九四一年八月二〇日、ドイツの製作会社であるコンチネンタル・フィルム社経由の注文を経て、その活動を再開する。ここで制作されたのは『音符売り（Le Marchand de notes)』というカラーアニメーションである。[*17]ドイツの映画界の指導者は、レ・ジェモー社が「ヨーロッパの映画制作のなかでも秀逸で、かつ唯一のものであると伝えてきた」。[*18]ここでいう、「ヨーロッパ」は単に地理的な範囲を示すものではない。占領によって映画制作はドイツの管理下に置かれたが、明らかにアメリカ製アニメーションとの比較が念頭に置かれている。[*19]

その後、一九四二年三月には、情報庁（Ministere de l'information）のルイ゠エミール・ガレが、「外国の集団の統制を受けるという脅威にさらされた」レ・ジェモー社に支援を開始することを決定する。占領国であるドイツに代わって、中断していた『ゴーは飛び去る』の制作を支援した。このころから、レ・ジェモー社は間借りしていた女中部屋から規模を拡大し、会社本部およびアトリエをパリ一七区の近代的な建物の四階に移転し、その建築の商業区画のかなりの部分を使用することとなる。アトリエには、デッサン担当、色付け担当、カメラマン等、アニメーション制作に従事する者が四〇名ほど在籍し、グリモーは芸術面を担うアニメーターを務め、サリュは財政的および商業的な経営を確固たるものにした。[20]

政府との交渉役であったサリュは、たびたび政府に文書を送り、アニメーション制作の支援を訴えていた。たとえば、一九四二年一二月二日、サリュは、前述した情報庁のガレに文書「フランスのアニメ産業の創立」[21]を送っている。この文書によれば、アニメーション制作に対する国家の支援が皆無であった一九四一年以前は、アニメーション市場は海外に大きく依存していたため、制作会社の経営は常に不安定な状況にさらされていたことがわかる。

このような状況は、一九四一年以降、政府からのアニメーション制作に対する助成を受けることによって、解消されつつあった。前述の文書「フランスのアニメーション産業の創立」において、サリュは、フランスにおけるアニメーション制作技術は、アメリカのディズニーやフライシャーといった二つ企業に次ぐレベルにまで達しており、今後フランスにおいても、これら二つの企業の作品に匹敵するほどの作品が制作されるはずであると主張している。また、アニメーション制作に十分な助成があれば、フランスにおけるアニメーション技術は自ずと向上すると述べている。サリュは、文書を通じて、国家による経済的支援が、フランスにおけるアニメーション産業に不可欠なものであり、それなくしてはアニメーション産業の存続は危ういことを繰り返し訴えていた。政府に宛てたタイプライター打ちの文書をみていると、フランスでアニメーション産業を興すために、国家からの経済支援が必要不可欠であることを説得しようと奮闘する様を感じとることができる。

実際、一九四一年から一九四三年のあいだに、政府は、アニメーション制作に対する助成を行っている。

サリュがガレに送った「一九四四年におけるアニメーション制作に対する国家の出資分担」（一九四三年一一月三〇日付け）という文書[*22]には、一九四一年から一九四三年七月に取りかかった『音符売り』や『かかし（L'Épouvantail）』（一九四三）『避雷針泥棒（Le voleur de paratonnerres）』（一九四四）など、七本のアニメーション作品の制作費の出資分担が記載されている。その内訳は、レ・ジェモー社の自己資金（スポンサー、配給会社から）三五五〇万フラン[*23]に対して、政府映画課からの支援が三三五〇万フラン、さらには、国家資本の金融機関であるクレディ・ナショナル（Credit National）[*24]からの融資が二〇〇万フランとされている。この文書では、レ・ジェモー社の自己資金が政府の出資額を上回っていることと、『かかし』などの作品が破格の条件で配給されることが強調されている。そして、国家の出資額が少ないことを嘆き、フランスに平和が戻ったときに外国製アニメーションとの競合にたえられるように急いで準備する必要があると訴えていた。

実際、戦争が終わったとき、レ・ジェモー社はヨーロッパを代表するアニメーションスタジオになっていた。そして、一九四七年、長編アニメーションの制作を決め、『やぶにらみの暴君』（一九五二）に取りかかることになる。[*25]ただ、プロデューサーのアンドレ・サリュによって、『やぶにらみの暴君』は、監督ポール・グリモーや脚本家ジャック・プレヴェールら制作者の許可なく上映された。その上映差し止めをめぐっては裁判にもなったのだが、[*26]グリモーは、戦時期におけるアニメーション制作への情熱を次のように回想している。

あれから会ってもいませんが、いま思っているとおりに言えば、サリュ、プロデューサーですね、あんなやつでも、この仕事をやっているほかの連中のところではめったにお目にかかれないような情熱と資質をもっていたんです。(中略)いまではむしろよい思い出を、あれより前の時期を思い出すんです。

お互いイカれたやつ扱いしていました。

でもね、私も彼も、それからどちらかの側についた連中も、イカれたヤツででもなかったら、フランスで漫画映画なんかぜったい出来っこありませんでした。(中略)イカれたヤツだったからこそ、いろんな状況が重なり合い結びついて、フランスで漫画映画が生まれることになったんですよ![*27]

サリュによる『やぶにらみの暴君』無断公開の事件は、グリモーにとって許しがたいものであったことはいうまでもないが、サリュのアニメーションへの情熱がなければ、長編アニメーションを完成させることもできなかったと認めている。フランスにおけるアニメーション産業の発展は、戦時期に育成されたアニメーション制作従事者の奮闘なしに語ることはできない。

ヴィシー政権下では、人材育成とその組織化の観点から、一九四〇年に国立教育・青少年事務局(le Secrétariat d'état à l'Éducation Nationale et à la Jeunesse)を通して、青少年映画芸術技術センター(le Centre artistique et technique des jeunes du cinéma/以下、CATJC)を設立した。国家が、映画制作における若者の教育と就労を管轄したといえる。その事業の一環として、一九四二年六月一八日に、制作に一八ヶ月をかけたアニメーション『アリの国のセミくん——嵐のあと(Cigalon chez les fourmis: après l'orage)』をニー

制作者	作品名	1943年2月段階	フランスアニメーションの特別上映会（1943年11月19日）
カヴェニャック（Cavaignac）	カリスト、ディアナの小さなニンフ（Callisto, la petite nymphe de Diane）	制作中	上映、1943年5月公開、1等賞
	粉屋とその息子とロバ（Le Meunier, son fils et l'âne）	制作中	
	アナトール、キャンプに行く（Anatole fait du camping）	制作中	
レ・ジェモー（Les Gémeaux）	音符売り（Le Marchand de notes）	完成	上映、1等賞、エミール・レイノー大賞
	大熊座号の乗客（Les Passagers de la Grande Ourse）	完成	上映、1等賞、エミール・レイノー大賞
	かかし（L'Épouvantail）	完成	上映、1等賞、エミール・レイノー大賞
	避雷針泥棒（Le voleur de paratonnerres）	制作中	
アンドレ・リガル（André Rigal）	サボール船長、船出の準備（Cap'taine Sabord appareille）	完成	上映
ルネ・リザシェ（René Risacher）	天の子どもたち（Les Enfants du ciel）	完成	上映
レーモン・ド・ヴィルプルー（Raymond de Villepreux）	貪欲な夫婦（Le Couple insatiable）	制作中	
ルナン・リュビニック・ド・ヴェラ（Renan Rubinic de Vela）	ナミダタケ（Les Mérules）	制作中	

表5　代表的なアニメーション作品の制作および上映、受賞状況

スで公開した。CATJCでは、精力的にアニメーション作品の制作を支援するだけではなく、人材募集も積極的に行っていた。募集の広告には、「わくわくするような未来芸術、映画用のアニメーションを学びませんか！」と記され、アニメーションの芸術的価値が認められていることが示されている。アニメーターはニースに再結集し、アニメーション制作の企画とそれに従事する者が組織化された。その状況を『パリ・ソワール（Paris Soir）』紙は「真にフランス起源」のアニメーションが近い将来出てくるであろうと称賛していた。[*28]

　一九四三年初頭、フランスのアニメーション制作者や制作会社によって成

し遂げられた取り組みは、成果をもたらし始めた。レ・ジェモー社を中心にいくつかのアトリエで、一一本のアニメーションが完成あるいは、完成間近となった（表5）。[*29] さらに、一九四三年五月二四日、これらの仕事を完成させるために、青少年中央労働局（le Commissariat central du service du travail des jeunes Secrétariat général à la jenesse）は、国家映画局（la Direction générale de la cinématographie nationale）と協定を結び、パリ三区にあった「芸術の仕事の職業訓練センター」においてアニメーション制作の徒弟制度を実施した。[*30] 一九四四年三月には、センターの創設者であるフルリーとソルニエの指導の下、パリのマレ地区に新しい養成所が設立された。[*31] アニメーション制作において、動きを構成する絵を描く専門職であるアニメーターの養成および組織化は、制作の分業化を推し進めることとなった。

3　フランス芸術としてのアニメーション

政府は、アニメーション制作に対して経済的支援を行うだけでなく、様々なキャンペーン活動、コンテスト、展覧会といった国家イベントを実施した。ＣＯＩＣと家庭局は、一九四二年一月「フランスの家族というテーマを顕揚する最優秀映画コンクール」を創設する。家族および出生率をテーマにした感動的な作品を流布させることを目指すだけではなく、啓蒙的で退屈な従来型のプロパガンダ映画とは異なる、若者を対象とした魅力的な映画を製作したかった。ここで三本の作品が選出され、興味深いことにアニメーション効果を用いた作品が二本も含まれていた。一作目は、『危機にあるフランス（La France en péril）』

で「説得力があるとはいえ」ないとされていた。一方で、二作目の大家族に配慮する法律によってもたらされる恩恵について解説した『出生率（Natalité)』、三作目の人口統計学上の問題についての解説である『人口減少の危険性（Danger de la dépopulation)』は、いずれもアニメーションを用いて重要点を強調していることが評価されている。[*32]

国家映画局は、一九四二年五月八日から七月一五日のあいだ、パリで映像美術展を開催した。この催しでは、アニメーションに関する新しいセクションが拡充された。「フランスアニメーションの復興と、国内におけるこの芸術の復活を期すこと」が目指された。これは、フランス製アニメーションの生産低下を避けるために、映像美術展協会会長のポール・ラヴァレによって企画された、アニメーション制作の優遇キャンペーンの一環であった。ラヴァレは、アメリカのミッキー・マウスやポパイは、アニメーションの本質を理解して制作されているとはいえない、という考え方を提示した。そこで、アメリカの方法を修正し、アニメーションにフランスの命と質を取り戻すため、「アニメーション大賞」を設けた。[*33]そして、映画局は、優秀なアニメーション作品に対しては、賞金を与え、新たなアニメーションの制作を支援した。

また、総合映画局（Direction général du cinéma）は、フランス製アニメーション作品に対して、フランスのアニメーションの第一人者として知られている「エミール・コール」を冠した賞を設置した。[*34]当時、映画関連雑誌においても、たびたび、フランス製アニメーションが、その芸術性と制作技術においてアメリカ製アニメーションを越えており、フランスの芸術を担う文化であるべきとして注目されていた。たとえば、一九四一年の終わりに、アニメーターの養成所を設立したポール・コラン[*35]は、雑誌（『シネ・モンディアル（Ciné-Mondial）』）のインタビューにおいて、アニメーションは「エミール・コールに起因することを忘れてはいけない」[*36]と、答えている。これは、戦前のフランスにおいて、アメリカ製アニメーションが浸透していたにもかかわらず、アニメーションの起源はフランスであるという主張だ。

さらに、フランスのアニメーション制作従事者は、ディズニーやフライシャーのようなアメリカ製アニメーションの映像技法は、フランス製アニメーションと比較して劣っている、と指摘した。たとえば、コランが設立したアニメーター養成所の選抜アニメーターを統括していたロジェ・ヴィルドは、アメリカ製アニメーションについて、子ども向けで単純な動きを誇張するという枠組にはまりきっていると酷評し、一方で、フランス製アニメーションについては、人間の関節の動きや身振りなど運動に関する要素を抽出し、それを芸術的かつ丁寧に表現している、と評価した。そして、アメリカ製アニメーションの表現形式からできるだけ離れて、気品をもたせることがフランス製アニメーションの新たな方向性としている[*37]。ただ、一九四二年五月から七月にかけての映像美術展期間中は、まだアニメーションの「制作段階の真っ只中」で、エミール・コール賞の対象の作品がなかった[*38]。それ以降、映像美術展は一九四二年一二月と、一九四三年五月から七月に行われたが、はじめてのエミール・コール賞は一九四三年一一月に持ちこされることとなる[*39]。

一九四三年一一月一九日、パリのシャンゼリゼ通りの映画館において、フランス製アニメーションの特別興行が行われた。興行のスポンサーには国家映画局をはじめとする国家関連の組織が名を連ね、エミール・レイノーの『哀れなピエロ（Pauvre Pierrot）』（一八九二）や、エミール・コールらの『ピエ・ニックレの冒険（Aventures des Pieds Nicklés）』（一九一七）の初期の作品が回顧上映され、アニメーションに関するドキュメンタリー映画も流された。[*40] 続いて上映された新作アニメは九本であったが、そのなかにはポール・グリモーの『大熊座号の乗客』（一九四三／『ゴーは飛び去る』を完成させたもの）や『音符売り』（ともにカラー）や『かかし』（白黒の仮上映）が含まれていた。審査員団は、これらの作品について、文書で「努力と進歩を、満足をもって認めました」とするものの、繰り越されていたエミール・コール大賞に該当する作品はないとした。その代わり、賞金一万五〇〇〇フランの一等賞をアンドレ＝エデゥアール・マルティの『カリスト、ディアナの小さなニンフ』とレ・ジェモー社のコミカルなアニメーションに贈ると発表した。[*41]

マルティが制作した『カリスト、ディアナの小さなニンフ』は、「アニメにおけるフランスのひとつの様式、フランスのひとつのスタイルを創りだそうとする招請に完全に応えるもの」を生み出したとして注目された。[*42] マルティは大学で哲学の学士号を得たのち、芸術分野に挑み、エコール・デ・ボザールに入学した経歴を持つ。アール・デコのデザインを得意とし、ポスターや舞台装置、衣装などを手掛けてきたが、六〇歳を超えてはじめてアニメーションの分野に足を踏み入れる。[*43] 国がアニメーションに与えた課題は、「フランスの芸術」を表現するとともに、フランス人としてのアイデンティティを確立することであった。本作に描かれている内容は、国民革命といったテーマから逃れることはできないが、そのなかで神話をベースに「家族と大地への愛」を賛美することで、「ヴィシーの精神」を表している。[*44] この作品への記者たちの評価は、以下の通り、技術的側面への評価は高いとはいえないが、アメリカ製アニメーションと比して「フランス独自」という点が強調されている。

デッサンとしては少し古くさい美学に属し、その動きも不十分であるように見えた、うまくいっているとは到底言えないが、この叙情的な形を考慮に入れれば、主題の詩的な方向づけは、大西洋対岸のユーモア的で戯画的な形式とはきっぱり距離をとるという、フランス独自のアニメ制作への興味深い道筋を示すことができていたであろう。[*45]

一方で、レ・ジェモー社の作品は「技術的に質の優れた、卓越した動きを有するこれらの作品は、アメリカのカートゥーンとの比較にもやすやすと耐えられた[*46]」と評されている。これらの作品に大賞が与えられなかったことを受けて、パリの評論家たちが主導して、急遽フランス最優秀アニメーション・エミール・レイノー大賞を、レ・ジェモー社の一連の作品群に付与することが決定される。評論家たちは、グリモーを「大西洋対岸の最高のアニメーターたちにも比肩しうる開拓者、先駆者、そして製作者」で、「アニメからその外国の諸影響を取り払い、この芸術に真のフランス的形式を与えようと現実に努めている」という点で評価している。[*47]

ここで重要なことは、いずれの評もアメリカとの比較を通じて行われているという点である。この興行は、アニメーションの起源をフランスと主張することで、フランス文化に優位性を与えようとしているといえる。政府は、アメリカの文化よりフランスのそれのほうが優れていると示すことによって、文化の序列を明確にし、かつ、フランス国家意識の醸成を目指していたのである。ヴィシー政権期では、ドイツによって脅かされていた国家の自立性を維持するために、アニメーションの起源がフランスであることを知らしめるための興行が行われた。以上のように、アニメーション制作に対する経済的支援および、アニメーション作品の上映会やコンテストの開催等を通じて、アニメーションをフランス文化として発展させることが目指された。

「フランス的なもの」への回帰は、数世紀にもわたって、文化の主導権を強固にしていた信念に依存している。[*48] ヴィシー政権期において重要なことは、アニメーションをプロパガンダとして国家総動員に活用するというよりは、フランスがアニメーションの誕生国であると再認識したことにある。それは、他者の文化を排除することによって、自国の文化を発展させることにつながる。

では、なぜ、ヴィシー政権はアニメーションの制作支援に積極的になり、同文化を産業化したのか。必ずしも自覚的ではないが、その一つの要因として、アニメーションが戦時期の空間認識の変化を表象する表現様式として優れていたという点を挙げたい。次に、フランスがいかにして北アフリカの植民地を再認識したのか具体的にみていこう。

4　変化する植民地へのまなざし

パリを含む国土の約六割をドイツによって占領されたフランスにとって、植民地は、ドイツによる占領という敗北感から脱却する唯一の存在であり、フランスの運命において不可欠なものと捉えられていた。[*49] 占領を免れた植民地は、フランス国民の国家意識の拠りどころとなったのである。つまり、ヴィシー政権は、以前はあまり関心が示されていなかった植民地を利用することで、国家意識の醸成を図ろうとしたといえる。植民地に対する意識の変化は、本土の外部に拡がる空間に存在する他者に関した知識を収集、蓄積する試みへと結びつく。まず、その中心的な組織として、一九四一年四月一日、植民地経済機関（Agence économique des colonies／以下、ＡＥＣ）が発足した。占領によって失われる国家の自立性を保障することが目的であった。[*50] 一九四二年以降戦局が悪化するなかで、ＡＥＣは、戦争終結への過程を視野に入れて「プロパガンダ、あるいはむしろ植民地教育は、その存在理由を失うどころか、より力強く、より体系的に、より深く行われなければならない」とした。[*51]

ヴィシー政権は、フランスの本国と植民地の「一体性」を示すことによって、フランスの国力を強化することが目標であった。ただ、単に「一体性」示すだけでは十分ではない。フランス本国の外部に位置する植民地において、それぞれの人種や階層によって異なる役割を認めたうえで、同一のヒエラルキーに位置づけたのである。植民地を含んだヒエラルキーでは、それぞれの人種や階層によって異なる役割を担い、さらに細かく階層化されていた。たとえば、アフリカ人は、人種のヒエラルキーの下層に位置づけられていた。また、アラブ人は、誇り高き兵士として捉えられていた。しかしアラブ人を肯定的に評価していたというわけではない。ヴィシー政権は、反ユダヤ主義を徹底していたので、ユダヤ人以外の人種を、相対的にヒエラルキーの上位に位置づけたにすぎない。当然のことながら、一連の階層化において、フランス人は、もっとも優れた人種として捉えられていた。[*52] つまり、植民地に存在する他民族に対して、人種間の差異を認めたうえで、フランス国家に包摂し、その内部で序列化していくことにより、フランス国民のアイデンティティを確立していこうと考えていたのである。

ヴィシー政権にとって、フランス本国の外部に位置する植民地は、第三共和政期のそれとは異なる意味を持っていたといえる。第三共和制以前の植民地政策のように「同化」を目指したのではなく、先述したように、それぞれの人種あるいは階層によって異なる役割を認めたうえで、フランスを優位とする同一のヒエラルキーに位置づけた。それは、一九四一年だけで、二〇〇以上の法律や行政上の政令を植民地にも適応したことからも明らかである。[*53]

植民地を国家の内部に取り込み、序列化する営みは、当時制作されたアニメーション作品に端的に示されている。一九四三年に製作された短編アニメーション『魔法の夜（La Nuit enchantée）』は、プロパガンダとして制作されたわけではなく、国家的な資金援助や特別な機材がない状態で、トレーサー一人と色付け二人といった少人数制で作られたものだが、フランス国家と植民地の関係を見出すことができる作品だ。次にその内容について詳しくみてみよう。

5　包摂する他者、排除する他者——『魔法の夜』

『魔法の夜』は、子ども向けのイラストのスペシャリストであったレーモン・ジャナンのはじめての監督作品で、フランス人の少年が本から抜け出してきた小人とともにペリカンに乗り、砂漠を旅するという物語である。本作では、男の子たちは、上空から砂漠に降り立ち、ゾウ、フラミンゴ、ダチョウ、カンガルーといった動物に出会う。砂漠には、左上の画像のように肌の色が黒くほとんど裸の姿で描かれているアラブ人も存在している。アニメーションでは、フランス人の少年が動物やアラブ人と出会うためには上空を移動する必要があることを描いている。これは両者がもともと異なる空間に存在していることを意味している。ここで空間を隔てている境界を「第一の境界」と呼ぶことにする。少年が上空を移動することによって、第一の境界の外、すなわち植民地に存在する他者との遭遇が描かれる。この「遭遇」は、フランス人とアラブ人が、同一の空間に存在していることを示している。その空間では、アラブ人や動物たちは、何者かから逃げている。その恐怖の対象は巨人だ。巨人は、その空間にもともと存在したわけではなく、突如として現れる。巨人の出現によって、アラブ人や動物たちの存在する空間の外側に異なる空間が拡がっていることが示される。

『魔法の夜』より、巨人から逃げるアラブ人

つまり、その空間の領域を規定する「第二の境界」が生じていることが認識できる。第二の境界の外側から侵入してきた巨人はアラブ人や動物たちにとって、理解しがたく、秩序を乱す存在として描かれている。巨人は、その空間外の存在であり、巨人の表出は、第二の境界が立ち現れる瞬間を捉えている。巨人に遭遇した少年は、一度は捕ら

えられてしまうが、同行していたペリカンと協力し巨人を征伐する。フランス人である少年は、アラブ人が恐れている巨人を征伐するという点で、暗にフランス人がアラブ人よりも強く、優秀であることを示している。ここで重要なことは、アラブ人とフランス人が共通の敵として巨人を認識することを通じて、フランスの内部にアラブ人を取り込み、かつフランス人を序列の最上位に位置づけることである。このような植民地に対する認識の転換は、植民地を積極的に国家内部に取り込もうとする運動によって生じる。この構図は第4章で詳述した『桃太郎　海の神兵』と類似している。

『魔法の夜』より、巨人とフランス人

以上のように、『魔法の夜』では、フランス、植民地およびその外部という三つの空間と、フランス人の少年が、それらの空間を隔てている境界を越えて、異なる空間へと移動し、そこに存在する他者と遭遇する様子を描いている。この三つの空間を隔てるには、第4章での論述と同様、二つの境界線を引く必要がある。

フランスと植民地のあいだの境界線を第一の境界、そして、その外部との境界線を第二の境界とする。まず、少年は、第一の境界を越えて、他者を包摂することによって、植民地あるいは占領地を国家の一部として認識する様が描かれている。同時に、包摂した空間の外側に第二の境界が立ち現れ、その外側には、新たな他者が出現するのである。つまり、『魔法の夜』には、第一、第二の境界を基準にして創造された二つの空間に、それぞれ二つの異なる他者の類型が存在する様が描かれている。ここで重要なことは、二つの境界線が設定されると、第一の境界と第二の境界のあいだの存在は、第一の境界に焦点を当てれば、境界の外部に存在する他者として認識され、一方で、第二の境界に焦点を当てると、第一の境界に取り込まれた内部の存在として認識される。

第2章で述べた通り、荻野昌弘は、二つの境界のうち、どちらの境界に焦点を当てるかによって、認識のされ方が変化する境界のありかたを「境界の二重性」と呼んでいる。[*54] この作品では、植民地の住民は、第一の境界に焦点を当てれば、フランス人とはまったく異なった特徴を持つ異質な存在となり、第二の境界に焦点を当てれば、共通の空間に存在する者となる。その意味で、植民地の住民は、第一の境界と第二の境界のあいだに存在する「両義的な存在」となる。巨人が現れてからは、フランスと植民地を区別していた第一の境界（L1）が、境界の内部に存在する人々には認識されなくなり、それによって、植民地を包摂したフランスと、その外部とのあいだに引かれた第二の境界（L2）がより強く認識される（図8）。第二の境界を認識することによって、植民地の住民は、異質な存在から、同質的な存在へと転換し、さらには、その境界外に存在する新たなる他者を認識することにつながる。その繰り返しによって、支配空間が拡大されていくといえる。

このように『魔法の夜』に描かれたフランス人、アラブ人および巨人の構図は、ヴィシー政権が置かれていた状態を端的に示している。再度整理すると、まず、第一の境界線によって、フランスと植民地の差異が示され、その後、巨人が現れることによって、第二の境界が立ち現れる。つまり、植民地をフランス

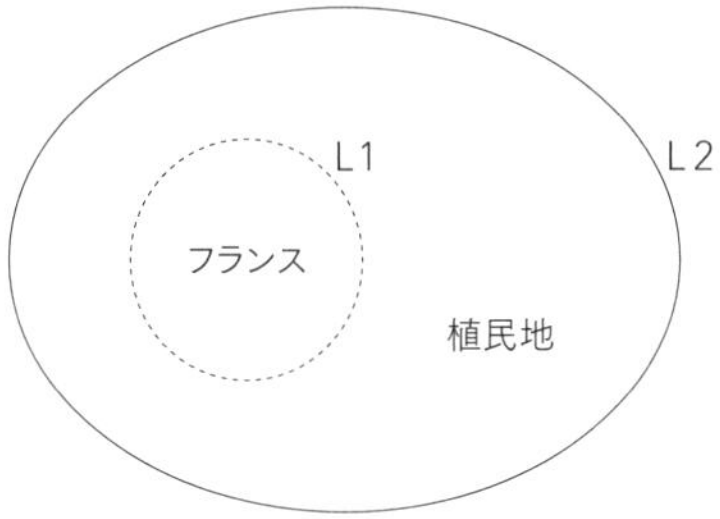

図8　ヴィシー政権と植民地

に取り込むことにより第一の境界が消失し、同時に第二の境界が立ち現れ、新たな他者が出現するのである。

ここでは、第二の境界の外側に認識される他者（本作では巨人として描かれている存在）が具体的に何を表象するのかははっきりしていない。ただ、ヨーロッパ現代史を研究するロバート・パクストンによれば、ヴィシー政権は、「一九四二年以降、連合国の勝利はドイツ軍の占領よりも社会秩序にとっておおいなる脅威」だと捉えていた。当時の時代背景を鑑みると、巨人は第二の境界の外側に認識される連合国の存在を意味していると考えられる。連合国がフランスを解放するとの声明は、「レジスタンス運動による国内蜂起の引き金になる恐れがあった」。そこでヴィシー政権は、フランス国内の社会秩序を維持するために、連合軍のフランス上陸すなわち戦闘の再開を避け、対独協力を選択せざるをえなかった。[*55]

一九四二年以降、「国民革命」の高揚の下に、反体制感情が国民のなかに生まれ、それが、ヴィシー政権期の転換点とみなされている。ヴィシー政府は、対独協力の様相を一層強め、週間ニュース映画に併せてナチスのプロパガンダアニメーションを上映し始めた。[*56] その短編アニメーションの一つが『解放されたナンビュス（Nimbus libéré）』[*57]（一九四四）であった。ドイツは、その作品を、アニメーション制作の経験を持つレーモン・ジャナンに依頼したのである。[*58] ジャナンは、当時「［協力を］拒絶した場合には、職業的なあらゆる活動を停止しなければならないことを意味した」と回想している。[*58]

6 三つの空間の表象――『解放されたナンビュス』

『解放されたナンビュス』では、戦争の終結を願うフランス人、ロンドンからフランス人を誘導するユダヤ人、フランスを攻撃するアメリカの三者が描かれている。三者は、それぞれ、フランスの自宅、ロンドンのラジオ放送局、フランス上空と異なる空間に存在している。物語の主人公は中流フランス人を代表する存在であるナンビュス教授とその家族であるが、ユダヤ人の口車に乗せられて、連合軍に支配される危険性を描いている。視聴者は、ナンビュス家と同様の立場にありながら、ナンビュス教授らが認識できない二つの空間（ロンドンのラジオ放送局、フランス上空）の様子を認識できる構成になっている。作中では、ナンビュス教授らは、密かに連合国軍による領土の解放を望んでおり、ロンドンから違法に受信したラジオを聴いている様子が描かれている。

ラジオからは「ロンドンからです。フランス人がフランス人に向けて話しています。我慢してください。もうすぐ行きますので」というメッセージが流れてくる。当時、実際に、占領に抵抗する組織・自由フランスは、ロンドンからラジオを通してフランス国民にメッセージを伝えていた。ほとんどのフランス人は、食料の配給量も減少するなかで、戦争の終結を静観していた。国民のあいだでは、積極的な反政府行動に出ずに、最悪の事態が過ぎるのを待とうとする態度もあった。しかし他方では、発覚すると強制労働が課せられるにもかかわらず、イギリスBBC放送を違法に受信する行為が増加していた。[*60] 国民感情のなかに反政府感情が現れはじめていたのである。いうまでもなく、ヴィシー政権にとって、一般のフランス人家族が、反政府行動を引き起こす危険性のある違法放送を受信することは望ましくない。したがって、ラジオ放送が偽りのメッセージを発信しているということを国民に植え付ける必要があった。

ロンドンのラジオ放送局は、次頁の画像のように描かれている。司会者は、鼻が大きく髪が黒く描かれている。ここには、自由フランスであるはずのラジオの声の主がフランス人ではなく、ユダヤ人であるというプロパガンダの意図がある。反政府行動に出ることはないが、沈黙しているフランス人に対して、ラジオからの自由フランスのメッセージにはユダヤ人がかかわっていると錯覚させせようとしているのだ。

『解放されたナンビュス』より、ロンドンからのラジオを熱心に聴いているナンビュス家の人々

次に画面は切り替わり、フランスの上空を飛行するアメリカの複数の戦闘機が描かれる。戦闘機のパイロットは、フェリックス、ドナルド・ダック、ポパイ、ミッキー・マウスといったアメリカ製アニメーションのキャラクターである。アメリカ製アニメーションのキャラクターたちは、アメリカを表すのに十分であった。というのも、前述したように、戦前、フランスにおいて上映されていたアニメーションの大半はアメリカ製であり、ミッキー・マウスやドナルド・ダックは一般によく知られているキャラクターであったからである。アメリカの

『解放されたナンビュス』より、ロンドンの放送局からメッセージを発するユダヤ人の表象

キャラクターたちは、それぞれ別の戦闘機を操縦し、無線で連絡を取り合っている。ミッキー・マウスは、アメリカ製の爆弾を積み込んだ戦闘機に乗り、上空から映し出された映像を見ながら、「ここがフランスか？」と問い、ドナルド・ダックは「爆撃せよ」と指令を出す。また、ホウレン草好きで知られているポパイは、ドナルド・ダックに「フランスには、うまいホウレン草があるって本当か？」と、爆撃後の占領を示唆する。つまり、ここでは、連合軍がフランスを解放するというよりも、攻撃する存在であるというメッセージを伝えようとしているのである。

再びナンビュス家のシーンに戻る。上空でのミッキー・マウスらのやりとりを知るよしもないナンビュス教授らは、相変わらずロンドンからのラジオ放送を聴いている。ラジオからのメッセージによって、ナンビュス家は、解放が近いことを期待している。ナンビュス教授は、「ビフテキとポテト、毎朝のコーヒーを取り戻せる」と、妻は、「英国のタバコも」と喜ぶ。そして、娘まで「チョコレートに、クロワッサン」と歓喜の表情をみせる。

その瞬間、爆弾が投下され、家を破壊する。ミッキー・マウスが投下した爆弾が、ナンビュス家を崩壊させたのである。アニメーションの終わりには、ラジオから「ロンドンです。親愛なるフランス、私たちの放送は終わります」という音声が空しく流れ、死神が瓦礫と化したナンビュス家にやってくる。

このアニメーションに込められたメッセージは明らかで、ＢＢＣラジオの受信を抑圧し、国家内の秩序を保持しようとする意図があったに違いない。『解放されたナンビュス』は、対独協力を余儀なくされ、連合国を敵視した親独派の考え方を基底としており、一方で、前述した『魔法の夜』は意図していたかどうかは別として、植民地との関係性のなかで、フランスの位置を確保したいというヴィシー政権の考え方が色濃く出ていたといえよう。二つのアニメーションに共通する興味深い点は、支配空間とその外側の空間、および両空間を隔てている境界における移動が描かれている点である。『魔法の夜』では、フランス人の少年が、フランス国内から植民地へ移動する様が描かれているし、『解放されたナンビュス』では、支配空間であるフランス国内と、その外側にあるロンドンの放送局、さらにはそれらの境界となる上空を移動する戦闘機の内部が描れている。現実には同時に認識することが不可能な異なる空間での出来事を、アニメーションで描くことで、それを可能にしている。視聴者に異なる空間の出来事を同時に捉え、それぞれの出来事の関連性を理解させようとしている。

このような支配空間の変化は、実際には、植民地化あるいは戦闘といった暴力行為を伴う。ただ、この二つのアニメーションにおいては、フランス人の少年から巨人、戦闘機に乗ったミッキー・マウスらに至るまで、植民地化および戦闘にかかわる者は、すべてかわいらしいキャラクターとして描かれている。ここにも第４章で論じた『桃太郎　海の神兵』との共通点がある。アニメーションの特徴は、実写映像とは異なり、アニメーションに欠くことのできないかわいらしいキャラクターを用いることによって、境界を超えて支配しようとする暴力性を隠蔽することが可能であるという点にある。

続く第6章では、戦時期におけるアニメーションの勃興について日本とフランスの共通性を考察する。

＊1 セバスチャン・ロファ『アニメとプロパガンダ――第二次大戦期の映画と政治』古永真一・中島万紀子・原正人訳、法政大学出版局、二〇一一年、一二八頁。
＊2 前掲、一二九頁。
＊3 松沼美穂『帝国とプロパガンダ――ヴィシー政権期フランスと植民地』山川出版社、二〇〇七年、二四頁。
＊4 ロファ『アニメとプロパガンダ』一三八頁。
＊5 前掲、一三九頁。
＊6 前掲、一四三頁。
＊7 前掲、一三九頁。
＊8 前掲、一五〇頁。
＊9 カルステン・ラクヴァ『ミッキー・マウス――ディズニーとドイツ』柴田陽弘監訳、眞岩啓子訳、現代思潮新社、二〇〇二年、一三三-一三四頁。
＊10 ロファ『アニメとプロパガンダ』一三九頁。
＊11 前掲、一四三頁。
＊12 前掲、一四四-一四五頁。

＊13　前掲、一四五頁。
＊14　前掲、一四五－一四六頁。
＊15　前掲、一四六－一四七頁。
＊16　前掲、一四八頁。
＊17　前掲、一四九頁。
＊18　前掲、一六六頁。
＊19　雪村まゆみ「アニメーション表現の受容――ポール・グリモーからジブリへ」森茂起・川口茂雄編『〈戦い〉と〈トラウマ〉のアニメ表象史――「アトム」から「まどか☆マギカ」以後へ』日本評論社、二〇一三年、九二頁。
＊20　ロファ『アニメとプロパガンダ』一五一－一五二頁。
＊21　Archives Bibliothèque du Film, Paris CN0078B49. Lettre d'André Sarrut à Louis-Émile Galey, "création d'une industrie française de dessins animés".
＊22　サリュが送った情報省のルイ＝エミール・ガレ宛の文書。CN101B66. Concerne: Participation de l'ÉTAT à notre Production de dessins animé 1944.
＊23　当時の1フランは現在の〇・二二ユーロに相当する。Fabrice Grenard, *La France du marché noir (1940–1949)* (Suisse: Payot, 2008) p.316.
＊24　クレディ・ナショナルとは、第一次世界大戦後の一九一九年に設立された復興金融機関で、国家が資本と経営（取締役会）に私的資本家と同等の資格で参加する「混合会社」という企業形態であった（権上康男「産業文明の誕生と展開」柴田三千雄・樺山紘一・福井憲彦編『フランス史3　19世紀なかば～現在』山川出版社、一九九五年、四五－四六頁）。また、戦争で引き起こされた損害の補償を容易にするための「映画への先行投資割り当て委員会」を設立した（ロファ『アニメとプロパガンダ』一四一頁）。

＊25　高畑勲『漫画映画の志――『やぶにらみの暴君』と『王と鳥』』岩波書店、二〇〇七年、三〇頁。
＊26　高畑勲のフランスアニメーション研究者としての側面は、以下を参照されたい。雪村まゆみ「日仏におけるポール・グリモーという存在――制作者として、あるいは研究者としての高畑勲の視点から」『ユリイカ』第五〇巻一〇号、一五七－一六四頁。
＊27　高畑勲『漫画映画の志』三六－三七頁。
＊28　ロファ『アニメとプロパガンダ』一五九－一六三頁。
＊29　前掲、一七〇－一七一頁、一八二－一八四頁をもとに作成。
＊30　前掲、一七一頁。
＊31　前掲、一七一頁。
＊32　前掲、一五七頁。
＊33　前掲、一五八頁。
＊34　前掲、一五九頁。
＊35　ポール・コランは、一九二五年に発表した、黒人によるダンスショー「ルヴュー・ネーグル」のポスター以来著名となった画家で、一九二九年にはデザインとポスター制作の学校を創立していた。前掲、一五二頁。
＊36　*Ciné-Mondial*, no16 (1941/10/4).
＊37　ロファ『アニメとプロパガンダ』一五三－一五四頁。
＊38　前掲、一一八頁。
＊39　前掲、一七〇－一七二頁。
＊40　前掲、一八一頁。
＊41　前掲、一八二－一八三頁。

＊42　前掲、一七四－一七五頁。
＊43　前掲、一七五頁。
＊44　前掲、一七九頁。
＊45　前掲、一八三頁。
＊46　前掲、一八三頁。
＊47　前掲、一八四頁。
＊48　前掲、一五五－一五六頁。
＊49　Pascal Blanchard et Gilles Boëtsch, "Races propagande coloniale sous régime de Vichy 1940–1944", *Africa*, Vol.49, 1994, p.4, 531.
＊50　AECは、一九四二年後半に、非占領地区の主要五都市で、地方組織整備に関する調査を行い、それに基づく報告書は、「植民地資料館の設置・運営と人材の確保という二点を柱とし」ていた。植民地資料館とは、地方都市の植民地情報を収集する活動の中枢となる機関で、中央政府の意向を地方にまで伝達させようとしていた。そして、一九四三年二月に植民地庁は、リヨン、ニース、トゥルーズ、クレルモン・フェラン、グルノーブル、ヴィシーの六都市での植民地資料館の設立を決定した（松沼『帝国とプロパガンダ』一〇八頁）。そして、その知識は付属図書館に蓄積された。これは、フランス国民を対象として実施された植民地キャンペーンの土台となるものであった（前掲、四〇－四一頁）。また、植民地間情報資料課（Service intercolonial d'information et de documentation）は、映画の製作と所蔵作品の貸し出し、撮影やコピーの作成のための資金援助、植民地文学大賞への出資等を行っていた。
＊51　松沼『帝国とプロパガンダ』一〇六頁。
＊52　Blanchard et Boëtsch , "Races propagande coloniale sous régime de Vichy 1940–1944", p.536.
＊53　ibid, p.540.

＊54　荻野昌弘「他者の社会理論序説」『関西学院大学先端社会研究所紀要』第一号、二〇〇九年、七頁。
＊55　ロバート・O・パクストン『ヴィシー時代のフランス——対独協力と国民革命1940-1944』渡辺和行・剣持久木訳、柏書房、二〇〇四年、二六八-二六九頁。
＊56　ロファ『アニメとプロパガンダ』一九五頁。
＊57　『解放されたナンビュス』は、*The Golden age of Cartoons: Cartoons for Victory!* (Mackinac Media, 2006) と題されたDVDに収録されている。
＊58　ロファ『アニメとプロパガンダ』一九七頁。
＊59　前掲、一九七頁。［　］は筆者による。
＊60　松沼『帝国とプロパガンダ』三六頁。

第6章

拡張する空間とアニメーション

国家、他者そして宇宙

1　戦時下日仏の共通性

第5章で詳しく考察したように、第二次世界大戦下、日本同様フランスにおいても、国家とアニメーションの関係が密接になり、アニメーション生産が制度化された。本章ではまず、両国におけるアニメーションをめぐる環境の変化と、それをもたらした要因において、いかなる共通性が見出されるのか、について考察したい。

生産体制の確立

日本およびフランスにおいて、第二次世界大戦期において、アニメーション生産に国家が介入し始めた。アニメーションは、第二次世界大戦以前、日本においては、取るに足らない娯楽と見なされていた。しかし、戦時期、軍部によって「大衆性」や「言葉の障壁を克服する」という価値が付与されたことによって、「国民文化」として捉えられるようになった。また、アニメーション制作に軍部が出資したことによって、今日のアニメーション産業の基礎となる制作分業体制が確立し、そのなかでアニメーション制作に不可欠な大量の絵を描く「作画」を担当する「アニメーター」という職業が誕生した。フランスにおいても、国家が文化政策の一環で、アニメーションの制作を推進する部局を整備し、アニメーションの制作に対して資金援助をしたことによって、アニメーションの産業としての基盤が胚胎したことが明らかとなった。また、そのプロセスにおいて、作品の展覧会の実施あるいはアニメーション制作に従事する人材、とりわけアニメーターを育成するシステムが整備された。

アニメーションの起源

第二次世界大戦以前は、アメリカ製のアニメーションが世界のアニメーション市場を独占していた。日本およびフランスにおいても、劇場で長編映画に併映されているアニメーションのほとんどがアメリカ製であった。しかし、第二次世界大戦期、両国において、アニメーションという表現形式の起源を自国に求める動きがみられた。日本では、アニメーションの技術がアメリカで発達していると認識する一方で、アニメーションの起源が日本の古典芸能、たとえば絵巻や人形浄瑠璃、歌舞伎にあるとする考え方が台頭した。また、フランスにおいては、アニメーションの原型のプラクシノスコープの技術が、フランス人のエミール・レイノーによって一九世紀後半に発明されたことが再認識され、アニメーションは、アメリカ製アニメーションを越えて、フランスの芸術を担う文化として捉えられた。

このような捉え方は、単なる伝統回帰というわけではない。アメリカ製アニメーションの起源を、自国の文化と捉えることによって、アメリカ製アニメーションの技術的発展を取るに足らないものと判定し、文化的に下位に見下そうとしたのである。そうすることで、アメリカの文化より日本あるいはフランスのそれのほうが優れていることの正当性を示そうとした。アニメーションの起源が自国の文化にあると捉えることは、他者の文化を下位に序列化し、自国の文化に優位性を与える文化的実践であるといえる。

アニメーションに描かれた空間の再編成

第4章で指摘したように、日本で制作された『桃太郎　海の神兵』には、アジア・太平洋の諸民族およびアメリカに該当する他者像が描かれている。同様に、第5章で指摘したようにフランスで制作された『魔法の夜』と『解放されたナンビュス』には、それぞれ、植民地に存在する諸民族および連合軍が描かれている。

『桃太郎　海の神兵』では、日本人は、軍服を着用したサル、イヌ、ウサギ、クマとして描かれ、アジア・太平洋の諸民族は、裸のゾウ、ヒョウ、カンガルーなど南方の動物として描かれている。一方、『魔法の夜』では、植民地に存在する民族は、（上半身）裸の黒人として描かれている。さらには、アメリカは『桃太郎　海の神兵』において鬼ケ島の鬼として描かれ、『魔法の夜』では巨人、『解放されたナンビュス』では、アメリカ製アニメーションのキャラクターであるミッキー・マウスやドナルド・ダックとして描かれていた。そして、『桃太郎　海の神兵』に挿入された影絵映画は、インドネシアの民話を主題にしており、日本およびアジア・太平洋の民族の共通の敵として西洋があることを示している。一方、『魔法の夜』では、植民地の諸民族が恐れている巨人をフランス人が退治するという結末になっていた。

当時、日本においては、「大東亜共栄圏建設」が唱えられていたように、アジア・太平洋の諸民族を、日本の支配の領域に取り込もうとする動きが活発化していた。また、ヴィシー政権下のフランスでは、国土の大半をドイツに占領されることによって失われる国民意識を醸成するために、北アフリカの植民地を利用しようとする政策が推し進められていた。つまり、両国家において、他者を自国に取り込むことによって、国家をより強固にすることが目指されており、植民地に対する位置づけの意義が高まっていた。

両国家における植民地への意識の変化は、本土の外部に拡がる空間に存在する他者についての知識を収集、蓄積する試みへと結びつく。他者を自国に取り込むことによって、国家をより強固にするためには、植民地に存在する他者を理解することが先決と考えられたからである。そして、収集、蓄積された他者に関する知識を基盤として、他者像が構成された。他者像は、必ずしも実体を反映したものではなく、当時はその必要もなかった。他者像は、自国家の国民と同様の文化を持つという同一性を示しながら、人種間の差異を端的に表象していたにすぎない。

このような営みは、文化政策として実現される。政策方針の基盤は、他者との交流が常態化するなか、彼らを同一のヒエラルキーに位置付け、かつ劣等とみなすことで自らの立場を高めることであった。

本章で取り上げたアニメーションすべてにおいて、空間から空間への移動が描かれている。登場人物が、落下傘、戦闘機、船、それから鳥に乗って、空間を隔てている境界を越え、異なる空間へと移動している様が描かれている。つまり、空間の再編成は、異なる空間を移動することによって生じる他者との交流を前提としているのだ。これらの作品では、第2章で論じた通り、第一の境界を越えて、他者を包摂し、植民地あるいは占領地を国家の一部として認識することにより、第二の境界が立ち現れる様が描かれている。第二の境界の外側には、異なる他者が存在するのである。つまり前の章でもみた通り、二つの境界を基準にして、二つの異なる他者の類型が描かれていることがわかる。一つは、植民地あるいは占領地に存在するすでに「包摂した他者」であり、もう一つは、敵対国をはじめとする「闘争中の他者」である。これらのアニメーションという表現様式による作品では、支配の空間の再編成のプロセスが視覚的に描かれているといえる。

以上のように、両国の共通点として、次の三点が挙げられる。一点目は、戦争をきっかけにアニメーションの生産体制の分業化が確立した、二点目は、アニメーションの起源を自国に求め、自国の文化に優位性を与えた、三点目は、アニメーションを空間の再編成を視覚化する表現様式として捉えた、という点である。次に総括するが、これらの共通点は、独立した項目ではなく、互いに連関している。

2 世界から宇宙へ

空間の再編成の視覚化

第3章ならびに第4章での議論をここで再度まとめよう。戦争は、他者とのあいだに認識される境界（国家間の場合は、国境）をめぐる闘争である。まず、国家と外部を隔てている第一の境界の外側に存在する他者を、境界内に包摂しようとする。その際、他国の国民、つまり他者は、彼らの文化を基準として、他者像が構成され、自国家と差異化される。ただし、単に差異化されるわけではなく、両者の同一性を認め、包摂を可能にしたうえで、差異を明確にする。植民地や占領地は、第一の境界の外側に存在していた他者を包摂した状態である。その状態では第一の境界は消失し、結果的に支配の領域が拡大する。その後、たいていの場合、拡張した領土と、その外部とのあいだに第二の境界が認識される。そして、第二の境界の外側に存在する他者を、再び包摂しようとする。その繰り返しによって、支配の領域を拡張し、最終的には世界全体の支配を志向しているといえる。

これは、第2章でも述べたように、国民としての同一性と、人間としての同一性といった二つの同一性概念の矛盾の克服を原動力としている。この「同一性と差異の論理」は、国境の消失と再生、つまり国境の更新に基づく空間の再編成を導く。実際、近代国家成立以降、二度の世界大戦を経験し、現代でも戦争が恒常的に勃発する世界の悲惨さを映し出しているともいえよう。では「同一性と差異の論理」によって導かれる空間の再編成は、アニメーションによっていかにして視覚化されるのか。

ここで重要なことは、これまで論じてきた通り、このような空間の再編成に連動して、アニメーションが文化として制度化したという点である。アニメーションという表現様式は、空間の創造や、空間の移動を自由に描き出すことができるため、境界外に存在する他者との遭遇や、空間の再編成のダイナミクスを表象することができる。それは、実写映像とは異なり、背景から登場人物の動きまで、すべての映像を制作者の意図通りに構成することができるからである。アニメーションは、時間の流れを含む映像すべてを統制することが可能なのだ。ウォルト・ディズニーもこの特徴をアニメーション制作の原点としている。彼が追求したことは、「生命の模倣ではなく、膨張」であり、「彼の世界を単純化し、完璧なものにし、世界をコントロールする」ことにあったのであり、アニメーションを通じて、不可能な世界の創造を目指すことにあった。[*1]

つまり、戦時期におけるアニメーションの制度化は、他者とのあいだに引かれた境界線をめぐる闘争の結果生じる空間の再編成を契機にしていたといえる。空間の再編成を視覚化するのに最適であったのが、アニメーションという表現様式なのだ。たびたび引用しているように、アンリ・ルフェーヴルは、空間をより視覚的に表象するために、様々な表現様式が生み出されることを「視覚化の論理」として捉え、映画は、空間をより視覚的に表象する欲望ゆえに生み出されたと指摘した。[*2] アニメーションは、単に、現実の空間を視覚的に表象するにとどまらず、現実というよりは、理想あるいは未来の空間を新たに創造することができる。「同一性と差異の論理」にしたがって生じた支配空間の拡大志向は、アニメーションによって表象されるのである。

アニメーションでは、鳥に乗った少年が空を飛び、砂漠に降り立てるように、いとも簡単に支配空間の境界を越えられる。このような演出は、実写においても可能といえるが、戦時下のアニメーションではしばしば、かわいい人物や動物キャラクターが境界を侵略していく様子が描かれている。現実には、支配空間の拡大には、戦争や植民地化といった暴力が不可避的に生じる。ただ、アニメーションで用いられているかわいいキャラクターは、噴出する暴力を隠蔽する効果があると考える。戦時期においては、絶えず噴出する暴力を隠蔽することが、国家秩序を維持するためにも重要な課題となっていたのである。

戦時期におけるアニメーションの制作体制が、占領期を経て戦後に継承されていることについては第8章で詳述するが、このような戦中戦後の連続性は、制作体制に限ったことではない。占領期に制作されたアニメーション『魔法のペン』[*3]（一九四六）には、戦後復興における空間の再編成が典型的に描かれている。次に、『魔法のペン』において、いかにして空間の再編成が描かれているのか、考察する。

『魔法のペン』における他者

熊川正雄演出の『魔法のペン』では、戦後、焼け野原となった日本をアメリカが救済するというCIE（民間情報教育局）のビジョンが描かれている。占領期に制作されたアニメーションは、民主化教育を目的としているのに対して、戦時期のそれは、軍国主義を浸透させるために制作された。両者の目的は、ある意味で正反対といえるが、共同体と他者との関係を描いているという点で共通している。

『魔法のペン』より、男の子にペンを渡す女の子

『魔法のペン』は、約一一分の短編アニメーションである。物語は、つぎはぎのある服を着て新聞配達に勤しむ男の子が、捨てられていた西洋風の人形を拾うところから動き出す。男の子は、人形を修理し、それから、英語の勉強を始める。すると、突如として、人形が人間の女の子となって現れる。女の子は、修理してもらったお礼にと、男の子にペンをプレゼントすると話す。そのペンは、描いたものが現実になるという魔法のペンであった。女の子は、缶詰やケーキの絵を描いて、男の子に与える。戦後すぐは日本において缶詰やケーキは珍しく、貴重な食料といえる。家の外に出た女の子は、男の子の新しい家を描く。そして、男の子に「これで何でも好きなものを描きなさい」といって、ペンを渡す。ペンを受け取った男の子が「そうだ、これで焼け跡に道を書こう、そして素晴らしい街を造るんだ」というと、

女の子は「それは素晴らしい思いつきだわ」と賛同する。男の子は、次々に建物を描き、焼け跡には、近代的なビルが立ち並ぶ。さらに、アスファルトの道路と自動車を描き、近代的なビルの谷間を、二人は自動車に乗ってドライブするのである。アニメーションのなかでは、街はすっかり復興しているようにみえる。最後に、女の子は男の子の前から去ってしまい、これまでのことは人形を拾った男の子の夢だったことがわかる。

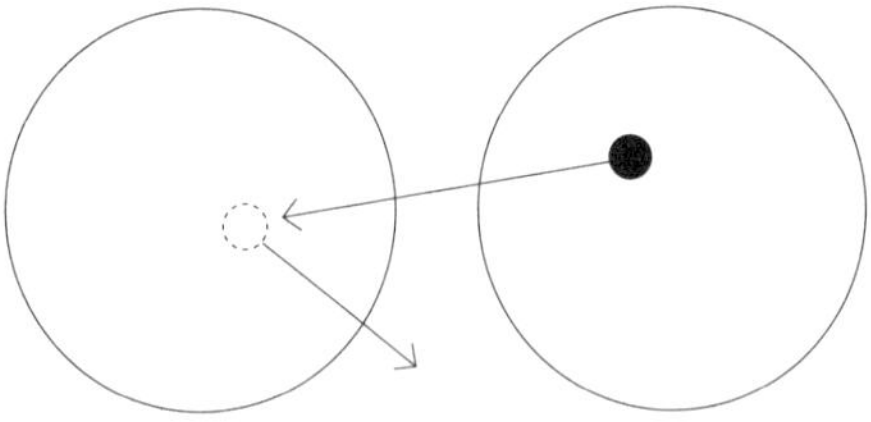
図9　他者が定住しない場合

ここでは、日本人にとっての他者である西洋風の人形が、何もない焼け野原の日本に珍しいもの、近代的な物をもたらすことを示している。女の子は、『桃太郎　海の神兵』の影絵アニメーションで登場した「商人」と同様、共同体が有しない珍しいものを持っている「他者」である。ただ、女の子は、商人と異なり、その土地を占領してしまうことはなく、新しい空間を生み出したうえで、定住することはしない（図9）。

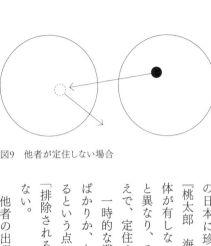

一時的な滞在に限っては、他者の否定的な側面が露呈することはない。そればかりか、女の子がもたらした魔法のペンによって、戦後の焼け野原が復興するという点で、女の子は「肯定的な存在」として描かれている。したがって、「排除される他者」[*4]として、共同体とのあいだにコンフリクトが生じることはない。

他者の出現は、戦争を引き起こす契機として描かれる場合もあれば、逆に復興に資する契機として描かれる場合もある。[*5]「戦争」は空間を破壊し、「復興」は一度壊滅した空間を蘇生する。この点で、「戦争」と「復興」は、一見正反対の事象にみえるだろう。ただ、戦争は、空間の覇権をめぐる闘争であり、復興は、闘争の結果、空間を回復させる営みである。したがって、「戦争」と「復興」は、新たな空間を編成するための一連のプロセスとして捉えられる。このプロセスにおいては、他者の存在する空間を取り込み、支配の領域を拡大することが主たる目的となる。共同体と他者とのあいだにある境界線を隠蔽したり、あるいは、再び引き直したりすることによって、空間を再編成していく。この営みは、他者との境界が恒常的なものではないことを端的に示している。

ただ、これまで描かれていた空間の再編成は、戦争にしろ、復興にしろ、「地球上」で起こった出来事がモチーフである。では、世界大戦終結後、戦争はいかにしてアニメーション作品において描かれていくのだろうか。

宇宙に拡張する空間の再編成――『機動戦士ガンダム』『ほしのこえ』

第二次世界大戦期においては、大東亜共栄圏建設や連合国とのあいだで勃発した国境をめぐる闘争が、空間の再編成として表象されていた。現代社会においても戦争は一つのモチーフであるが、実際の国家間の戦闘を表象しているものが主流というわけではない。戦後、アニメーション作品で描かれる戦闘のタイプとして新たに誕生したのは、闘争の場が地球上から宇宙へと拡張しているものである。

戦後、一九六三年に初のテレビアニメーションシリーズ『鉄腕アトム』が放映を開始する。そのわずか二年後の一九六五年放映開始の一四作品のうち四作品には『宇宙人ピピ』『宇宙パトロールホッパ』などのように「宇宙」と冠したタイトルがつけられているし、『遊星少年パピィ』『未来からきた少年スーパージェッター』のように宇宙空間を舞台にした冒険、ヒーローものが三作品放映されている。[6] 当時は米ソの宇宙開発競争を背景として、人々の関心が宇宙に向けられていた。ロケットの開発は、ミサイルの開発と地続きであるが、二度の世界大戦を経験し、人類は他者の文化を認め、文化的多様性を重んじることで、国家間の戦争を抑止しようとしていた。それは一九四五年一〇月の国際連合の設立に象徴され、地球上の平和が世界的課題として共有されている。

　現在、戦争は違法とされており、「国際法の領域における戦争観」においても「戦争違法化」と捉えられているが[7]、そのような国際状況だからこそ、アニメーション作品において、地球上ではなく、宇宙を舞台とした戦闘が描かれるようになったのではないだろうか。これは、地球上の「平和」が実現されたからといって、闘争が完全に消滅するわけではないことを暗に示している。同一性と差異の論理にしたがえば、地球上において世界が一つになるまで、国家の膨張は繰り返されるが、世界が一つになったのちには、世界の外部にその範囲を拡大することによって、再び膨張を繰り返すと推し量ることができる。それは、長年ファンを魅了する『機動戦士ガンダム（以下、ガンダム）』（一九七九－一九八〇）において、地球連邦と宇宙に位置するジオン公国の戦争、すなわち宇宙空間に支配の領域が拡大する様として描かれている。『ガンダム』の第一話冒頭では、この物語の背景が説明されている。

> 人類が増えすぎた人口を宇宙に移民させるようになって、すでに半世紀が過ぎていた。地球の周りの巨大な人工都市は人類第二の故郷となり、人々はそこで子を生み、育て、そして死んでいった。宇宙世紀0079、地球からもっとも遠い宇宙都市サイド3はジオン公国を名乗り、地球連邦政府に独立戦争を挑んできた。この一カ月あまりの戦いでジオン公国と連邦軍は総人口の半分を死に至らしめた。

つまり、ここで争っているのは領土を宇宙に拡張していった人類と地球に残る人類であり、人類間の戦争を描いていることがわかる。アニメーション評論家の藤津亮太は、『ガンダム』の物語において、「現実の戦争との「繋がり」を感じさせる一番のポイントは、描かれる戦争が「地球人類の国家同士によるもの」という点」と指摘しているが、[*8] ここで重要なのは、ジオン公国と対立しているのは地球連邦政府であり、地球は一つのまとまりとして捉えられていることである。逆にいえば、地球が一つにまとまっているがゆえに、宇宙における戦いが引き起こされたといえる。

現代においても宇宙は拡張する戦闘空間として描かれることが多い。たとえば、新海誠が注目されるきっかけとなった『ほしのこえ』（二〇〇二）を事例としてみてみたい。本作品は、新海が監督、脚本、撮影、美術、さらには声優[*9]まで一人で担当しており、衝撃的な個人制作作品であったことで知られている。新海といえば、時空を超えた男女の恋心のすれ違いを描いた『君の名は。』（二〇一六）が世界的にもロングラン上映されたが、時空を超えた恋心の切なさは『ほしのこえ』から通底して描かれているテーマといえる。

ここで着目したいのは、主人公の長峰美加子（ミカコ）と寺尾昇（ノボル）が、中学生から成長する過程で、地球上と宇宙空間という異なる空間に離れ離れになる点である。ミカコは中学三年の夏、地球を地球外生命体から守る国連宇宙軍に選出され、タルシアン調査隊として、宇宙空間において装甲服型ロボットのパイロットの任務を遂行することとなる。中学時代、「わりと仲の良かった」二人は、近況を携帯メールで交換し合っている。二〇四七年四月、火星での演習を経て、ミカコは、宇宙から地球を臨み、「太陽系は人間だけのものではなかったんだ」と語っている。次に示したように木星に到達したミカコがノボルに宛てたメールからも、だんだんとミカコと地球との距離が離れていっていることがわかる。

「いよいよ木星を出発（中略）メールが届くまでだんだん時間がかかるようになるけど、いちばんはじっこのオールトの雲からだって半年くらいのもんだからね。二〇世紀のエアメイルみたいなものだよ。うん、だいじょーぶ！」

受信日時：47.07.03 15:22pm

送信日時：47.07.03 12:26pm

ミカコとノボルは、超長距離メールサービスを利用して、互いにメッセージを送っているがメール到着までの時間が次第に長くなっており、太陽系において地球からもっとも離れた冥王星付近では、「宛先までの距離：13477536000000km」「メール到着までの予想所要時間1年16日12時間」と表示されるようになる。ミカコは、その後、地球外知的生命体タルシアンを追って、八・六光年先のシリウス$\alpha\beta$星系ヘワープすることになるが、そうなると互いのメールが届くのに八年七カ月の歳月がかかるというメッセージをノボルに送っている。二人の距離はメールの受信にかかる時間で具体的に示されているが、ここで重要なのは、国連宇宙軍が調査地域を宇宙空間の広範囲に拡大しているという点である。国連軍の司令塔からは「アガルタ各地にタルシアン出現、交戦開始された。軌道上にもタルシアン群体出現　艦隊に接近中！」と報じられ、いよいよタルシアンとの戦闘が本格化する。国連軍が降り立った、シリウスαβ星系のアガルタは草花が育ち、鳥がさえずり、雲は動き、雨も降る「地球に似ている星」であったが、先述の通りその空間でタルシアンと遭遇、戦闘が開始されるのだ。

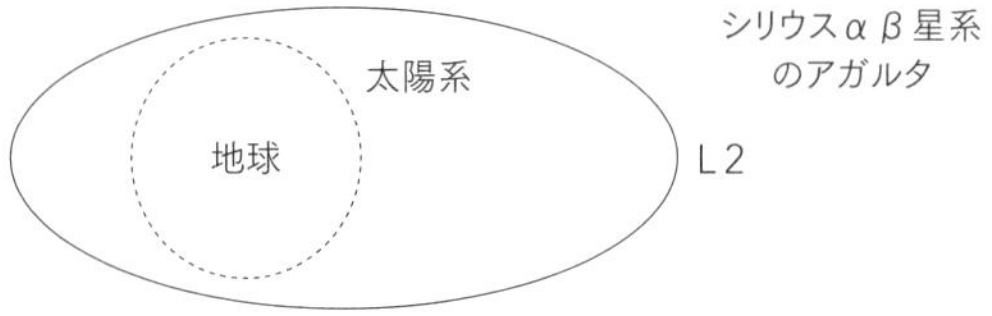

図10　宇宙においても拡張する支配の領域

　この作品で描かれている空間の再編成を図10に示した。地球と宇宙を隔てる境界線を「第二の境界」（L２）とする。ミカコが所属している組織が国連軍ということからも推察できるように、地球上においては、国家間の対立はなく、人類という枠組みにおいて一つの集団として捉えられている。したがって、第一の境界であった国境を越えて、他者を包摂するといった地球上での戦争は起こらないが、一方で、その外側に第二の境界が立ち現れ、宇宙に存在する他者が認識されるのである。

　一方、ノボルはミカコからのメールを待つ以外には遠く離れた宇宙での戦闘とはほとんどかかわりがない。地球上で何気ない日常生活を送りながら、中学生から社会人へと成長していくこととなる。二〇五六年、八年前のシリウスおいて国連軍が勝利したことが報じられ、二四歳のノボルに一五歳のミカコからのメールが八年越しに届くところで、物語はクライマックスをむかえる。支配領域の拡大志向という巨大な構造を背景に、遠く離れたところから互いを思う男女の切ない恋愛をアニメーションで描いているといえる。

戦後の宇宙開発は、人類が地球外に支配の領域を拡大する営みと捉えることができるが、それを背景として、『宇宙戦艦ヤマト』（一九七四－一九七五）や『ガンダム』などの宇宙での戦闘を描くアニメーションが一つのジャンルとして確立されたと考えられる。

3　アニメーションの制度化の契機

これまで論じてきたように、他者とのかかわりのなかで、新たに文化が制度化するという考え方は、国家と文化の関係を考察するうえで重要である。社会学においてはこれまで、文化は、国家意識を醸成するために、国民統合の手段として制度化されると理解されていた。その代表的な考え方が、ルイ・アルチュセールのいう「国家のイデオロギー装置」である。[*10]アルチュセールは、国家の暴力を独占していた軍隊など「国家の抑圧装置」だけでなく、文化や情報といった複数の「国家のイデオロギー装置」が生み出されたことを指摘している。これは、近代国家においては、平等思想のもとにいかに国民を統合し、国家意識を浸透させ、行動の指針とするのかが重要な課題となったことに起因している。したがって、「国家のイデオロギー装置論」においては、国境を超えて存在する他者（他の国家および民族）に対して、いかにかかわるのかということよりも国家の再生産に寄与するという点が強調されている。

ただ、近代国家において、国民統合、あるいは国内の秩序問題を検討する際に考慮されなければならないのは、国家の外側に存在する他者の存在である。他者との交流に際して、他者の文化を基準に他者像を構成し、自国家の文化と他者の文化との比較を通じて、自国家の文化に優位性を与えようとする。その結果として、国家は、文化の領域において、国民文化の発展のために新たに文化を制度化しようとする。その一環として、本書で、詳しく考察したように、国家がアニメーションを国民文化として捉え、アニメーション制作への資金援助等文化政策を推し進めた。つまり、国家の境界を越えて存在する他者への認識が、国家の文化政策を推し進めたといえる。その結果、アニメーション制作の分業に不可欠な大量の絵を描く「作画」を担当する「アニメーター」という職業が誕生し、アニメーションの生産組織編成が確立した。これは、アニメーションの産業としての基盤が胚胎したことを意味するのであり、日本とフランスの共通点でもある。

以上のように、戦時期におけるアニメーションの文化としての制度化は、アニメーションが空間の再編成を視覚化することができる表現様式として注目されたこと、また、アニメーションをめぐる他者と自国の文化の序列化によって、その生産が奨励されたことによって、引き起こされたといえる。この二つの現象は、いずれも他者と自己のあいだに見出された同一性と差異の認識を繰り返す「同一性と差異の論理」によって引き起こされたといえる。

＊1　ニール・ゲイブラー『創造の狂気――ウォルト・ディズニー』中谷和男訳、ダイヤモンド社、二〇〇七年、一八八頁。
＊2　アンリ・ルフェーヴル『空間の生産』斎藤日出治訳、青木書店、二〇〇〇年、四一四頁。
＊3　『魔法のペン』は、『日本アートアニメーション映画選集　第6巻　戦後・現代傑作選』（紀伊國屋書店、二〇〇四年）に収録されている。
＊4　図6で示したように、よそものが定住しようとすることによって、共同体にとって「排除すべき他者」となる場合もある。永久に滞在しようとする他者に対して、共同体が排除することによって戦争が勃発するといえる。詳しくは本書第4章参照のこと。
＊5　しかし、『魔法のペン』と『桃太郎　海の神兵』は、共同体と他者との接触を物語の主題にしている点で、共通している。
＊6　『日本TVアニメーション大全』世界文化社、二〇一四年、四一頁。
＊7　小島伸之「巨大ロボットと戦争――『機動戦士ガンダム』の脱／再神話化」池田太臣・木村至聖・小島伸之編著『巨大ロボットの社会学――戦後日本が生んだ想像力のゆくえ』法律文化社、二〇一九年、一一四頁。
＊8　藤津亮太『アニメと戦争』日本評論社、二〇二一年、一〇七頁。
＊9　オリジナル版では、主人公の寺尾昇を新海が演じた。
＊10　ルイ・アルチュセール「イデオロギーと国家のイデオロギー装置」柳内隆訳『アルチュセールの〈イデオロギー〉論』三交社、一九九三年。

第7章

聖地巡礼による空間価値の創出

背景美術と能動的オーディエンス

1　アニメーションの二層構造

前章では、空間の再編成を描く表現形態という観点からアニメーションについて考察してきた。翻って、アニメーション映像の構造を考えると、土台となる背景画の上にキャラクターや自然物の動きを重ねて制作され、大きく二層構造となっている。商業アニメーションの多くは分業で制作され、背景を描く美術パートとキャラクターの動きを描く作画パートに分かれている。アニメーターは、キャラクターの動きに加えて、空気の流れや水流、泡や炎など自然物の動きを作画するが、キャラクターが存在する世界観を演出するのは、主に背景を描く美術（監督）である。

では、アニメーションの制作プロセスにおいて、背景美術はいかにして描かれてきたのだろうか。日本におけるアニメーション制作のパイオニアと知られる幸内純一が一九三四年にまとめた「トーキー漫画の作成法」を参照すると、セルロイドを用いたアニメーション制作の方法が説明されている。背景に関しては、次のように記されている。

背景部には作画部にて描かれた原画にて背景を描くのであるが、運動主体はほとんど白と黒とによって描かれているので、それがよく解るように引き立てるためには背景の用紙は純白より些か暗い地色の物が良い。（中略）描方は非写実的のものが面白く、あまり写実的なものは漫画化された主題物とそぐわない。[*1]

物の動きを描く作画に関しては、一四頁にわたって具体的に説明されている一方で、背景美術に関しては六行程度の説明しかなく、「運動主体」を際立たせるための工夫が強調されているにすぎない。

しかし、戦時期においては、キャラクターの存在する空間を現実の社会状況と結びつけるために、背景をより具体的に描くことが目指されていた。マルチプレーン・カメラ[*2]という装置によって、多層に分けて描かれた奥行のある背景とキャラクターを合成して撮影する手法が導入され、背景美術は、アニメーションにおいて、いかに空間を演出するのかという点で必要不可欠となった。

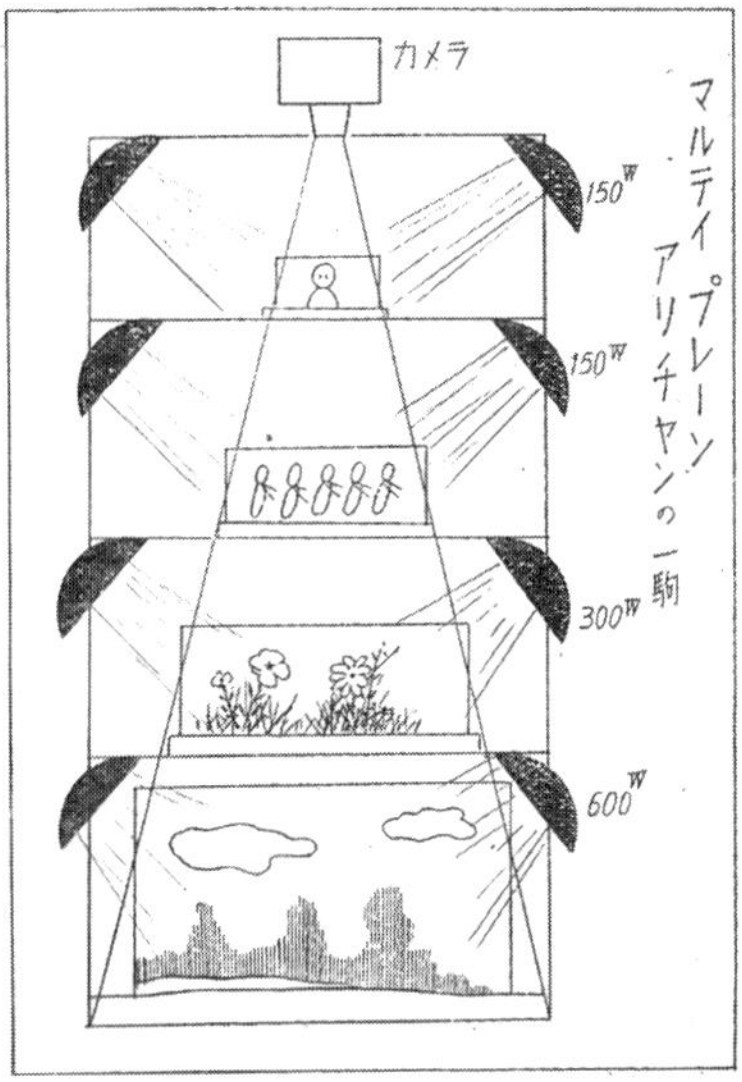

マルチプレーン・カメラの図解

一九三〇年代よりディズニー作品等で使用されていたマルチプレーン・カメラだが、日本では芸術映画社の持永只仁が独自に設計し、『アリチャン』(一九四一)の制作で初導入されている。上の画像[*3]のように、上部に自由自在に移動可能なカメラがついていて、四段式のガラス板上に投光するための電気装置がついている。[*4]『アリチャン』の背景を担当した持永は、そのシナリオを読んだときに「ラストシーンで月夜にコスモス畑のなかを移動するシーンがあり、かなり重要な部分であった」とし、その表現についてマルチプレーン・カメラでの撮影を提案したという。このラストシーンは、「四段マルチ全部を使っての撮影で」「一番奥に丸い月」「三段目にはコスモスの遠景、二段目が中景、一段に近景で動画も入った」というように、遠近法を用いた画面構成が目指されたのである。[*5] 一番上から、アリのアップ、キリギリスの演奏の様子、後景の花、後景の草・背景の空となっている。[*6]

また、佐野明子は、『桃太郎　海の神兵』で用いられた透過光の手法を瀬尾が先駆的に導入したことで、「暗く平面的な画面のなかで明るく立体的な光が空間の広がりを表出させるという効果」があったことを指摘している。[*7] 画面の奥行を演出する技法は背景美術の技術革新へと展開していくといえよう。

戦後、背景美術は、現代におけるアニメーションの興隆を考えるうえでますます欠かせない構成要素となっていく。というのも、アニメーションをめぐっては、作品を視聴するにとどまらず、キャラクターグッズやゲーム化など、様々な消費を通じて、市場が世界に拡大している。なかでも、アニメーションの映像に背景として描かれている空間を、現実の特定の場所と結びつける「聖地巡礼」という行動様式は、ファンだけでなく、地域社会におけるアニメーションへの熱狂を生み出しており、現代的アニメーション消費の展開といえるからである。

そこで本章では、聖地巡礼に焦点をあて、アニメーションで描かれる空間の再編成が、いかにして現実社会へと拡張されて認識されるのかを明らかにしたい。聖地巡礼に関する研究は、各地域における事例研究の蓄積、地域や巡礼者の分類が体系的に行われ、成熟期を迎えつつある。次に、聖地巡礼がいかなる現象であるのか、本章における分析の着眼点を提示する。

2　聖地巡礼へのまなざし

新海誠監督作品である『君の名は。』（二〇一六）は、日本国内の興行収入が二五〇億円を超え、世界各国で上映された日本を代表するアニメーション作品である。それだけでなく、作品中に描かれている場所を訪問する「聖地巡礼」という行動様式を定着させた。聖地巡礼は、二〇〇〇年ごろからみられる現象といわれているが、「2016年ユーキャン新語・流行語大賞」に選出されている。『君の名は。』の「聖地」は、少数の熱狂的なファンだけが知る場所ではなく、広くマスメディアでも紹介されるなど観光地の一つとして認識された。後述するように、新海作品は風景の描かれ方が注目されることも多く、東京の都市景観、田舎の町並み、自然の大地との対比、空、雲、光、季節の移ろいなど奥行のある背景美術は高く評価されている。先述した通り、一般的にアニメーション映像はキャラクターと背景の二層構造になっているが、聖地巡礼はアニメーションで描かれている背景と実在する場所を結びつけるという点で、背景にこそ重要な意味が見出される。『君の名は。』の世界的ヒットを契機として聖地巡礼が人口に膾炙するようになったことは偶然ではない。

現代における宗教と観光の関連について論じている岡本亮輔は、聖地巡礼に関して「もっともシンプルに」定義すれば、「宗教の創始者や聖人の誕生地・埋葬地のような生前関わりのあった場所、あるいは神や精霊といった存在と関わる場所への旅」としている。[*8] 岡本は、伝統的な聖地巡礼研究においては「祈る巡礼者に対して、観光客は不真面目な存在として批判的に見られてきた」というが、「聖なる巡礼者／俗なる観光客」という図式的な理解は現代社会における人々の移動を説明するのには問題があると指摘している。[*9] つまり、アニメーションの聖地巡礼のように、現代における「聖地巡礼」と呼ばれる現象は、必ずしも特定の宗教と関わる場所を訪問する宗教的実践のみを対象とするわけではない。

アニメーションのみならず多様なコンテンツが人の移動に結びつけられることは、「コンテンツツーリズム」として脚光を浴びているが、日本の「観光立国行動計画」（二〇〇三）という施策において重視されている観光の一形態といえる。国土交通省、経済産業省、文化庁の三省庁合同で行われた「映像等コンテンツの制作・活用による地域振興のあり方に関する調査」[*10] によれば、「コンテンツを活かした観光資源の創出」が今後の課題の一つとして掲げられている。映画等のロケ地の誘致にとどまらず、ロケ地であることを観光資源とする新たな価値の創出が目指されている。

二〇〇〇年代以降、コンテンツとのかかわりを目玉にした地域おこしが全国で展開されていく。その流れのなかで、二〇一六年九月、アニメーションをコンテンツとした観光促進を目的とする一般社団法人アニメツーリズム協会が発足した。設立母体は、株式会社ＫＡＤＯＫＡＷＡで、「コンテンツ産業と観光業界を連携して、全世界にファンを持つ日本のアニメの力をインバウンド、地方創生に結びつけていこうという機運の高まり」を受けたものである。アニメツーリズム協会においては、毎年、訪れてみたい「日本のアニメ聖地88」をアニメファンからの投票をもとに選定している。選定された場所には、アニメスポットとして、「アニメ聖地88」認定プレートとご朱印（スタンプ）が設置されている。[*11]

そもそも、フィクションであるアニメーションの舞台が、なぜ実在する場所と結びつけられるのだろうか。第一に着目したい点は、聖地巡礼においては、人々がアニメーションで描かれている風景に関心を向けているという点である。アニメーションのストーリを楽しむうえでは、キャラクターの台詞や行動などが注目されがちであった。つまり、背景美術ははじめから主要な位置づけではなかった。この点に関しては後述するが、「日本で初めての背景美術書」と称される『アニメーション美術――背景の基礎から応用まで』（一九八六）の「はじめに」において、テレビアニメーションの初期から美術監督として活躍していた著者の小林七郎[*12]は、「今まで存在価値がそれほど認められていなかった美術や音楽の役割についても、登場人物と並び、また超えるような在り方を求められるようになるでしょう」と書いている。[*13]背景は従来、アニメーションにおいて添物としてみなされてきたことを暗に意味しているが、聖地巡礼においては、背景への関心こそが意義深いのである。

第二に着目したい点は、聖地巡礼では、ファンがその場所を訪れるにとどまらず、現地で撮影した写真をインターネット上に掲載する、という一連の行為によって次の訪問者を生み出すという点である。完成された作品を単にファンが視聴することで消費が完結するわけではなく、個人が作品を視聴した後の行為も含めて、作品をめぐる環境はつくりあげられる。

これは社会学者のハワード・ベッカーが提唱する「アート・ワールド」という概念を通じて検討することができるだろう。ベッカーによれば、「アート・ワールド」においては、「アート作品とは、個人の創造者、つまり、稀少で特別な才能に恵まれた「アーティスト」による産物ではない。それはむしろ、あるアート・ワールドに特徴的な規則を通して協同し、そのような作品を存在させるようにする、あらゆる人々の連携の産物なのである」とのことだ。[*14] つまり、創作物がアート作品として成立するためには、芸術作品を生み出す芸術家のみならず、それを評価し流通させる者、消費するオーディエンスの存在が必要不可欠である。アニメーションのアート・ワールドを考察するうえで重要なことは、背景美術を凝視し、それを現実空間と照合するファンの存在によって、名もない場所が聖地として価値づけられ、消費の連鎖が起こっている点にある。さらにいえば、聖地巡礼以前から行われていたファンの能動的なアニメーション消費のあり方を看過してはならない。アニメーション作品に関して、完成された作品を視聴するにとどまらない消費のあり方がすでに浸透していたからである。

したがって、本章では、アニメーション作品における背景美術がどのように制作されるのかを考察したうえで、アニメーション作品の消費のあり方がいかにしてアニメーションのアート・ワールドを醸成し、それらがどのように地域社会とかかわっていくのか、アニメファンの能動的な消費の特徴を分析することで明らかにする。

3 背景美術の躍進

ロケーションハンティング

アニメーションにおいて、キャラクターと同様に、背景にも力点が置かれるようになると、背景を構成するための事前調査として、ロケーションハンティング（以下、ロケハン）が行われるようになる。はじめて本格的なロケハンを行ったのは、一九七四年放映の『アルプスの少女ハイジ』といわれているが、作品の世界観を具体化するうえで、実際の風景を画像として記録し、それらをもとに背景美術を仕上げていた。先に挙げた『アニメーション美術』においても、背景の風景を描く際にはデッサンの重要性が強調されている。[*15] 実際の風景をそのままトレースするばかりでなく、そこからインスピレーションをえてイメージを作り上げていく場合もあるし、一ヶ所ではなくいくつかの場所を組み合わせてアニメーションの背景が描かれていく場合もある。したがって、実写映画のように、撮影される場所がそのまま背景として映し出されるわけではない。ロケハンを通じて、実在する場所がイメージ化され、作品の世界観が創造されるのである。

テレビアニメーションシリーズ『アルプスの少女ハイジ』（以下、『ハイジ』）は、高畑勲や宮﨑駿がズイヨー映像（現・瑞鷹）に移籍後制作した作品で、「スタッフは放送日となる日曜以外はロクに帰宅も出来ず、一年に亘ってスタジオに泊まり込んで作業を続けた」というハードワークで制作され、「日本のアニメーションを新たなステージへと押し上げた」と評価されている。[*16] テレビアニメーションシリーズは一九六三年放映の『鉄腕アトム』に端を発し、主な視聴者は子どもたちであったが、結果的に『ハイジ』以降の「世界名作劇場」シリーズの視聴者層は「幼児から大人特に家庭での暮らしの主人である主婦母親」へと広がっていく。[*17]

この制作に先立ち一九七三年七月に行われたのが主要制作メンバーによるスイスでのロケハンである。

原作はヨハンナ・シュピリによって著わされた小説『ハイジの修業時代と遍歴時代』(一八八〇)と『ハイジは習ったことを使うことができる』(一八八一)であったが、それらにははじめ挿絵がなかった。[*18] アニメーションで表現するうえで、主人公のハイジのキャラクター設定とともに、ハイジとその仲間たちの日常生活をいかにイメージするのか、は根本的な課題であった。外国を舞台にした作品であり、また「アニメーションが最も得意とする別世界を舞台とするファンタジー要素、飛躍や誇張の余地がない」ため、いかに物語を演出していくのか、ロケハンを通じて検討されていった。[*19]

ハイジなどのキャラクターデザインを行ったアニメーターの小田部羊一は、『ハイジ』のロケハンの記録を自身のイラスト画集に掲載している。高畑や宮崎とともにスイスにてロケハンを行った様子やそこで描いたスケッチが掲載されている。『ハイジ』の原作小説の舞台であるマイエンフェルトに数日間滞在し、アルムじいさんの小屋などの取材を行っている。この地域は標高の低い地域であったため、標高の三〜四〇〇〇メートル級の「アルプスらしい」風景を求め、登山鉄道でユングフラウ地方に向かったという。[*20] 美術監督を務めた井岡雅宏は、ロケハンには参加していないが、ロケハンの写真資料をもとに、アルプスの自然、村、四季、一日の時間の変化を風景のなかに描き出した。これは「「自然」というもう一人の主人公を創出した」[*21]と評されている。

加えて、『ハイジ』の制作を通じて「幾多のレイアウトや撮影技法」が開発された。背景の遠近法の手法に関しては、次のように述べられている。

特に山登りのシーンでは、風景を多層に組み分け、それぞれを撮影台の最小単位で1コマ（1／24秒）ずつ移動幅を変えてスライドさせる（たとえば、遠景0・25ミリ、中景0・5ミリ、近景1・25ミリと指定する）ことで、カメラマンが共に登りながら移動撮影しているような立体的な臨場感を生みだすことに成功した。[*22]

『ハイジ』における背景の新たな映像手法の開発は、高畑、宮崎が追求して来た「縦の構図」「正面の奥行き構築」の一つの到達とされている。平面の映像のなかに立体感をもたせるというのは、遠近法の技術革新といえるが、この点に関しては、後述したい。また『ハイジ』において背景のもととなる画を描く職位として「レイアウト」というクレジット表記がなされたことから、背景の構図や背景にキャラクターを配置することが特別な工程として認識されるようになったことが見て取れる。[*23]

高畑は『ハイジ』が求められた当時の時代感覚を次のように語っている。「人々は未曽有の物質的繁栄とひきかえに、とりかえしのつかないまでに進行してしまった自然破壊、貧弱な住環境、交通地獄などの中で、真のゆとりある生活は何かを考えはじめ、自然や過去や故郷を憧れ、ゆめみるようになる」と。[*24] つまり、作品にスイスの風景や日常生活を客観的に再現することで、作品が制作された一九七〇年代はじめの日本の社会情勢との対比を投影させようとしていたといえよう。現在、スイスのマイエンフェルトには「ハイジ村」がつくられ、作品に登場するアルムの山小屋が再現されている。実際にモデルになった小屋はさらに標高の高い場所に位置しているが、現在はカフェとして営業しているという。雑誌『MOE』

二〇一九年九月号では、テレビアニメ放映四五周年の特集号として、「ハイジに出会うスイス旅」が特集され、ハイジ村などいくつかの「聖地」が紹介されている。背景美術におけるリアルな表現の追求は、それを現実空間と結び付けたいという視聴者の欲望を想起することとなった。

遠近法の技術革新

背景美術におけるリアルな表現は、本章冒頭にも挙げた新海作品においても追及されている。新海の劇場デビュー作『ほしのこえ』は、第6章で言及した通り、新海が一人で制作しており、衝撃的な個人制作作品であったことで知られている。それ以降も、『秒速5センチメートル』（二〇〇七）では脚本、編集に加えて美術監督と色彩設計も担っており、新海作品の背景への興趣が尽きない。新海作品における雲の描写をクラウドスケイプとしてことに評価する映画研究者の加藤幹郎は、「新海誠は、一般の映画（実写、アニメーションを問わず）において多く観察される分離可能な前景主体としてのキャラクター（登場人物）と後景客体としての風景という二元論を採用しない。主体と風景はあくまでも切り離しえないものとして一体論的に創造されるのが新海誠のアニメーションの特徴である」と分析している。[*25] アニメーションの観客は背景だけを鑑賞するわけではないが、背景美術だけを画集として出版したり、展示したりするほどに人々を魅了するものもある。背景の前にキャラクターが存在することで、背景に意味が与えられることはいうまでもないが、背景美術の前に自身を投影したいという欲望は聖地巡礼の原動力となる。『君の名は。』に関しても、その画集『新海誠監督作品　君の名は。美術画集』が出版され、新海や美術スタッフのインタビューが収録されている。ここでは、それらを参照し、背景美術の先端的な表現手法を理解したい。

『君の名は。』は、丹治《たんじ》匠、馬島亮子、渡邉丞《たすく》の三名を美術監督として、美術専門スタッフが背景を描いているが、ロケハンに関して、新海は「絵コンテにする段階で、実際の町を歩いてシーンに合う場所を探し、絵にしていった感じ」で、絵コンテを踏まえて美術設定を行った、と述べている。アニメーションの背景に描かれるのは、東京と糸守《いともり》という架空の町で、新海が撮影した写真を「レイアウトや美術の資料」とするのと、美術スタッフが「実際にその場所に足を運んで、風景をみたり補足的に写真を撮る」ことで、イメージが具体化されていった。[*26]

ここでは、背景美術に関する技術的な手法についても述べている。「世の中の映像体験が多彩になり、リッチになっている中で」、奥行きを表現するという点に関しては、従来「密着マルチ」という手法があるが、「手前から奥を何層かのレイヤーに分けて、引っ張る速度を変えることで疑似的な遠近感を出す」だけではなく、3DCGでつくった舞台に手描きの美術の絵をマッチングすることで、「空間としてちゃんと奥行きのある」背景を生み出したという。[*27]このような手法は先述した『ハイジ』における遠近法の手法と通底しているが、「遠近法の技術革新」は、序章や第3章等で参照したアンリ・ルフェーヴルの「視覚化の論理」が明快である。ルフェーヴルが論じた絵画における遠近法、写真・映画が誕生した時代から、3DCG、さらには特殊なゴーグルを装着しその物語世界に没入するVR技術と空間を再現する技術は次々に開発されているが、これらの技術革新は、「視覚化の論理」を基軸に理解することが可能である。

さらに、「視覚化の論理」が興味深いのは、芸術作品などアートの領域における表象だけにとどまらない点である。むしろ都市空間において、権威は、街の構造、建築物として表象されることで視覚的に認識されるようになり、その在処が一定の空間のなかでより明確に示されることをルフェーヴルは指摘している。[*28] 聖地巡礼においても、アニメーションで描かれることで価値づけられた場所が、現実空間のなかで探し出され、特定されていく。特定された場所に身を置くことで、ファンはアニメーション作品を視覚的に鑑賞するだけでなく、身体をその空間に存在させる「空間の再現」を可能にする。VR技術は、「空間の再現」という意味では聖地巡礼と同じ指向性を持っているが、VR技術が映像のなかで完結するのに対して、聖地巡礼は地域社会との結びつきという広がりがある。

蓄積される風景イメージ

『君の名は。』の美術スタッフであるマテウシュ・ウルバノヴィチは、同作で登場する糸守のコンビニエンスストアを描く際に、「古い写真を見せてもらって「これを使って描いてください」という指示があり」、それが『秒速5センチメートル』に登場するものと同じだったため、「『秒速5センチメートル』の大ファンだったので、同じロケーションを描くことができるんだ！と思って、すごくうれしかったです」と述べている。[*29] 『秒速5センチメートル』と『君の名は。』で使用された写真資料が共通しているということは、風景のイメージが蓄積されていくことを意味する。『秒速5センチメートル』は東京と種子島が舞台となっており、都市景観と自然の風景の往復は、『君の名は。』の場面設定にも通じる。種子島や糸守にある「田舎のコンビニ」は、都会のそれとの比較において、「どこか古びた感じを残す」[*30]ように描き分けられており、そのイメージを観客と共有していることが前提となる。次にアニメーションではないが、マンガにおける背景の描き方を事例に蓄積される風景のイメージについて考察したい。

『デットデッドデーモンズデデデデデストラクション』[*31]の作者である浅野いにおは、自身で撮影した写真を使って背景を作画している。[*32]そのために日常的な風景の取材を行い、莫大な数の写真を資料として保存している。写真を画像として取り込み、加筆、編集を行い、背景として練り上げる。その背景の上に登場人物を配置する。市井の人々が生活している場所を撮影し、それをもとに風景を再構成することで、作品中の風景に日常生活のリアリティを醸し出すことができる。撮影の対象となる場所は、そこで生活する人々にとって日常的な場所であり、それ以外の人々にとっては特別な場所にはなりえない。したがって、わざわざその場所を撮影し、記録するという発想には至らないだろう。一方で、浅野にとっては、登場人物が日々過ごす場所をいかに表現するかが、背景を設定するうえで根本的な課題である。人々が何気ない日常を過ごしている場所がどのようなものなのかを思考しながら、実在する場所を記録し、それが背景の素材として蓄積されていく。作品における背景の位置づけに関しては、以下のように語っている。

舞台として町というものがあった上で、そこに暮らす人たちという順番になるので。景色とか背景の方が先にあって、むしろそっちの方がメインっていうこともある。[*33]

これは、風景として映し出される環境によって、キャラクターの生き方が大きく様変わりするということを意味している。風景には町の成り立ちや社会的な構造が埋め込まれている。この発想はきわめて社会学的であり、風景を理念型として捉えているといえる。[*34] われわれは、雑多な要素が散りばめられた現実社会を理解するために、その現象に対して特徴的な部分を取り出し、解釈していく。蓄積された写真をもとに背景を描きこむことで、それらは撮影された特定の場所から、人々がイメージを共有する理念的な風景として変換される。風景のイメージを多くの人が共有しているがゆえに、読者は、背景を手がかりに登場人物の過ごしている日常的な環境の意味を解釈することが可能になる。背景を自身の生活体験（あるいは映像体験）と照合させ、登場人物の生活環境の意味を解釈し、場合によっては自身の生活圏において「聖地」をみつけようと試みるのである。

4　アニメーションをめぐるアート・ワールド

アート・ワールドとは

アート・ワールドの議論において出発点とされていることは、「どんなアート作品でもいいから、それが最終的にその形をとるために達成されねばならない全活動を考えてみる」という点である。[*35] 詩人が詩を書くためには紙とペンが必要であるし、交響楽団がコンサートを行うには楽器や譜面など多くのものが必要である。楽器に至ってはいつでも使えるように維持管理をしなくてはならず、譜面を作成するためにも知識や規則は共有されていなければならない。それらは演奏者が行うわけではなく、専門知識を有した者たちが、それぞれの役割として担当している。さらには演奏される舞台、その演奏を理解する聴衆があってはじめて、それが一つのアートとして決定される。その決定される場を「アート・ワールド」と捉えることができる。

ほとんどの商業アニメーションは分業体制で組織的に制作されており、作画をはじめ、彩色や編集、音響など、多くの専門職がかかわっている。アニメーション制作従事者だけではなく、ファンも欠かせない構成員である。元来、アートをめぐっては、パトロン制からディーラー・画廊・批評家による評価へ移行し、文化産業においては大衆がその評価者となることが指摘されてきた。文化産業によって生み出された作品に関しては、「どんな階級的・職業的なアートの文化的理解が彼らの選択をかたち作るかは誰にも確実には分からない」のである。[*36] とりわけ、アニメーションを丹念に読み取ろうとする能動的オーディエンスの存在はアート・ワールドの要である。次に分析するアニメファンの実践は、ファン研究のなかでも能動的オーディエンスの行動様式として位置づけられる。

ファンカルチャーの研究を行う瀬尾祐一は、能動的オーディエンス研究の特徴について要約しているが、なかでも「商品の購買や番組の視聴を契機としつつも、そこにとどまらない多様な実践を行っている」[*37]という点は、アニメーションの聖地巡礼について考察するうえで重要な視点といえよう。さらにいえば、聖地巡礼がコンテンツツーリズムとして広く知られる以前から、アニメファンの作品視聴の方法に能動的オーディエンスの特徴を見出すことができる。放映された作品に関しても、ファンはただ物語を追うだけにとどまらず、動画を静止画としてみたり、制作者と交流したりしていた。次に、アニメーションの能動的オーディエンスがいかにして、新たな消費の形式を生み出したのか、具体的にみてみたい。

能動的オーディエンスのアニメーション消費

アニメファンの作品視聴の方法やファン同士のコミュニケーションのなかでも、ファン独自の視聴方法は注視すべき特徴を有する。メディア史や映像文化論を専門とする永田大輔によれば、一九八〇年代のビデオデッキの普及は、アニメーション作品の録画を可能にし、録画された動画をコマ送りあるいは一時停止することで、静止画として見ることができるようになった。それによって、アニメーション作品の全体を眺めるだけでなく、繰り返しあるいは静止画に分割しながら映像を分析的に視聴するファンが登場した。

永田は、アニメ雑誌に投稿される記事に焦点を当て、アニメーション作品がいかに消費されているのか分析している。ここで強調したいことは、アニメファンが放映された番組を単に個人の楽しみとして視聴するだけにとどまらないということである。アニメ雑誌は「「本来」は動画であるアニメーションを静止画にし、その見方を提示する媒体」と指摘されているように[*38]、アニメーション作品の静止画としての魅力について誌上で共有されている。アニメファンのコミュニケーションにおいて重要なメディアとしてアニメ雑誌が機能し、ビデオデッキの活用は、映像を巻き戻したり、コマ送りしたりする新たな視聴形態にとどまらず、簡単な編集を可能にした。編集も個人で楽しむだけでなく、「同じ趣味をもつ友だちに見せることが面白い」という記事がアニメ雑誌にも投稿されている[*39]。このようにアニメ雑誌は、アニメファンによるアニメーションの多様な消費の仕方が共有される場であることがわかる。

二点目の指摘としては、制作者とファンの関係性の変化が挙げられる。作品を繰り返し視聴する方法がとられるようになると、キャラクターの細かな動きについてもファンは見逃さなくなる。アニメーション作品に関しては、主にその監督に惹き付けられることが多かったが、ファンは、キャラクターの動きを表現したアニメーターに「作家性」を見出すようになる。[*40] つまり、アニメファンは、作品を視聴するだけでなく、アニメファン同士あるいは、制作者とのコミュニケーションを通じて、アート・ワールドを形成していく。

以上のように、能動的オーディエンスとしてのアニメファンは、インターネットが普及する以前から、アニメ雑誌への記事の投稿などを通じてアニメーションの消費実践を共有してきたことがわかる。次に、アニメファンによる反復される視聴と、その情報共有によって、いかにして作品が地域社会と関連付けられていくのか、という観点で、アニメーションの聖地巡礼について考察したい。

5　「聖地」の創出

聖なる場所？

埼玉県久喜市鷲宮に位置する鷲宮神社は関東地方最古の神社であるが、昨今では『らき☆すた』の聖地としてよく知られている。『らき☆すた』は、月刊ゲーム雑誌『コンプティーク』に二〇〇四年一月号より連載された四コママンガを原作にしたアニメーションである。二〇〇七年四月から九月にかけて放映されたオープニング映像に鷲宮神社の鳥居と大酉茶屋がキャラクターとともに描かれていたことから、ファンのなかには鷲宮神社を訪れる者が出てきた。ファンは、キャラクターのみならず、背景にまで目配りしていることがわかる。もともと旧鷲宮町は鷲宮神社の門前町として形成されたが、商店街は疲弊しており、鷲宮神社の参拝客が休憩する場所がなくなっていた。神社は鷲宮商工会に休憩所の設置について相談し、二〇〇四年四月に鳥居前にあった古民家を「大酉茶屋」として改修する事業が立ち上がり、二〇〇五年三月に開店。その後開催されるイベントの拠点になった。

二〇〇七年、「角川書店の発行するアニメ雑誌『月刊ニュータイプ』八月号の付録「らき☆すた的遠足のしおり」(両面ポスター)で、鷲宮神社をはじめ、アニメ版『らき☆すた』の舞台となっている場所が紹介され」たことから、多くのファンが『らき☆すた』と鷲宮を結びつけた。[*41] 鷲宮神社の絵馬堂には、二〇〇七年当時からファンによって書かれた絵馬が納められており、現在に至るまで、合格祈願といった一般的な願い事だけではなく、次頁の画像のように「『らき☆すた』一〇周年おめでとう」など、『らき☆すた』にちなんだイラストつきの絵馬が多く納められている。

「『らき☆すた』では、柊かがみ・つかさ姉妹の父が鷲宮神社をモデルとした「鷹宮神社」の神主で、姉妹も正月などは巫女として仕事を手伝っている[*42]」ということからも、信仰との親和性が高い。鷲宮神社は神社であるという点で宗教性を帯びた聖なる場所といえるが、それゆえに「聖地」としての素地があるといえるのだろうか。この点に関しては、二つの「神輿」の扱いを通して検討したい。

鷲宮神社を中心とした地域社会とファンの関係性を示すうえで象徴的なものは、「らき☆すた神輿」である。毎年九月には、境内に奉納されている千貫神輿の渡御を行う土師祭が執り行われるが、二〇〇八年より、『らき☆すた』のキャラクターが描かれた神輿がファンによって担がれることになる。伝統的な千貫神輿は重さ約三トンで、「担ぎ手は一回に約一八〇人、交代要員を入れると五〇〇人以上が必要なことから、一九一三年には担ぎ手不足のため台車に乗せて引くように[*43]」なったが、一九八三年に再び担ぐこととなる。祭礼は各地域の住民が主導するため、地縁がなければ神輿を担ぐことはまれである。しかし、この地域が『らき☆すた』の背景に描かれたということで、ファンにとっては特別な場所となり、毎年行われる祭に参加することで継続的なつながりが生み出された。

『らき☆スタ』10周年を祝うメッセージが書かれた絵馬（2014年3月筆者撮影）

　土師祭で担がれていた伝統的な神輿は、祭礼が終われば鷲宮神社の境内に安置される。それに対して、キャラクターが描かれた神輿は、鷲宮神社から離れて、「秋葉原エンタまつり」のなかで行われた「コミック・キャラクター展」や、「東京国際アニメフェア」等に出張展示されている。[*44]「安置」と「展示」という差異については、ヴァルター・ベンヤミンの芸術作品における礼拝価値と展示価値の関連から理解したい。すなわち、芸術作品はそもそも「礼拝に役立つ物象の製作からはじまった」。その場合、存在していることが重要であり、「秘密の場所にとどめておこうとする傾向」にあったといえる。一方で、礼拝価値よりも展示価値が優位になると、芸術作品は「儀式のふところから解放され」、展示されることが多くなる。[*45] つまり、境内に安置され、祭礼のとき以外は公開されない伝統的神輿は礼拝価値が優位であるのに対して、「らき☆すた神輿」は常に公開されていることを考えると展示価値が優位であることがわかる。

キャラクターは神社と関係のある設定であり、また、ファンも土師祭で神輿をかついだり、絵馬を奉納したりと神社の参拝客としてふるまうが、必ずしも伝統的な意味での信仰があるわけではない。しかし、鷲宮神社は、アニメーションの背景に描かれることによって、宗教性とは異なる新たな文化的意味が付与され、「聖地」として知られるようになる。鷲宮神社の初詣の参拝客数は二〇〇六年には九万人程度であったが、アニメーション番組の放映後、二〇〇七年一三万人、二〇〇八年三〇万人、二〇〇九年四二万人、二〇一〇年には四五万人と参拝客が年々増加していると報じられている。[*46] 地縁による伝統的な共同性に重なり合うように、『らき☆すた』ファンという新たな共同性が「聖地」を生み出したのである。それによって、鷲宮神社の門前町が活気を取り戻し、失われていた地域の中心が創出されたといえよう。

ありふれた場所の聖地化

アニメーションの聖地巡礼において注目すべき点は、もともと特別な意味をもたないありふれた場所であっても、作品との結びつきによって新たな意味が生み出されるという点である。「らき☆すた的遠足のしおり」には、鷲宮神社のみならず、キャラクターが日常的に訪れている場所が観光地のように紹介されていた。たとえば、高校の最寄り駅である「糟日部駅」のモデルは埼玉県春日部市に実在する「春日部駅」で、作品中では当て字で表現していると説明されている。その他にも作品のなかで描かれている背景として、バス停や学校帰りに寄り道をするファミリーレストラン「馬車道」、休日遠出をして遊びに行く繁華街としては大宮駅前などの都市景観が掲載されている。実在する場所が背景として焦点化されることで、人々が日常生活を営む何気ない風景に新たな意味が与えられ、「聖地」となる。

商業誌の付録のような媒体ではなく、個人が運営しているウェブサイトにおいても、キャラクターの生活空間が収集されている。たとえば『涼宮ハルヒの憂鬱』（二〇〇六年四月〜七月と、二〇〇九年四月〜一〇月に放映）については、作品との結びつきから兵庫県西宮市に位置する甲陽園駅や西宮北高校周辺の複数の場所が「聖地」となっており、主人公のハルヒが通う「北高」への通学路に聖地が点在している。ウェブサイト「聖地巡礼―涼宮ハルヒの憂鬱―」[*47]では、作品の背景とそれに対応した実在する場所の写真が並べて掲載されている。二〇〇六年版に関しては、訪問日が二〇〇六年四月二六日とされており、番組放映後すぐに作品で描かれている背景と同じ構図で写真が撮影されていることがわかる。掲載されている場所は、通学路の坂道や階段、最寄り駅、駅前の自転車置き場などであるが、いずれも地域住民が日常生活を営む場所であり、あらためて立ち止まって写真を撮るような場所とはいえない。

ごくありふれた日常的な場所が『涼宮ハルヒの憂鬱』の背景に描かれたということで、そこに文化的な価値が見出されるようになったといえる。これは、聖地巡礼が文化遍在主義的思考によって支持されているからと考えられる。文化遍在主義とは「あらゆるものが文化として（あるいは芸術として）の価値を認められるべきだという考え方」[*48]であるが、聖地巡礼を行う能動的オーディエンスは、日常的な場所を切り取り、それを特別な場所として展示していく。背景のロケ地になっている場所は、日常的な場所であればあるほど、見つけ出すことは困難であるため、文化的価値は高まっていく。

以上のように、ファンが背景のもとになっている場所を発見し、訪れるだけでなく、そこで撮影した写真をインターネット上に展示し、アーカイブ化する一連の行動が聖地巡礼といえるだろう。アーカイブ化された写真は、結果的に作品とその聖地を知らしめる装置となる。荻野昌弘は、これらの個人の行動は、展示価値のあるものを個人が決定するという意味で、博物館学的欲望に牽引されるものであると指摘している。[*49]博物館学的欲望は、国家権力が博物館に他者のモノを収集する原動力となりえるが、個人が収集、展示するものを決定する原動力にもなる。

能動的オーディエンスが、ありふれた場所に背景美術とのかかわりに紐づけられた新たな意味を付与することで、その場所は文化的意味のある場所として価値づけられる。アニメーション作品を視聴していない者でさえ、アニメーションの背景で描かれている場所を観光地として認識するようになる。メディア研究者の岡本健は、アニメーションの聖地巡礼者について、「アニメの背景のモデルとなった場所を様々な証拠を基に探し出す開拓的アニメ巡礼者」と「開拓者によって発信された情報」から、巡礼を行う「追随型アニメ巡礼者」、さらには、マスメディアで広く取り上げられ始めてから訪問する「二次的アニメ巡礼者」というように、アニメ聖地巡礼者の分類を行っている。[*50]

また、コンテンツツーリズムのアクターとして、地域住民、ツーリスト、観光プロデューサー、コンテンップロデューサーに加えて、「情報拡散者」の存在が注目されている。マスメディアからの情報発信だけではなく、インターネットサイトやＳＮＳ等を介して、「情報を編集、拡散」していくのである。[*51]アニメーションの消費者層を拡大させるのは、作品の能動的オーディエンスに他ならないといえよう。これは聖地巡礼者の多様性だけではなく、普及過程において、能動的オーディエンスのコンテンツ消費が次の消費を誘引していることを示している。つまり大衆への宣伝に対して消費者は一斉に反応するのではなく、能動的オーディエンスの探索的行動が、別のファンや観光客の訪問を引き起こしていくというように、連続的な消費がアート・ワールドを拡張している。現実空間と作品を接合していく営み、それ自体が消費文化として浸透している。

6　地域社会における新しい中心

本章では、聖地巡礼の前提となるアニメーション作品における背景美術の躍進について考察したうえで、背景美術と現実空間を照合させるアニメーションの能動的オーディエンスの実践――すなわち聖地巡礼によって、アニメーションをめぐるアート・ワールドが地域社会とかかわり合いながら醸成していくことを指摘した。

荻野によれば、地域社会における「聖なる中心の構築は、社会秩序維持の問題と深く関わっている」[*52]。聖なる中心は、生きている者が神々、祖先と交流できる場所として構築されるが、歴史的建造物がその中心としての役割を担うことができるのは、その建造物が歴史性を有し、地域住民に共有されているという点にある。[*53] 一方で、戦後の地域開発による人々の移動によって、これまで地域で構築されてきた聖なる中心が機能しなくなることがある。したがって、その歴史性を共有できない場合は、新たな中心を創出する必要が生じる。

本章でみてきたように、現代社会においては、先祖や神々と結びついた聖なる中心に代わって、アニメーションの背景に描かれていた場所が新たな中心として想定されると捉えることができる。聖地は、ファンの行動によって自然発生的に生み出される場合もあるし、都市計画の一部として行政主導で創出される場合もある。いずれにせよ、作品に描かれている場所、それがありふれたものであっても、そこに文化的な意味を見出し、それを基盤とした共同性の認識が人々の結びつきを強化している。中心の創出は、都市の社会秩序を維持するために必要不可欠な実践なのである。

アニメーション作品の視聴にとどまらない聖地巡礼のような消費のあり方によって、開発により失われていた地域社会における中心が取り戻されようとしていることが示唆される。現代社会においては、消費は経済効果にとどまらない重要な意味を持っており、人々の消費のあり方が都市空間の価値を規定するといえよう。

＊1　幸内純一「トーキー漫画の作成法」日本漫画会編『漫画講座　第二巻』建設社、一九三四年、一二八頁。
＊2　マルチプレーン・カメラの開発の歴史に関しては以下を参照されたい。萩原由加里「マルチプレーン・カメラの立体感がもたらしたもの」『アニメーション研究』第一六巻二号、二〇一五年、一五－二五頁。なお日本では、マルチプレーン・カメラの原型は長編アニメーションの制作を企画していた横浜シネマにおいて設置され、『こがね丸』の制作で使用された。しかし、当時、軍事教育映画の制作が優先され、『こがね丸』は横浜シネマ初の長編アニメーションとして期待されてはいたが完成することはなかった。ヨコシネディーアイエー『映像文化の担い手として――佐伯永輔「ヨコシネ」の歩んだ70年』ヨコシネディーアイエー、一九九五年、三五－三六頁。
＊3　青木光照「漫画映画の技術　瀬尾光世氏と語る」『映画技術』一九四二年九月号、一六頁。
＊4　前掲、一六頁。
＊5　持永只仁『アニメーション日中交流記――持永只仁自伝』東方書店、二〇〇六年、八九頁。
＊6　青木「漫画映画の技術」一六頁。
＊7　佐野明子「『桃太郎　海の神兵』論――国策アニメーションの映像実験」『アニメーション研究』第二〇巻一号、二〇一九年、二三頁。
＊8　岡本亮輔『聖地巡礼――世界遺産からアニメの舞台まで』中公新書、二〇一五年、六頁。
＊9　前掲、iii。
＊10　「映像等コンテンツの制作・活用による地域振興のあり方に関する調査」二〇〇五年（二〇二五年二月二五日閲覧）。
https://www.mlit.go.jp/kokudokeikaku/souhatu/h16seika/12eizou/12eizou.htm
＊11　角川アスキー総合研究所編『アニメツーリズム白書２０１９』アニメツーリズム協会、二〇一九年、四－五頁。
＊12　小林は、一九六四年に東映動画入社。一九六八年に小林プロダクションを設立し、数々のテレビアニメーションの美術監督を歴任する。

＊13 小林七郎『アニメーション美術——背景の基礎から応用まで』創芸社、一九八六年、二〇頁。
＊14 ハワード・S・ベッカー『アート・ワールド』後藤将之訳、慶応義塾大学出版会、二〇一六年、四〇頁。
＊15 小林『アニメーション美術』三八頁。
＊16 「第2章　日常生活のよろこび——アニメーションの新たな表現領域を開拓」『高畑勲展——日本のアニメーションに遺したもの』NHKプロモーション、二〇一九年、五六-五八頁。
＊17 高畑勲『映画を作りながら考えたこと——「ホルス」から「ゴーシュ」まで』文春ジブリ文庫、二〇一四年、五九頁。
＊18 その後幾人かの画家によって描かれた挿絵つきの『ハイジ』が出版されている。「ハイジに出会うスイス旅」『月刊MOE』二〇一九年九月号、一五頁。
＊19 『高畑勲展』五六頁。
＊20 小田部羊一『「アルプスの少女ハイジ」小田部羊一イラスト画集』廣済堂出版、二〇一三年、八二-八三頁。「ハイジに出会うスイス旅」八-九頁。
＊21 『高畑勲展』八一頁。
＊22 前掲、五七頁。
＊23 前掲、五七頁。
＊24 高畑『映画を作りながら考えたこと』五九頁。
＊25 加藤幹郎「風景の実存——新海誠アニメーション映画におけるクラウドスケイプ」加藤幹郎編『アニメーションの映画学』臨川書店、二〇〇九年、一二〇頁。
＊26 新海誠へのインタビュー。『新海誠監督作品　君の名は。美術画集』一迅社、二〇一七年、二〇二頁。
＊27 前掲、二〇二頁。
＊28 アンリ・ルフェーヴル『空間の生産』斎藤日出治訳、青木書店、二〇〇〇年、一六二頁。

＊29　マテウシュの発言。『新海誠監督作品　君の名は。美術画集』二四頁。
＊30　前掲、二五頁。
＊31　同作は、第66回小学館漫画賞（二〇二〇年度、一般向け部門）受賞。二〇二四年には前後編でアニメーション映画化された後、全一八話のアニメーションシリーズが配信された。
＊32　『漫勉』公式サイト（http://www.nhk.or.jp/manben/asano/）より（二〇二五年二月二五日閲覧）。日本を代表するマンガ家・浦沢直樹がナビゲーターをつとめるＮＨＫのテレビ番組である『漫勉』シリーズの浅野いにおの特集回において、その手法が詳細に語られている。同手法は、背景の作画を簡便化するために行われているのではない。実際、書き込む量が多いため、編集・加工の作業には多大なる時間を要する。
＊33　前掲。
＊34　理念型については本書第2章の＊33を参照。
＊35　ベッカー『アート・ワールド』四頁。
＊36　前掲、一三六頁。
＊37　瀬尾祐一「ファンカルチャーの理論──ファン研究の展開と展望」『アニメの社会学──アニメファンとアニメ制作者たちの文化産業論』ナカニシヤ出版、二〇二〇年、二四頁。
＊38　永田大輔「コンテンツ消費における「オタク文化の独自性」の形成過程──一九八〇年代におけるビデオテープのコマ送り・編集をめぐる語りから」『ソシオロジ』第五九巻三号、二〇一五年、二二頁。
＊39　前掲、二七‐二九頁。
＊40　前掲、二九‐三〇頁。
＊41　山村高淑「アニメ聖地の成立とその展開に関する研究──アニメ作品「らき☆すた」による埼玉県鷲宮町の旅客誘致に関する一考察」『国際広報メディア・観光学ジャーナル』第七号、二〇〇八年、一五一頁。

＊42　前掲、一五七頁。

＊43　「さいたまつり」埼玉のまつり紹介公式サイト土師祭の歴史・見どころ（http://aitamatsuri.jp/）より（二〇二一年一月二八日閲覧）。

＊44　「らき☆すた神輿ものがたり」（二〇二五年二月二五日閲覧）。https://luckystar.wasimiya.com/ja/

＊45　ヴァルター・ベンヤミン「複製技術の時代における芸術作品」高木久雄・高原宏平訳『ヴァルター・ベンヤミン著作集2　複製技術時代の芸術』佐々木基一編、晶文社、一九七〇年、一九頁。

＊46　「初詣で過去最多四六四万人　アニメで話題の鷲宮神社、初単独二位」『毎日新聞』埼玉県版、二〇一〇年一月七日。

＊47　「聖地巡礼　涼宮ハルヒの憂鬱　兵庫県西宮市」（二〇二五年二月二五日閲覧）。https://purevisual.jp/seichijyunrei/suzumiya/haruhi.html

＊48　荻野昌弘「社会学における文化の位置」『ソシオロジ』第四五巻一号、二〇〇〇年、二六頁。

＊49　荻野昌弘「所有の欲望――人はなぜ文化遺産を欲望するのか」木村至聖・森久聡編『社会学で読み解く文化遺産――新しい研究の視点とフィールド』新曜社、二〇二〇年、五九頁。

＊50　岡本健編著『コンテンツツーリズム研究〔増補改訂版〕――アニメ・マンガ・ゲームと観光・文化・社会』福村出版、二〇一九年、五七頁。

＊51　前掲、五五頁。

＊52　荻野昌弘「「現在」を保存する社会――事物の社会学に向けての序論」土生田純之編『文化遺産と現代』同成社、二〇〇九年、一五頁。

＊53　雪村まゆみ「都市空間における中心の創出――フランス・ベルギーにおける景観調査より」『先端社会研究紀要』第九号、二〇一三年、五〇頁。

第8章

現代日本のアニメーション産業とアニメーター

戦争を経て現在に

1　日本は例外か?

第6章において、日仏両国家の共通点として「国家の境界を越えて存在する他者への認識が、国家の文化政策を推し進めた」結果、「アニメーション制作の分業に不可欠な大量の絵を描く「作画」を担当する「アニメーター」という職業が誕生し、アニメーションの生産組織編成が確立した」ことを指摘した。戦時期、アニメーションが開花した国々が幾多あるにもかかわらず、日本において戦後もアニメーションがつくられ続けたのは世界的にみてもまれなことといえる。その結果、現代において、アニメーションは日本文化として捉えられるほどとなった。映画雑誌『Caméra』において、戦時期のフランスでアニメーション制作を行ってきたアンドレ・リガルは、「フランスのアニメは死刑を宣告されているのか?」と題された一九四六年の記事で以下のように述べている。

アニメは生きた。それについてはもう語らないことにしよう。おそらく広告のアニメーションはまだ作られるだろう。しかし長編の映画はもう見られないと私は思っている、なぜなら、財政的な困難があまりに大きいからだ。作画家たちは、通常の商業的な経営では対応することのできないような要求額を表明する。おまけに、こうした作画家たちのうちかなりの数の人が絵を描くことができないし、人材の確保も非常に難しい。[*1]

実際、戦後長編アニメーションを手掛けるのは、レ・ジェモー社などに限られたし、それも継続することが困難であった。

ここで指摘されているように、アニメーションの制作には、経済的な地盤と動きを構成する絵を描くアニメーターの人材確保が必要不可欠である。日本では、国家の経済的支援が薄くなった現代社会においてなお、テレビ放映されるアニメーション作品が定期的かつ大量に生産されている。これは世界的にみても例外的なことである。では、なぜ、日本においてアニメーションの大量生産が可能なのか。日本だけが経済的に優遇されていたかというと必ずしもそうではない。むしろ、制作に従事するアニメーターの労働条件については今日的な課題が指摘されている。

序章でも述べたように、今日のアニメーション産業では、生産の効率化のために、各工程は分業化され、それぞれの工程が独立し、専門化した下請け制作会社が設立されている。その多くは、練馬区や杉並区に位置しているが、これは戦後すぐに発足した新日本動画社が練馬の地を拠点としていたことが大きい。[*2] 後述するが、キャラクターなどの動きのあるものの「作画」を担当している専門スタジオにはアニメーターが在籍しているが、その多くは社員ではなく、フリーランスで作品ごとに契約したり、カット単価の出来高制で契約したりしている。アニメーションの版権は、原作者あるいは出版社等に帰属しており、アニメーターが自ら担当した動画の著作権を保持することは皆無である。したがって、テレビの放映や映画の配給、あるいは関連商品の売り上げによる収益が彼らに分配されることはほとんどない。[*3]

アニメーション産業の興隆とは裏腹に、フリーランスのアニメーターの労働の対価が低く評価されていることはたびたび着目されてきた。美術学校でアニメーションの授業の講師を務める原田浩は、商業アニメーションの作画にかかわるアニメーターらの労働環境の改善が一九八〇年代から訴えられてきたが、いまだに対処されないばかりか、会社の机を借りて仕事を請け負う「個人事業主」とアニメーターをみなし、労働基準法の範囲外に置くことで、法的に守られない働き方を余儀なくされていると指摘している。[*4]さらにいえば社員として雇用関係を有するものは多くなく、人材の入れ替わりが激しいことが原因で、長らくその全体像を把握できていなかった。動画の八割を海外に委託していることによる人材の空洞化なども懸念されるようになり、二〇〇〇年以降は、アニメーターの労働に関する量的調査が行われ、その実態が断片的にではあるが把握されてきている。[*5]

ここでは『芸能実演家・スタッフの活動と生活実態　調査報告書2005年版――アニメーター編』(以下、『調査報告書2005』)『アニメーター労働白書2009』(以下、『白書2009』)『アニメーション制作者実態調査報告書2015』(以下、『調査報告書2015』)『アニメーション制作者実態調査報告書2019』(以下、『調査報告書2019』)を参照しながら、アニメーターの労働の特徴をみていきたい。[*6]とりわけ、『白書2009』をもとにしたシンポジウムでは二〇代のアニメーターの平均年収が一一〇万四千円であると報告され、アニメーターの賃金の低さが広く知られていく。「アニメ制作会社はあらかじめ固定されたラインを維持することが難しく、受注した作品を制作するための必要な労働力に応じて制作者を招集し、その都度生産ラインを確保するような対応をせざるを得ない」ことから、[*7]その制作に従事するアニメーターはフリーランサーという働き方によって常に不安定な労働環境にさらされてきた。

本章では、戦時期に誕生したアニメーターという専門職が戦後いかにして、日本のアニメーション産業に従事し、日本におけるアニメーションの大量生産に寄与しているのか、考察したい。

左の画像は、オープロダクションで作画に従事しているアニメーターの姿である。机を横並びに配置し、ライトが当てられた机上で黙々と作業している。戦時期に記録されていた朝日漫画製作所のアニメーター（本書一一五頁）と比較してみるとわかるように、アニメーターの作画スタイルは、戦時期から継承されている。

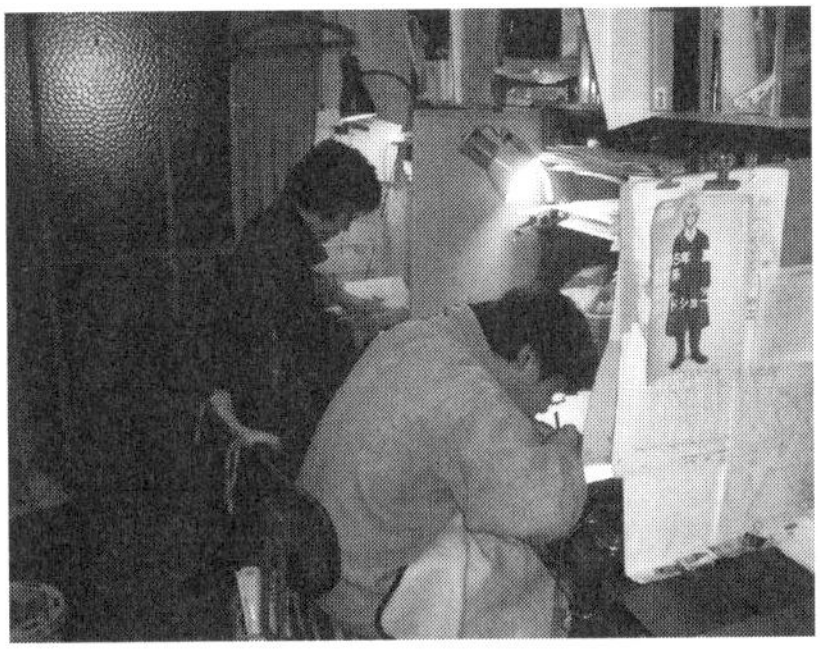

オープロダクションにおけるアニメーター（2004年12月27日筆者撮影）

これまで戦後のアニメーション制作については、戦時期との連続性を日本のアニメーション・スタジオ史としてまとめた研究や[*8]、占領期におけるアニメーション制作の実態[*9]、アニメーション産業の中心的な存在である東映動画の通史的な企業研究[*10]といった研究が蓄積されてきた。それらの先行研究をもとに、戦中から戦後にかけてアニメーターがアニメーション産業においていかなる役割を果たしているのか、について検討し、専門職としてのアニメーターがいかに現在のアニメーションの興隆を支えているかを示したい[*11]。

2　アニメーターの再結集

戦後復興期のアニメーターの仕事

戦時期、教材映画研究所において、軍事教育映画の制作に従事していた山本早苗は、占領期のアニメーション制作に関して、次のように回想している。

［一九四五年］九月十日に米軍の司令部へ行った。（中略）私達はそこでロバート大尉という映画の担当者を紹介された。（中略）私は通訳を通して「我々は漫画映画（動画）を製作する会社の者である。戦争が終り、仕事が来なくなってしまったので、休んでいては社員が食べていかれない。何か仕事を与えて欲しいと思って頼みに来た。もしくは、自分達が仕事を見つけて来て製作を始める許可を出して欲しい。どちらかの返答を頂きたい」と申し出た。（中略）彼はにこやかな笑顔を向けて「お目にかかれて大変嬉しいと思う。実は我々はそういう人を探していたのだ」と大きな手を出した。[*12]

山本が、手記で述べている「ロバート大尉」は、『連合国最高司令官総司令部民間情報教育局の人事と機構』[*13]によると、当時、動画（Motion Pictures）課に所属していたH. L. Robertsであると考えられる。教材映画研究所は、一九四三年二月に青山三郎と山本早苗らによって、練馬の茂原研究所の一部門として発足したが、終戦とともに解散した。[*14] ＣＩＥ（民間情報教育局）からアニメーション制作の許可を得た山本は、「他の映画会社に先んじてＣＩＥの仕事の発注を受けることになった」のである。[*15] 直後にＣＩＥより具体的な仕事が提示されたかどうかは不明だが、東宝から『桜』制作の受注があったことにより、多数のアニメーターを参集させる必要が生じた。[*16] その結果、一九四五年一二月五日、新聞広告で「漫画映画研究生」を募集し、[*17] 職を失っていた一〇〇人あまりのアニメーターを集め、新日本動画社を組織したという。茂原研究所の数軒隣の民家を社屋として、[*18] 幹部には山本をはじめ村田安司、政岡憲三、西倉喜代次らが名を連ねており、戦時期、占領期にアニメーション制作に携わったアニメーターが集結することになる。

『桜』を発注した東宝は、第3章で詳述したように軍事教育映画を制作した航空教育資料製作所を擁していた。戦後は軍需の消失により、特殊撮影の技術を劇映画などの制作に転換していく必要が生じていた。劇映画の増産が目指されるなか、新日本動画社は東宝の下請けとして、制作を開始した。[*19] 続けて、『すて猫トラちゃん』（一九四七）の制作に取り組むが、スケジュールの遅延による製作費の不足が生じ、利益はほとんどなかったとされる。戦後は、国家に代わり民間の大手映画会社が製作に乗り出すが、継続的にアニメーション事業を行うことは経済的にも簡単なことではなかった。

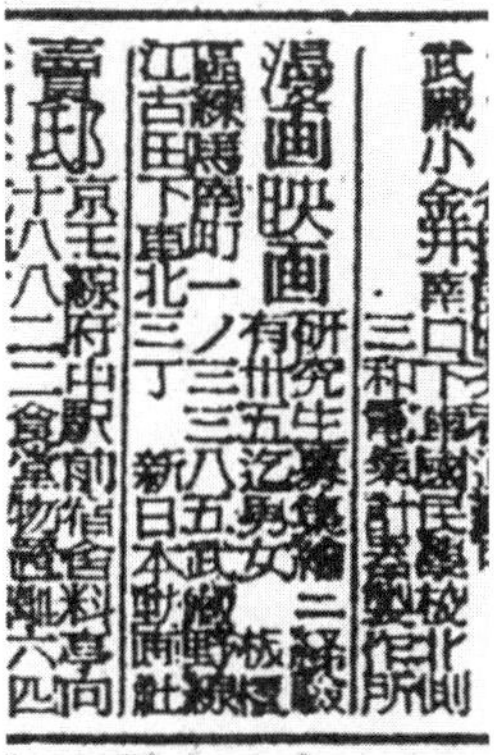

朝日新聞に掲載された漫画映画研究生募集の広告（1945年12月5日）

経済的問題の克服は製作者らにとっては死活問題であった。当時、映画館経営会社株や映画製作会社株が株式市場で活況で興行株ブームといわれていたが、そのなかで新日本動画社は、計理士の飯島徳太郎が出資したことにより、日本漫画映画社へと発展した。村田、西倉が飯島を招致したことで、日本漫画映画社は「大資本を備えた独立プロダクション」の様相を呈した。[20] 飯島が主導することにより、増資が計画され、その一部は「株式公開によって調達された」。[21] 株式募集のパンフレットには「漫画映画は言葉を超越した芸術として国境を越えて大衆に親しまれ、且つ年齢、性別、知識、職業の差別なく一般に喜ばれるものとして、その普及性は劇映画及び文化映画に勝るものであります」と記されているという。[22] 第2章でも言及した通り、アニメーションの大衆性および国際性は、戦時期において発見された特性であるが、戦後、民間企業がアニメーションを製作する際にも強調されている特性である。いずれにせよ、増資によって、経済的な地盤が強固になり、「大資本を背景に大規模な制作体制によって」、短編とはいうものの、その量産に成功したことが指摘されている。[23]

しかし、日本漫画映画社は、独立プロダクションへと形態を変えた際に東宝との関係が消失してしまったことから、配給と上映に問題を抱えていた。それは『王様のしっぽ』（一九四九）の配給において露呈することとなる。『王様のしっぽ』とは、『桃太郎　海の神兵』の監督であった瀬尾光世を演出に迎え、制作期間一年一〇か月、総費用六〇〇万円をかけて制作された四七分の大作であったが、当時は、[24] 大手映画会社が独立プロダクションの作品の配給を拒絶しており、映画館での一般配給が叶わなかったのである。[25] この配給失敗を契機として、一九五〇年以降は「ほそぼそと図解映像の下請けを行う」ほどに制作体制が縮小したのである。[26]

村田安司らが日本漫画映画社を運営していく一方で、山本らは独立し日本動画社を設立した。日本動画社は、日本動画株式会社と改称し、一九五二年、すでに解散していた東宝図解映画株式会社の人材と機材を引き受け、日動映画株式会社となった。[*27] これが、序章に述べた『白蛇伝』（一九五八）を制作した東映動画株式会社の母体となるのである。

映画配給会社の東映であるが、一九五三年に民間テレビ放送が開局されると、テレビのコマーシャルフィルムとしてのアニメーションの需要が高まった。実際、初期のテレビコマーシャルの半数がアニメーションを用いたものである。[*28]「漫画映画は広告映画と共にテレビと不可分な関係にある」ことから、一九五五年三月「漫画映画自主製作委員会」を設けた。そして、その後『白蛇伝』を演出することとなる藪下泰司らをアメリカに派遣し、各動画スタジオを視察、調査させた。その結果、「映画輸出の欠点といわれていた日本語の非国際性を絵と動きで十分に理解させ得る漫画映画の外国市場の進出」が期待され、一九五六年、東映は、従来アニメーション制作を委託していた「日動映画株式会社」を傘下に収め、東映動画を発足した。[*29] ここでもまた、大衆に対する宣伝および「非国際性」の克服という点でアニメーションの可能性が評価されていることに注視すべきである。東映動画設立後の第一作は『こねこのらくがき』（一九五七）であったが、初期の作品は短編で、アニメーション制作に「初めて取り組むスタッフの訓練、とりわけアニメーター育成の側面」があったという。[*30]

ここで戦時期にアニメーション制作をしていた他の企業の状況もみてみよう。朝日映画社は、従業員の反対と占領軍司令部の命令で解散を取りやめ、一九四五年一二月に再発足した。そして、一九四七年一月に新世界映画社と改称した。同社は、「新世界映画社映画教室」という番組を編成し、「従来提携していた松竹系以外の映画館にも販路を拡張し」「配給館一二〇〇を数えた」[*31]。第6章で扱った『魔法のペン』は、『こども新世界ニュース』や『登呂』[*32]（線画の説明）や『おやゆび姫』[*33]（影絵映画）とともに番組を構成する作品だった。つまり、子ども向けの番組の一部として制作されていた。

アニメーションは、戦後、民主化教育と結びつき、映画館で上映する映画教室用番組として制作されていたのである。そして、戦時下に誕生したアニメーターは、戦後のアニメーション制作においても中心的な役割を担っていた。たとえば、GHQ占領期[*34]において制作されたアニメーションでもある『魔法のペン』は、戦時下にアニメーターとして従事し、『くもとちゅうりっぷ』などにかかわった熊川正雄が演出している。戦時期の東宝航空教育資料製作所で技術を磨いたアニメーターは、映画教室用番組を制作する東宝教育映画部において、アニメーション映画の制作に従事していた[*35]。これは、アニメーション制作者の戦中、戦後の連続性を示している[*36]。

テレビシリーズの台頭

テレビアニメーションシリーズは、虫プロダクションによる一九六三年放映の『鉄腕アトム』にはじまるが、東映も精力的にその制作に取り組むこととなる。一九六四年六月放映開始の『少年忍者風のフジ丸』、一九六五年二月放映開始の『宇宙パトロールホッパ』を皮切りに、「テレビシリーズを「金の卵」と見た東映動画が、その制作を重視し、増員と社屋増築」を行った[*37]。しかし、「社員アニメーターが厚遇を受ける期間は、二年も続か」ず、一部は契約者へと切り替えられる[*38]。さらには、作画や仕上げを中心に受注する専門スタジオが形成され、制作体制が外注によって成立することも少なくなる。テレビシリーズの制作が企画されて間もなく、「社内人員の縮小」に伴う「人件費の抑制」が目指され始めていたことがみてとれる。[*39]「制作コストの上昇と、スポンサー動向によるテレビシリーズの急な増減」を背景として、社員ではない契約者を増加させると同時に、専門スタジオへの外注が定着していった。[*40]

一九七〇年代前後は、劇場用長編アニメーションおよびテレビシリーズの制作も充実し、東映におけるアニメーション製作が軌道に乗る一方で、制作体制は、一九七二年の「大規模な人員削減と制作規模の縮小」に象徴的なように、経営の合理化が推し進められた。[*41]これは東映に限ったことではなく、多くの元請けアニメーション製作会社が共有している課題であった。たとえば、『鉄腕アトム』を制作した虫プロダクションは、一九七三年一一月に倒産し、「主要スタッフが外部へ流出・独立し、いくつかのアニメーション制作会社を立ち上げ」た。[*42]このように、アニメーションの大量生産体制を維持するために、多くの専門スタジオが設立され、フリーのアニメーターがアニメーション制作の大量生産を下支えすることとなる。

3　現代のアニメーターの労働とその有機的つながり

アニメーションの大量生産を支えるアニメーター

アニメーターの働き方は、アニメーション市場の動向に影響を受け、それに対応するために変化してきたといってよい。現代のアニメーターの労働に関して継続的にフィールドワークを行っている永田大輔と松永伸太朗は、一九七〇年代末から一九八〇年代において、日本国内における「アニメブームという市場変動」によって、放映作品が増加することで生じたアニメーターの労働規範の変容について明らかにしている。[*43]当時は、放映作品数の大幅な増加（一一頁の図1参照）によって、新たに多くのアニメーターが必要となった。そのため「レジェンド・アニメーター」の大塚康生は、制作現場では「少々経験不足でもどんどん投入せざるを得ない、そして、作品の質を守るためにはだれかがそれをカバーしなきゃならない――そんなところから作画監督という制度が生まれた」と述べていた。[*44]複数のアニメーターが一つの作品に従事するため、「顔の統一」も含めて、作画監督が全体を通して修正していく必要があった。

一方で、一九九〇年代は、放映期間の短期化を背景としてアニメーター間のコミュニケーションの減少が指摘されている。多くの新作アニメーションが制作され始めるが、それらは一クール（三カ月）から二クール（半年）の放映が主流であり、作品ごとにアニメーターが招集される場合、「その作品が終われば別の現場に移動しなければならず」、アニメーター同志の交流の機会が少なくなったといわれている。[*45]

さらに、二〇〇〇年代に入ると、仕上げ、背景、編集といった作画の後に行われる作業のデジタル化が進められるようになる。作画以降の工程がデジタル化されることで、トレス、彩色工程において、セルが乾くのを待つ必要がなくなったことから彩色は飛躍的に効率があがったため短時間で作業が可能になった。編集においてもデジタル化は放映日間近までデータの差し替えができるため、「演出や作画監督がぎりぎりまで絵を直すことができる」のである。[*46]

ただし、デジタル化によって画像がより鮮明になったために、これまで以上に細密な描画がアニメーターに要求され、かえって作業量が増えるという側面が指摘されている。合わせて「従来の強弱のある線から、均一的な線を要求されることから、美術面での表現の制約が狭まっている傾向にある」ことが懸念されている。[*47] これは一九九〇年代半ばより隆盛する「深夜アニメ」を契機とする、制作本数の増加によるところが大きいが、二〇〇六年をピークとして、制作本数が一〇年前の二倍以上（一一頁の図1参照）となり、「十分な訓練を受けていない若手アニメーターを原画として起用せざるを得なく」なった。[*48] 制作本数の増加、放映期間の短期化といったアニメーション市場の変動、さらにはアニメーション制作におけるデジタル化によって、アニメーターの働き方は変化しているといえる。したがって、現代のアニメーション産業に従事しているアニメーターにおいて、ベテランアニメーターと若手のアニメーターのあいだには、その働き方や同業者とのかかわり方に差異が生じていることが指摘されている。[*49]

ここからは、二〇〇〇年以降に行われた量的調査の結果や、アニメーターの著書および筆者が行った作画の専門会社であるオープロダクションにおける聞き取り調査で語られた言説を参照しながら、現代におけるアニメーターの労働について考察したい。

オープロダクションは、一九六〇年代からアニメーション制作に従事していたアニメーターの塩山紀生、村田耕一、小松原一男、米川功真によって一九七〇年に設立された、[*50] テレビアニメーションの黎明期から現在に至るまで同産業を下支えする老舗プロダクションであり、「オープロ」と呼ばれ親しまれている。現在も、ベテランから若手まで幅広い年齢層のアニメーターが所属している。

集団的制作

アニメーション産業は「基本的に熟練した労働者を必要とする受注産業であること、また受注産業としての不安定性とそのフレキシビリティに対処する形で雇用のあり方が整備されてきた」[*51]。ほとんどのアニメーターは、アニメーション制作の作画を担う専門スタジオに所属し、プロダクションに依頼された仕事を担当する。特定の制作会社とのあいだに雇用関係を有しておらず、報酬は、完全出来高制が大半を占める。『調査報告書2019』によれば、正社員が一四・七パーセントに対して、不定期で仕事を請け負うフリーランス的な働き方は七六・一パーセント（フリーランス五〇・五パーセント、契約社員六パーセント、アルバイトやパート〇・五パーセント、自営業一九・一パーセント）となっている。

プロダクションに在籍するアニメーターの仕事の特徴は、次々にプロダクションに依頼される動画の断片を描くという点である。たとえば、オープロダクションの玄関には、複数の元請プロダクションから依頼された原画が置かれている棚が設置してある。プロダクションに所属するベテランアニメーターが取り仕切り、手が空いているアニメーターで、その棚に置かれている原画を分担して請け負う。作品によってはベテランアニメーターが難しい作画を任されており、安定的に入ってくる仕事もある。分担したカットについては、脚本やキャラクター設定、絵コンテをもとに、動きを構成する絵を描いていく。したがって、アニメーターが特定の作品の全工程にかかわることはほとんどない。また、個人の嗜好を基準に、担当するカットを必ずしも選択できるというわけではない。

オープロダクションの創業メンバーであり、生前、社長でもあった村田耕一[*52]は、アニメーターに必要な能力は立体を正確に捉えるデッサン力と述べていた。新人のアニメーターを採用する際には、「見たものをそのまま描くこと」ができるかどうかが条件となる。また、プロダクションに所属したアニメーターは、プロダクションに依頼された仕事を分担して行うため、「何でも描けなくてはいけない」し、「レパートリーが広くないとだめ」と指摘している。仕事の特徴については、次のように述べている。

つぎつぎ違うのがくるから、違うキャラクターが。だからマンネリズムにならない。常に新鮮。そのかわり何でも描かなくちゃならない。あるときは波もあるし、火も描かなくちゃならないし、風も描かなくちゃならない。風なんか目に見えないんだけどね。ばたばたさせれば風みたいにみえる。ひゅっと流したりする場合もあるけどね。それが面白いんですよ。なんでも描かなくちゃいけないんだけど、それが動くとまたね、面白いんですよ。

つまり、アニメーターは、動物、人、ロボットといったキャラクターだけでなく、波、火、風といった自然物まで、どんな物の動きも描かなくてはならない。アニメーターは、個々の作品に特化するのではなく、あらゆるタイプの原画に動きをつける専門職といえるのである。

ベテランアニメーターの才田俊次もアニメーション作品の全体の流れを把握することの重要性を次のように指摘している。

むかしから変わらずに大きい流れでもってみていく、このごろだと絵柄が細かいですから、一枚一枚の絵にこだわってしまうと全体の動きが、流れがよくみえなくなってしまうところがあると思うので、まず大きい流れを設計しといて、そこにキャラクターをあてはめていくというような、そういう順序でやったほうがいいんじゃないか、よくいうことですけれどもね。[*53]

「一枚一枚の絵にこだわ」る傾向というのは、作品によって、原作を忠実に再現することが重視されることを意味している。かつては、アニメーターが描いた絵によって、キャラクターがいかに演技するのか、という点が評価され、キャラクターの動きの独創性が作品の魅力となっていた。一方で、アニメーション作品が大量生産され、ファンの嗜好にしたがって細分化されていくなかで、原作のキャラクターがどれだけ忠実に映像化されているのか、という点が評価される場合も出てきている。

海外の大学でアートアニメーションを専攻していたアニメーターの村橋亮佑は、作品全体の把握に関して次のように語っている。

できるかぎり自分で絵コンテを読んだりですとか、設定に目を通したりとか、完成している一部の映像をみたりとかもしますけれども、どちらかというと、入ってくる仕事をこなして、あとでみたらけっこう自分は重要なシーンをやってたんだなと思うこともあることはあります。[*54]

自身の担当部分が作品全体にいかに位置付けられているのか意識しながら分担しているアニメーターもいる。ただ、現実的には、作品全体を理解したうえで取り組める場合ばかりではない。アニメーターは、あらゆるタイプの原画に動きをつける専門職のため、一人のアニメーターが様々な作品制作に従事し、一つの作品制作にだけ取り組むというわけではないからである。[*55] つまり、アニメーション作品の発信するメッセージに賛同するかどうかにかかわらず、多数のアニメーターが断片的にその制作に従事しているといえる。

アニメーション制作に関して分業が前提となり、多数のアニメーターが従事した動画の断片の集積が一つの作品となることに関しては、巨匠・高畑勲が危惧していたことと通じる。当時東映に所属していた高畑は、『太陽の王子　ホルスの大冒険』（一九六八）を演出、監督した際に「民主的な集団制作の方法」を模索していた。高畑を偲んで企画された『高畑勲展――日本のアニメーションに遺したもの』においては、高畑が作品に携わるすべての者が作品を理解することを目指していたことに着目している。

高畑は、分業が避けられないアニメーション制作の現場において、作業の全体を見渡せる者と、そうでない者との序列が生まれてしまうことを問題視し、皆が平等に作品参加できるようなシステムを構築しようとした。企画、脚本、演出、キャラクターデザイン等にスタッフの意見や絵柄が反映できるような仕組みをつくりたいとするメモが残されている。作画監督を務めた大塚康生によると、「私たちスタッフにも一緒に考えてくれるよう克明な人間関係の図式や創作ノートを配布して、完成度の高いドラマを目指して苦闘して」いたという。[*56]

脚本の初稿はただちにコピーしてスタッフに配布し、作品世界をスタッフとシェアするだけでなく、色分けしたチャート、登場人物の複雑な人間関係がわかる資料、心理状況を示した図などを作成し、スタッフと共有していたという。高畑のメモからは「作品参加の機会均等」として、スタッフの「主な」役割が決まっている分業化された仕事とは異なり、常に全体を見渡し、意見できるような環境を目指そうとしていたことがよく示されている。[*57]

専門的知識と技能の伝達

アニメーターは、映像の動きを構成する絵を描くという点で、専門的な知識と技能が必要となる。かつては、アニメーターの養成は仕事場で行われるというのが主流であった。テレビアニメーション黎明期に、虫プロダクションやピー・プロダクション[*58]においては、政岡憲三がアニメーターの養成を担当していた。出版されることはなかったが、政岡が戦後すぐの時代に日動映画の社内教育向けに執筆した『政岡憲三動画講義録』が用いられ、アニメーション番組の量産に対応すべく多数のアニメーターの養成が目指された。[*59]虫プロダクションに所属していた平田昭吾は、手塚治虫に紹介されて政岡の指導を受けており、そのときの講義録を一部公開している。政岡は『政岡憲三動画講義録』をもとに「非常に解り易く、実践的な講義をしてくれ、約一か月の研修で、参加者全員がアニメーターとしての基礎を身につけることができた」という。[*60]制作に必要不可欠なアニメーターは現場で養成されていたのである。

一九七〇年代、アニメーション制作にかかわる仕事の情報が限られているなか、才田は、アニメーションに携わる仕事として撮影そして仕上げ工程に従事したというが、一年ほど従事するなかで必ずしも「うまい人」ばかりではないことに気づく。仕事場に運ばれてきた「うまい動画」がオープロダクションの小松原の描いたものであったことから、「この人に教われば早道だろうということでオープロの門をたたいた」という。[*61]

一方で、今日、アニメーターは、アニメーションの専門学校や養成所、美術・デザイン系の大学で、知識や技能に関する教育を受けている者が多い。二〇〇四年の調査では、「アニメの専門学校・教室・養成所などで教育を受けた」と回答している者が七一・一パーセントとなっている（『調査報告書2005』）。同じ設問が他調査ではないため、学歴に関する調査結果をみてみると、『調査報告書2015』においては専門学校卒四三・七パーセント、大卒三四・八パーセント、『調査報告書2019』においても専門学校卒三九・六パーセント、大卒三五・一パーセントと報告されている。専門学校、大学の専門分野を問うてはいないため、断定することはできないがアニメーターの仕事にかかわる教育を受けてきた者も少なくないことが推察される。

一方で、仕事は現場で覚えたと回答する者の割合も大きい。『調査報告書2019』の調査結果にも顕著に現れており、「技能・技術の習得方法」についての設問に関しては、「制作会社（組織）に所属して」七四・三パーセントが、教育機関で学んだという六〇・七パーセントを上回っている（内訳「専門学校・

養成所等で」四六・六パーセント、「その分野の専門の大学院、大学、短大で」一四・一パーセント）。とりわけ「現在の仕事に最も役立っているもの」という設問に関しては、半数が「制作会社（組織）に所属して」（四七・六パーセント）を挙げており、「専門学校・養成所等で」は五・八パーセント、「その分野の専門の大学院、大学、短大で」は二・九パーセントにとどまっている。

制作会社、つまりスタジオは、アニメーター養成の場となっているといえる。オープロダクションの村田は、アニメーターの養成について、次のように語っていた。

オープロの場合は一ヶ月の研修期間[*62]があるんですが、実際の仕事をやってもらいます。結構できますよ。学校でやっている時間は少ないいんだけど、こういうところに放り込まれれば、すごい長時間やりますから、一日八時間くらいやる人はやってますからね、描き続けて。たちまちうまくなるよね。学校だと実習の時間が少ないから。うまくならない。描かなければうまくならない。講義ばっかり聞いていても……。

村田によれば、アニメーター養成のための専門学校は多数設立されているものの、専門学校での授業は実際の仕事には直結しないという。アニメーターの養成は、アニメーターが実際に下請け企業に所属し、仕事として作画をこなす日々の実践によって可能となる。

このような考え方が基本となり、アニメーション制作会社が集積する杉並区において、「アニメの杜すぎなみ構想」の一環として、二〇〇二年よりアニメーター育成事業「アニメ匠塾」[*63]が開始された。「アニメ匠塾」では、アニメーター志望者を募集し、作画の専門スタジオにて、実際の仕事をしながらアニメーターの技術を高めていくことが目的とされており、オープロダクションにおいても「アニメ匠塾」の塾生を受け入れていた。かつて塾生であったアニメーターの小川麻衣は多様な世代が集まっているプロダクションの意義について、「オープロは才田さんとか矢吹さんとか石之さんとかベテランの方がいらっしゃってて、すぐ聞ける環境にある」[*64]と語っており、仕事をしながら作画のスキルを上げる環境が整備されているといえる。

ベテランと若手が机を並べるアニメーターの仕事場（2016年3月、筆者撮影）

オープロダクションのベテランアニメーターである石之博和は、タツノコプロ出身のアニメーターであり、退社後は撮影を行っていたトランス・アーツ社（現在は廃業）で制作部門の立ち上げに尽力したのちフリーランスとなったが、[*65]現社長のなみきたかしに声をかけられて、「ずっとフリーでやっててもいきづまるので、ちょっと入ってみようかな、ということでオープロに入った」と述べている。「普通、プロダクションてそんなに大きなスペースもらえないから、個室とかないんで」[*66]と述べるように、仕事場はキャリアにかかわらず、ワンフロアに横並びに配置された個人の机である。そのため、上の画像にあるように一人で取り組む仕事（作画）ではありつつ、他のアニメーターの仕事の様子を感じられる職場環境といえる。『調査報告書2015』においても就業場所に関しては、九〇・六パーセントが制作会社、七・一パーセントが自宅と答えているが、若手にとってベテランと隣接した机で仕事を行うことは、作画の技能を高めることに大いに役立っている。職場が、仕事場であると同時に養成所としての役割を果たしていることがわかる。

長年、スタジオジブリにて作品制作に従事していた舘野仁美は、自身の経歴のなかで、職場で仕事をすることの必然性を語っている。アニメーターを目指して東京デザイナー学院アニメーション科を卒業後、「小さな作画スタジオ」に入社するも退社し、フリーランスのアニメーターとなり自宅で仕事をしていたが、「生活は苦しく、ルームシェアしなければ家賃も払えなかった」という。ただ、舘野が著書のなかで強調していることは、アニメーターの経済的な困窮というよりは、「ただの中割りしかできずに、このまま何年も外注をしていてはダメ」というように、技術のスキルアップに関する点といえる。「先に描かれた動画に、単純な中割りではない動きが入っていた」ことに気づき、「誰が描いた動画だったのかはわか」らないが、動画であっても実力の差が如実に出ていることから、自身のスキルアップを目指そうとしたと振り返る。このとき、舘野は、「誰かにもう一度、しっかり基礎から教わりたい」、どうしたら「必要なときにリアクションをプラスできる、いい動画になれるんだろう？」と考え、『白蛇伝』に参加した経験を持つアニメーターの大塚康生の所属するテレコム・アニメーションフィルム（以下テレコム）の入社試験を受ける。[*67] テレコムは当時、宮崎駿や高畑勲も所属しており、舘野がのちにスタジオジブリに移籍することにつながっている。

テレコムでは、「動画チェックの原恵子さんが、びっしりと自筆の注意書きをつくって指導してくれました。外注動画だけをしているだけでは知り得なかったことがこんなにあるんだと面食らいました」という。[*68] 動画チェックとは、『アルプスの少女ハイジ』のときに発明された役職で、クレジット上では、「動画検査」と表記される。「動画の仕上がりをチェックし、よくないところがあれば直す仕事」であり、制作スケジュールがタイトで、一度に大量の動画が仕上がってくるときに、急場で動画を直し、編集につなげる役回りだ。動画チェックは、「動画の品質管理」を担っているのであるが、[*69] 日常的にも動画の仕上がりに対して修正を求めることは、アニメーターの教育的な側面があるといえる。舘野は、動画マン時代に動画チェックの指導のもと、アニメーターとして着実にスキルアップしていくのであった。

その後、舘野はスタジオジブリに移籍し、動画チェックの職位につくことになる。舘野がそうであるように、アニメーター経験者でなければ動画チェックを務めることは難しい。スタジオジブリにおける動画チェックの仕事では、「カット出し」と呼ばれる、動画マンに担当する「カット」を振り分ける仕事を行うことで、「手が空いている人をつくらない」ことに加えて、「動画マンにはそれぞれ技術力の差や得手不得手がありますから、それをわかった上で適任者に振り分けることがすごく大切になって」くるという。[*70]

このような「カット」の分担はオープロダクションにおいては、アニメーター間で日常的に行われている。実際、オープロダクションにおける仕事の割り振りは、カットによっても異なるが、ベテランと若手が組んで取りかかることが多く、ベテランが若手の描いた絵をチェックすることも少なくない。同業者に評価されることで次の仕事にも結びつくし、他の制作会社の信頼が得られた場合は、一人で別の仕事を取る場合もある。[*71]

永田と松永によれば、不安定な労働条件のもとアニメーターの定着が可能になる条件として、ネットワーク型の組織的特徴を挙げている。アニメーターは「同業者ネットワークを組織し、コミュニティの中で相互評価に基づくスキル形成や助け合いを行いながら長期的なキャリア形成を行う」ことで、アニメーション産業に定着すると指摘している。[*72]

職場が養成所としての機能を担い、ベテランと若手が連携しながら、日々の仕事をこなしていくことは、先述した集団的制作と密接にかかわっている。したがって、アニメーション制作に重要なことはその制作にかかわるアニメーターが常に有機的につながりあうことである。なみきは、アニメーション制作者らが職分を犯しながら有機的につながっていくということについて、以下のように語っている。

日本の場合は、わりと日常的にそういう職種にしばられない作業というものが常に発生していて、それがやはり日本のアニメーションを面白くした要素でもあるわけですよね。（中略）

かつての大スタジオの時代にはすべての部門がひとつ屋根の下で作業していて、互いに越境して相談したり、よそ見しながら作っていったりしたわけです。作画の人も、彩色や撮影の実際を知らないで作画してはいけないし、使い物にならないことになる。アニメーターは絵を描くだけですが、ちょっとずつほかの職種に興味を持つことが絶対必要です。絵コンテを描いて演出的なものに才能を伸ばしてくる、そういう成長する要素が日常的にあればうれしいと思うんです。[*73]

このような仕事のやり方は職場を共有するなど、全体を見据えておかなければ実現できない。一方で、実際には制作費の問題からアニメーターは出来高制によって仕事を請け負っているため、他者の仕事までを見渡す余力がないことが多い。その傾向が大きくなればなるほどアニメーターのネットワークが分断されてしまうのである。

4　日本のアニメーション産業はいかに維持されているのか

アニメーターの報酬に関して調査ごとにみていくと、『労働白書2009』によれば、「動画（TV）1枚単価平均：201円」であるため、量をこなさないとある一定の収入をえることができない。とりわけ、動画を担当するアニメーターは若手が多いとはいえ、動画担当の一日の平均労働時間は、一〇時間五三分と長時間であるにもかかわらず、平均年収は一〇四万九千円と報告されている。続く『調査報告書2015』では、一日の平均労働時間は一一時間で、アニメーター全体の収入の平均は三三二万八千円であるが、二〇代前半の平均でみれば一一二万円である。『調査報告書2019』では、アニメーター全体の収入の平均は四四〇万八千円、二〇代前半の平均は一五四万六千円となり、上昇傾向にあるが、同世代全産業の平均と比べるといまだに低い水準にとどまっていることがみてとれる。[*74] 概して、経験の浅い若手アニメーターは長時間、低賃金労働が強いられていることがわかる。アニメーターは、専門的な知識・技能を習得し、作品の断片的な制作に従事しているが、その労働に対する対価が十分に見合っていないということが常態化しているといえる。

アニメーターの働き方については、「〈やりがい〉の搾取」[*75]の問題として指摘されることもある。「〈やりがい〉の搾取」とは、文化にかかわる労働において特徴的といえるが、労働の内容が労働者の趣味や専門性と密接に結びついているため、労働現場と日常生活との連続性のなかで労働に没入していることから生じてしまうものである。高度消費社会においては、自らの嗜好性に基づいた進学が選考されており、その知識、技能の習得に投資される。専門教育への投資は、「好きなことを仕事にする」という点では合理的な選択である。仕事の動機としては、絵を描きたかったから（七四・二パーセント）、アニメーションの仕事をやりたかったから（六九・一パーセント）、憧れていた作品や作家がいたから（三八・一パーセント）を挙げている者が多い。[*76] 国内専門学校等の卒業生は毎年約一二〇〇人といわれている。[*77] 自らの嗜好や保持する専門知識や技能に結びついているため、「好きなこと」を仕事にしているという達成感によって、労働の搾取を受け入れる傾向にあるのではないかと懸念される。

『調査報告書２００５』によると、「いまの仕事をできるかぎり続けたい」[*78]と思う者は、八二・五パーセントである一方で、「自分の将来に明るい見通しを持っている」という設問に対しては、八一・四パーセントが悲観的である。[*79]『調査報告書２０１９』の結果においても、「働ける限りアニメーション制作者として仕事をつづけたい」が六三・四パーセントでありながら、「安心して仕事に取り組むことに必要なこと」で最も高い割合であったのが「報酬額が増えること」である。仕事の継続には経済的安定が不可欠であることがみてとれる。

永田と松永も指摘しているように、「若手アニメーターは産業への定着の見通しを得ることに困難を覚えている」。「定着には継続的な仕事の獲得とそれを支える自らへの安定した評価が必要であ」るが、それらが欠如していることに不安を感じているからである。[*80]「継続的な仕事の獲得」および「自らへの安定した評価」は、他のアニメーターと職場を共有することが大きな意味を持つ。元請け制作会社の設定する締め切りに間に合うように、プロダクション内での仕事の分担がアニメーター間で融通され、それらの日々の実践が、若手アニメーターの仕事の獲得、安定した評価に結びつくことになるのである。その意味で、職場を共有することは、若手アニメーターがアニメーション産業へ定着することに必要な条件といえよう。昨今、アニメーション制作のデジタル化が進み、自宅や遠隔地での仕事が可能になっている。賃労働の個人化がすすむことで、集団制作のはずのアニメーション制作が脱集団化してしまう可能性があるが、作画の専門スタジオ等の職場は脱集団化に抗する砦となっているといえる。一方で、主な就業場所について、『調査報告書2019』では制作会社が六八・三パーセント、自宅が二七・二パーセントと、二〇一五年（九〇・六パーセントが制作会社、七・一パーセントが自宅）と比較して自宅で行う者の割合が激増している。[*81]

前述したようにアニメーション制作会社は、戦後すぐに発足した新日本動画社以来、東映動画（現、東映アニメーション）を中心として練馬区、杉並区に集積してきた。納品が現物であることから、テレビアニメーション初期から虫プロダクション、竜の子プロダクション（現タツノコプロ）を筆頭にその傾向は維持された。[*82]しかし、デジタル化が進むことで、東京都内に本社があるアニメーション制作会社が地方にスタジオを開設する事例も見受けられる。かつての地方スタジオは、プロダクションI.G新潟スタジオ（一九九一設立）のように「概ね手描き作画のスタジオとして設立されてきた」が、二〇一〇年以降はデジタル作画を前提としているのである。[*83]また「地元の教育機関と連携して人材育成・採用活動を行」う事例もあり、「東京一極集中の産業構造」から脱し、地方における就業を可能にすることで、慢性的な人手不足の解消が目指されている。[*84]

いずれにせよ、アニメーターにとって、個別に仕事をこなすだけでなく、日常的な職場におけるコミュニケーションは、産業への定着という意味で必要不可欠な要素である。日本のアニメーション産業において、多数の作品が同時並行的に制作されることが可能となるのは、専門スタジオに所属するベテランから若手まで、多数のアニメーターが連携して日々の仕事を切れ目なく請け負っていることによる。オープロダクションのなみきは、オープロダクションという老舗の専門スタジオで仕事を継続することについて以下のように語っている。

僕が先代の跡を継いで一六年経ちますが経営は年々厳しくなっています。でも、存続していて仕事も切れ目がないということは仲間の労働者諸君の働きぶりがよかったということですから、ありがたいことです。名誉やお金でなくてアニメーションが好きで真面目にやっているひとが多いから、そこを信頼されたらうれしいし、光栄です。[*85]

日本におけるアニメーション制作本数の増加はアニメーターの労働に下支えされているが、アニメーターの産業への定着は、アニメーターのネットワークを維持し、労働環境を整える職場の共有が必要不可欠といえる。

翻って、文化産業の成立について考えてみると、産業資本主義が成立し、多数の労働者が出現するなか、規則的で組織的な労働に対して、個人の自由を享受できる余暇は重要な意味を持つようになってきたことが前提となる。余暇を充足するための新たな文化、娯楽が必要とされ、映画やテレビ、アニメーションなどを商品として生み出す文化産業が成熟してきたといえる。特定の芸術を特権化するのではなく、文化産業によって大衆を満足させるためのものが大量生産されているのである。したがって、現代社会においては、日常的な生活実践のなかに「文化的なもの」が浸透し、ヴァルター・ベンヤミンのいう「芸術の開放」状態にある。消費に力点が置かれた高度消費社会の到来は、文化と労働の結びつきをも強固にした。その現代的特徴が端的に示されているのが、文化・情報産業の興隆に伴う文化産業従事者の増大である。つまり、消費のみならず、生産においても「文化的なもの」の比重が高まっていくことになる。

産業構造の転換、脱工業化を背景に労働の意味付けは、大きく変化してきたといえよう。文化労働者は、趣味や専門性と仕事内容が密接に結びつくことで、日常生活の連続性のなかで労働に没入しているので、文化労働の搾取は不可視化されてしまう。文化産業を維持する文化労働は、フリーランスによる場合が多く、概して資本を所有しない労働者は、労働の対価がきわめて低い水準にとどまっている。それは、アニメーターに限らず、文化政策やアートプロジェクトに動員される芸術家やそれを支える現場の人々の労働においても指摘することができ[*86]、きわめて今日的な課題といえる。

戦前よりアニメーション制作に従事してきた者らは、集団制作であるアニメーション作品の技術革新と制作費の問題に常に対峙してきた。戦中のプロパガンダアニメーションから、戦後のテレビ放映開始とその後の制作本数の激増まで、個々の作画の専門スタジオに所属するアニメーターの有機的な連携で乗り越えてきたのである。今後、日本文化としてのアニメーションの制作がいかにして維持されていくのか、デジタル化による映像の技術革新と効率化の恩恵を受けながらも、アニメーターの分断がすすむことのないよう注視する必要があるのではないだろうか。

＊1　セバスチャン・ロファ『アニメとプロパガンダ——第二次大戦期の映画と政治』古永真一・中島万紀子・原正人訳、法政大学出版局、二〇一一年、二〇五頁。André Rigal, "Le dessin animé français est-il condamné à mort?" *Caméra*, 1946.

＊2　東京都練馬区は「日本アニメ発祥の地」といわれており、現在、約一〇〇社を超えるアニメーション関連事業所が集積している。二〇〇四年七月には、東映アニメーションやサンライズ（現バンダイナムコフィルムワークス）といった大手の制作会社から下請けのプロダクションまで、約五〇の事業所が加盟している練馬アニメーション協議会が設立した。「練馬とアニメ」『練馬アニメーションサイト』（二〇二五年二月二五日閲覧）。https://www.animation-nerima.jp

＊3　「日本のアニメ制作会社の分布（２０２０年版）」によれば、制作会社が最も多いのが杉並区で一四九社、続いて練馬

区一〇三社である。なお、アニメーション制作会社とは、「企画・制作・脚本、演出、原画、動画、CG（2D・3D）、色彩、背景・美術、特殊効果、撮影、編集の機能を持つ事業者」を指している。近年の大きな変化としては、制作工程のデジタル化を背景として、東京から地方進出の傾向がみられることが指摘されている。『アニメ産業レポート2021』巻末資料、日本動画協会、二〇二一年。

＊4　原田浩「夢を追うクリエイター意識を利用した過酷な働かせ方――アニメ・ビジネスの現場から」脇田滋編『ワークルール・エグゼンプション――守られない働き方』学習の友社、二〇一一年。

＊5　アニメーターを対象に行った量的調査は、日本芸能実演家団体協議会（芸団協）が二〇〇五年二月に実施した『芸能実演家・スタッフの活動と生活実態――調査報告書2005年版　アニメーター編』がはじめである。その後、日本アニメーター・演出協会（JAniCA）が二〇〇九、二〇一五、二〇一九、二〇二三年に『アニメーション制作者実態調査報告書』を発表している。二〇〇九年五月二二日には、『調査報告書2009』をもとに「JAniCAシンポジウム2009」が行われた。アニメーターは推定、原画が二二〇〇〜三一〇〇人、動画が六〇〇〜一〇〇〇人といわれている。桶田大介「実態調査にみるアニメ制作従事者の働き方」労働政策フォーラム『アニメーターの職場から考えるフリーランサーの働き方』労働政策研究・研修機構、二〇二〇年一二月一五日実施（二〇二五年二月二五日閲覧）。https://www.jil.go.jp/event/ro_forum/20201215/resume/03-jirei-janica.pdf

＊6　調査対象者の規模や回答者の年齢階層、経験年数などが異なるため、各調査結果から経年変化を明らかにすることはできないが、現代のアニメーターの労働の傾向を捉えることができる。

＊7　永田大輔・松永伸太朗『産業変動の労働社会学――アニメーターの経験史』晃洋書房、二〇二二年、二〇頁。

＊8　三好寛「日本のアニメーション・スタジオ史　第三回報告」徳間記念アニメーション文化財団編『財団法人徳間記念アニメーション文化財団年報　2004-2005』徳間記念アニメーション文化財団、二〇〇五年、二二一-二二九頁。

＊9　たつざわさとし・萱間隆「日本漫画映画株式会社の実態解明――占領期におけるアニメーション製作事業の資金調達」

徳間記念アニメーション文化財団編『公益財団法人徳間記念アニメーション文化財団年報　２０１９－２０２０　別冊』徳間記念アニメーション文化財団、二〇一八年、一－三五頁。

＊10　木村智哉『東映動画史論——経営と創造の底流』日本評論社、二〇二〇年。

＊11　戦時下に開発され、進歩した技術が、戦後の高度成長の基礎となったことについては、研究体制や人材の側面から指摘されている。科学史家の広重徹は、戦時下においては、科学が国家と結びつき、産業との関係を急速に深め、それが、戦後の高度成長の基盤を形成したことを指摘している（広重徹『科学の社会史——近代日本の科学体制』中央公論新社、一九七三年、一二頁）。また、戦時期に培われた科学技術が、いかに平和産業に利用されたかの分析によって、戦前から戦後の連続性が明らかにされている（笹本征男「軍の解体とマンパワーの平和転換」中山茂・後藤邦夫・吉岡斉編『［通史］日本の科学技術　第1巻　［占領期］　１９４５－１９５２』学陽書房、一九九五年、八五－九三頁。松本三和夫「軍事研究と平和転換——レーダー開発を中心に」中山・後藤・吉岡『［通史］日本の科学技術　第1巻』九四－一〇二頁）。また、戦時期のプロパガンダ制作を担った報道技術研究会が、戦後の広告業界を牽引したことが指摘されている（難波功士『「撃ちてし止まむ」——太平洋戦争と広告の技術者たち』講談社、一九九八年）。

＊12　山本早苗『漫画映画と共に——故山本早苗自筆自伝より』宮本一子、一九八二年、一二一頁。［　］は筆者による。

＊13　佐藤秀夫『連合国最高司令官総司令部民間情報教育局の人事と機構』国立教育研究所、一九八四年、三三二頁。

＊14　たつざわ・萱間「日本漫画映画株式会社の実態解明」三頁。

＊15　山本『漫画映画と共に』一二三頁。

＊16　たつざわ・萱間「日本漫画映画株式会社の実態解明」四－五頁。

＊17　広告には「漫画映画研究生募集　絵に経験有三十五迄男女　板橋区練馬南町一ノ三三八五武蔵野線江古田下車北三丁新日本動画社」とある。

＊18　叶精二『日本のアニメーションを築いた人々』若草書房、二〇〇四年、一九六頁。

＊19　たつざわ・萱間「日本漫画映画株式会社の実態解明」五頁。
＊20　前掲、八頁。
＊21　前掲、九頁。
＊22　前掲、九頁。
＊23　前掲、一二頁。
＊24　前掲、六頁。
＊25　前掲、二二－二三頁。
＊26　前掲、二四頁。
＊27　東映十年史編纂委員会編『東映十年史――1951年－1961年』東映、一九六二年、二四二頁。
＊28　「年間総制作本数の約1，000～1，200本　うち漫画およびアニメーション約500～600本　漫画およびアニメーションが50％～60％占めているものとみられている」。電通『電通広告年鑑　1958年版』電通、一九五八年、二八四頁。
＊29　東映十年史編纂委員会編『東映十年史』二四一－二四三頁。
＊30　三好「日本のアニメーション・スタジオ史」二二頁。
＊31　田中純一郎『日本教育映画発達史』蝸牛社、一九七九年、一八六頁。
＊32　静岡市の登呂遺跡の遺跡発掘状況を、線画を交えて解説したもの。前掲、一八六頁。
＊33　『おやゆび姫』は、戦時下において影絵映画制作で中心的な役割を担った荒井和五郎が制作した。前掲、一八六頁。
＊34　占領期において、「日本を変えるためにはまず、戦中の軍国主義思想を排除し、民主主義思想を普及させなければならないという決定が、日本占領計画において採択された」そのためには、「報道、出版、娯楽媒体のすべてを占領軍の検閲のもとに」おき、「日本人の再教育をマス・メディアを通じておこなうという考えは、教育機関の改革と組み合わさ

れ、占領計画の初期の段階で、この二つの分野の関係がしっかりと確立されたのである。こうして、映画・演劇課は、CIEのなかに組みこまれた」。平野共余子『天皇と接吻――アメリカ占領下の日本映画検閲』草思社、一九九八年、四三頁。

＊35 田中『日本教育映画発達史』一八六―一八七頁。

＊36 戦後、東映動画にてアニメーターとして活躍した森康二もまた戦中戦後をつなぐ人物の一人である。森は、戦中に政岡憲三の『くもとちゅうりっぷ』（一九四三）を観たことがきっかけでアニメーションに多大なる関心を寄せた。戦後、東京美術學校（現、東京藝術大学）建築科を卒業後、政岡の所属する日本動画社を訪ね、アニメーション制作の第一歩を踏み出すのである。叶『日本のアニメーションを築いた人々』一五八―一六一頁。

＊37 木村『東映動画史論』一〇八頁。

＊38 前掲、一一二頁。

＊39 前掲、一一二―一一三頁。

＊40 前掲、一二一頁。

＊41 前掲、一五六頁。

＊42 前掲、一五七頁。

＊43 永田・松永『産業変動の労働社会学』六二―七九頁。

＊44 大塚康生「キャラクターは生きもの」『アニメージュ』一九七九年一二月号、三七頁。

＊45 永田・松永『産業変動の労働社会学』一九二頁。

＊46 筆者実施の矢吹英子へのインタビューによる（二〇一三年九月一三日）。

＊47 筆者実施のなみきたかしへのインタビューによる（二〇二二年六月一〇日）。

＊48 永田・松永『産業変動の労働社会学』一八三―一八四頁。増田弘道『デジタルが変えるアニメビジネス』NTT出版、

二〇一六年、二九－三〇頁。
＊49　前掲、一八四－一八五頁。
＊50　オープロダクションの公式サイトによる（二〇二五年二月二五日閲覧）。https://oh-pro.co.jp/html-j/whatohpro.html
＊51　永田・松永『産業変動の労働社会学』七頁。
＊52　なお、今日のアニメーターの専門性については、アニメーション制作の「作画」を担う下請け会社オープロダクション社長（当時）の村田耕一に、筆者が行ったインタビュー調査データをもとにしている。インタビュー調査は、二〇〇五年一〇月七日に実施した。村田は、一九六五年ごろからアニメーターとなり、一九七〇年、オープロダクションを設立した。村田は、入れ替わりの激しいアニメーター業界において生涯アニメーターを職業とした稀有な存在であった。アニメーターの才田俊次、石之博和、村橋亮佑、小川麻衣へのインタビューは、二〇一六年三月一一日、一二日に行ったフィールドワークの際に実施した。
＊53　筆者実施の才田俊次へのインタビューによる（二〇一六年三月一一日）。
＊54　筆者実施の村橋亮佑へのインタビューによる（二〇一六年三月一一日）。
＊55　作品によっては拘束契約もありうるが、特定の作品に完全にしばられるものではない。『調査報告書２０１９』。
＊56　『高畑勲展――日本のアニメーションに遺したもの』ＮＨＫプロモーション、二〇一九年、三二頁。
＊57　前掲、三二頁。
＊58　鷺巣富雄が一九六〇年に設立したアニメーション制作会社で、『０戦はやと』などのアニメーションシリーズの制作を行った。「０戦の脚の出し入れなどメカの描写の細かさ」には軍事教育映画制作の経験が影響しているといわれている。
鷺巣富雄『スペクトルマンVSライオン丸――うしおそうじとピープロの時代』太田出版、一九九九年、一〇五頁。
＊59　萩原由加里『政岡憲三とその時代――「日本アニメーションの父」の戦前と戦後』青弓社、二〇一五年、二〇九頁。
＊60　平田昭吾「アニメのアトムと政岡先生」『手塚治虫と６人――日本のレオナルド・ダ・ヴィンチ』ブティック社、二〇

○五年、二〇八頁。
＊61 才田へのインタビューによる。
＊62 研修期間には、すでに納品した動画やタイムシートを練習の題材にして、作画を行うなどする（矢吹へのインタビューによる）。
＊63 二〇〇二年度から二〇一〇年度まで実施された杉並区のアニメーター育成事業である。
＊64 筆者実施の小川麻衣へのインタビューによる（二〇一六年三月一二日）。
＊65 筆者実施のなみきへのインタビューによる。
＊66 筆者実施の石之博和へのインタビューによる（二〇一六年三月一一日）。
＊67 舘野仁美『エンピツ戦記――誰も知らなかったスタジオジブリ』中央公論新社、二〇一五年、二八―三二頁。
＊68 前掲、三三頁。
＊69 前掲、二二―二三頁。
＊70 前掲、一四六―一四七頁。
＊71 矢吹へのインタビューによる。
＊72 永田・松永『産業変動の労働社会学』一九八頁。
＊73 筆者実施のなみきたかしへのインタビューによる（二〇一三年五月一〇日）。
＊74 二〇代前半の収入の平均値に関しては以下を参照。桶田「実態調査にみるアニメ制作従事者の働き方」。
＊75 本田由紀『多元化する「能力」と日本社会――ハイパー・メリトクラシー化のなかで』ＮＴＴ出版、二〇〇五年。
＊76 『調査報告書２００５』四三頁。
＊77 桶田「実態調査にみるアニメ制作従事者の働き方」。
＊78 「《問19》いまの仕事をできるかぎり続けたい」に対して、「そう思う」と「まあそう思う」を合計した割合。調査結果

は以下のとおり。そう思う（五三・六パーセント）、まあそう思う（二八・九パーセント）、あまりそう思わない（一六・五パーセント）、そう思わない（一パーセント）。『調査報告書2005』五六頁。

＊79 「《問19》自分の将来に明るい見通しを持っている」に対して、「あまりそう思わない」と「そうは思わない」を合計した割合。調査結果は、以下のとおり。そう思う（三・一パーセント）、まあそう思う（一四・四パーセント）、あまりそう思わない（四三・三パーセント）、そうは思わない（三八・一パーセント）。『調査報告書2005』五六頁。

＊80 永田・松永『産業変動の労働社会学』一九〇頁。

＊81 調査時期は二〇一八年一一月六日から一二月一九日のため、新型コロナウイルス感染拡大防止の方策による影響というわけではない。

＊82 長谷川雅弘「スタジオ立地――アニメ制作に関わる企業802社、地方進出とCG制作会社が増加」『アニメ産業レポート2021』日本動画協会、二〇二一年、一二二頁。

＊83 前掲、一二一頁‐一二二頁。

＊84 前掲、一二一頁。

＊85 筆者実施のなみきたかしへのインタビューによる（二〇一六年三月一二日、二〇二二年六月一〇日補足）。

＊86 吉澤弥生『芸術は社会を変えられるか？――文化生産の社会学からの接近』青弓社、二〇一一年。

終章

受け継がれる「漫画映画《アニメーション》の志」

グリモー、高畑勲から宮﨑駿へ

1 『やぶにらみの暴君』からの出発

本書第5章において、戦前、戦中とフランスにおけるアニメーション制作について論じたが、そこで重要な役割を担ったのが、レ・ジェモー社のポール・グリモーであった。戦後もアニメーション作品の制作を行う稀有な存在であるものの、グリモーのスタジオは、戦後安定的に仕事をしていたわけではない。しかし、「若い作家たちを受け入れ、彼らの第一作をつくることができるようにし」た。だんだんと若い作家たちは自分のスタジオを持つなど、分散していくことになるが、「『やぶにらみの暴君』のネガ買戻しに成功し、映画の改造を企てるやいなや」、グリモーは彼らを呼び戻し、『王と鳥』(一九八〇)を総動員で完成させるのである。[*1] 『やぶにらみの暴君』(一九五二)は、現在は視聴することができないが、その改作である『王と鳥』は、グリモーのインタビューによると、前作六〇分のうち、四〇分をそのまま使い、最終的には八七分となった。[*2]

グリモーは、「フランス派」[*3]と呼ばれる自身のスタジオから巣立ったアニメーション作家のみならず、日本のアニメーション界にも多大なる影響を与えた。スタジオジブリを興した高畑勲は、戦後、一九五五年に日本公開されたグリモーの『やぶにらみの暴君』をきっかけとしてアニメーション界に足を踏み入れたと公言している。それだけでなく、グリモーや同作脚本のジャック・プレヴェールに関する著作も執筆しており研究者としての側面もみてとれる。[*4]

当時『やぶにらみの暴君』は、日本の映画界で絶賛されていた。『漫画映画論』の著者である今村太平の評論では、「アメリカのウォルト・ディズニー漫画に比べて、これは大人の映画であり、現代にたいする深い反省と風刺をもっている。地下街の人民は戦時中のフランス国民を思わせ、暴君と警察はナチの政治をほうふつさせる。またロボットは原子爆弾を思わせ、飢えてなだれこむ猛獣は人民の反乱に似ている」と現代社会の投影として読み解かれている。[*5]

高畑は「『やぶにらみの暴君』が示唆してくれたアニメーションの大きな可能性に賭けたかった」と、一九五九年に東映動画に入社し、[*6]周知の通りアニメーション制作の道を邁進することとなる。東映においても『やぶにらみの暴君』は、新しい作品制作のための研究対象となった。高畑は、入社後、参考試写用の『やぶにらみの暴君』のフィルムを流したのち、戦後日本のアニメーション界を牽引した「大塚康生、白川大作、月岡貞夫の諸氏と四人、徹夜で各ショットのコマを接写し、ムヴィオラ（編集用にフィルムを視聴する機械）にかけて見ながら絵コンテに採録し」その構造を分析、研究していたと回想している。[*7]さらには、東映の新人教育においても何度か試写され、教材としても活用された。宮﨑駿は、新人教育としてそれを視聴した最後の世代といわれている。

高畑は『やぶにらみの暴君』は、「ひとつの理想的到達点として、この作品が当時の東映動画のスタッフに与えた精神的影響は大きいものがあった」と語る。[*8]さらに高畑は、アニメーションにおいては、「ありえないこと」をいかにして「ありえること」だと観客に認識させるのか、その「クレディビリティ」の確保が「最も重要な課題のひとつ」と述べる。[*9]グリモーやプレヴェールは、本作品の制作にあたって、「内容では擬人化しながらも、人間と共存させるからには姿やふるまいはできるだけ現実の鳥らしく描くべきだと」と話し合ったのではないかと高畑は推測している。同時に、クレディビリティの確保を「見事に実践してきた」のは宮崎であると、その共通性を指摘している。宮崎が監督した『ルパン三世 カリオストロの城』（一九七九）については、『やぶにらみの暴君』からの影響が批評家によって指摘されてきた。高畑によれば、『やぶにらみの暴君』やフライシャー兄弟（マックス&デイブ・フライシャー）の『バッタ君町に行く』（一九四一）に触発され、「垂直的空間表現の面白さに目覚めたことはたしか」であるが、それらは影響というよりは「ある種の共通性」と述べている。[*10] アニメーション研究者の叶精二は、宮崎が作品のなかで構築してきた別世界の高層建築について、その起源を『やぶにらみの暴君／王と鳥』の舞台であるタキカルディ王国の城にあるとその影響について指摘している。[*11]

宮崎は、『千と千尋の神隠し』（二〇〇一）が二〇〇二年にフランスで公開された際、『ル・モンド（Le Monde）』紙のインタビューに対して「グリモー監督の『王と鳥』をみて空間を垂直に使わなければならないことがわかった。それ以前は、水平方向のみの動きしかなかった。（中略）映画のなかで物語が真の次元に達するには、完全に垂直方向の動きが必要[*12]」と語っている。この「垂直的空間表現」は直接的には空間を上下方向に捉えた技術革新といえるが、高畑、宮崎の初期の作品である『アルプスの少女ハイジ』の表現においてすでに見出すことができる。先に挙げた『ルパン三世 カリオストロの城』は、ピクサー・アニメーション・スタジオの創設者の一人であるジョン・ラセターが、その「タテ移動のダイナミズム」に感動して自作にも採り入れたと語っているという。[*13]

また、グリモーが描いた城の建築構造は現代社会で隠蔽されている「縦型支配構造」の「隠喩」と捉えることができるが、現代社会の問題をアニメーションに投影するという点に関しても、彼らの共通性として捉えることができるだろう。そして、宮﨑駿の監督最新作である『君たちはどう生きるか』（二〇二三）は、この共通性を存分にみてとれる作品である。

本章ではまず、高畑が着目したグリモーの表現についてみたうえで、高畑亡き後完成した『君たちはどう生きるか』との共通性について検討する。本書では、戦争とアニメーションの関連について考察を深めてきたが、現在、アニメーションにおいて戦争がいかに表象されているのか、その片鱗を書き留めておきたい。

2　垂直的空間表現の誕生――塔と鳥

レ・ジェモー社が戦時期に制作した作品は、グリモーの短編集『ターニングテーブル』（一九八八）に収録されている。『ターニングテーブル』は、グリモーが案内役として出演し、彼が監督した短編作品を順に紹介するという構成になっている。実写の部分は『シェルブールの雨傘』（一九六三）などで有名なジャック・ドゥミが監督している。彼もまたキャリアの出発点はグリモーのスタジオである。[*14] グリモーによるコマ撮り方法などアニメーションの原理についての説明に加えて、第5章で挙げた『音符売り』『大熊座号の乗客』『かかし』『避雷針泥棒』が上映される。戦後の作品としては『小さな兵士』（一九四七）『魔法のフルート』（一九四六）『ダイアモンド』（一九七〇）『音楽狂の犬』（一九七三）などが収録されている。

戦後すぐに取りかかった『魔法のフルート』は、主人公の吟遊詩人の少年が「美しい音を奏でるリュートか澄んだ音色のフルートがあれば音楽の力で大地は踊るだろう」と歌うシーンから始まる。城の跳ね橋には「マスーフ陛下の城　詩人・音楽家の入城を禁ずる」とあるが、少年は入城を試みる。城主によって一度はリュートを壊されてしまうが、美しくさえずる鳥がフルートに変身し、再び音楽を奏でることができるようになる。そのフルートは、聴いた人や動物、物の動きをコントロールする魔法のフルートで、音色に合わせて不思議と人々が踊り始めてしまう。城内に侵入した少年は、城主やその家来（カラスを模した甲冑をつけている）にいくどとなく捕らえられそうになるが、そのたびにフルートを奏でることで切り抜けていく。ここで描かれている城は規模的には大きいとはいえないが、『やぶにらみの暴君／王と鳥』の舞台となる城と同じ階層構造がみてとれる。つまり、城にはしかけがあり、長い階段が連なっている。そして、城主や少年が落下するシーンなどに空間を表現しようとする意識が感じられる。これらの作品では、キャラクターのユーモラスな動きが着目されがちであるが、垂直方向への動きを強調する立体的に描かれた背景が特徴的である。

『王と鳥』の舞台となるタキカルディ王国は、一見ファンタジーの世界であるが、高畑は「「現代史」をまるごと隠喩で捉えようとする空前絶後の試み」と表現している。[*15]『やぶにらみの暴君』では隠喩として表現されていたものが、『王と鳥』では、「現実的な出来事としてさらに敷衍」されている。それは、グリモー自身がインタビューでも語っているように、『王と鳥』に「再びとりかかったときには、解放された自由な気分」であり、「この二五年のあいだに、世界ではいろんなことがあったおかげで、物言いに手加滅する必要がなくなった」からだ。[*16] たとえば、『王と鳥』の冒頭では、鳥は「これから皆様にお話しする物語は正真正銘の物語です、まさに本当の話。私やみんなの身に起きたことなのですから」と端的に語っている。物語は、主人公と悪役キャラクターの追いかけあいを中心に展開していくが、先導役は鳥である。実は、グリモー作品の多くに自由に飛び回る鳥の姿が描かれている。高畑が指摘しているように、グリモーの描く鳥、さらにいえばプレヴェールの詩で描かれる鳥は、「自由の象徴」であるが、それにとどまらない。「自由」であるだけでなく、「世界を観察しうる力をもち、わたしたちに「生き方」のお手本を示している生身で具体的な存在」なのである。[*17]

グリモーの作家性は、フィクションである物語と現実世界で生じていることを明確に区別しないという点にある。タキカルディ王国で描かれる城は、最上階に居座る王様から地下に住む人々まで「垂直的空間表現」のなかに位置付けられ、先に述べた通り現代社会における「縦型支配構造」を「隠喩」を通じて表象している。城は最終的には破壊されるという結末は、「縦型支配構造」が崩壊するということを示している。

背景における立体感に関しては、グリモーは過去作でも取り組んでいる。『避雷針泥棒』は、パリの連なる屋根の上を舞台とした作品で、高畑はその描き方について「明晰な三次元空間造形」と評し、黒い眼帯の仮面をした少年らが屋根から屋根へ飛び移る臨場感ある表現については、「垂直的空間の驚異的活用」の始まりと述べている。[*18] つまりは、その後の作品である『魔法のフルート』や『やぶにらみの暴君／王と鳥』の城内部の演出に共通するものである。キャラクターの動きに意味を与える立体的表現を志向する背景美術と、作画による運動との融合をアニメーションの表現方法として確立した作品と捉えることができる。

本章冒頭でも述べたように、グリモーの『やぶにらみの暴君』は日本のアニメーション界に多大なる影響を及ぼしたことで知られる。スタジオジブリの原点とも称される作品であり、アニメーション表現における垂直的空間表現の必然性は、グリモー、高畑、宮﨑の共通性として挙げることができる。第7章で指摘した『アルプスの少女ハイジ』や、本章で言及した『ルパン三世　カリオストロの城』における垂直的空間の表現は、高畑、宮﨑が追求した縦と奥行き、つまりは、二次元映像のなかに三次元空間を創出させる試みであった。

3　『君たちはどう生きるか』に秘められたグリモー、高畑の存在

作品が生み出されるまでの道のり

高畑はグリモーと宮﨑の作品の共通性を指摘したが、『君たちはどう生きるか』は、これまでの宮﨑の監督作品のなかでも、『やぶにらみの暴君／王と鳥』と重なり合う部分が多く見出される。この作品は、二〇一三年の監督引退宣言から一〇年後の公開となったが、二〇一六年七月に宮﨑によって企画書が提出され、製作が開始されたものである。

二〇二三年一二月に放映された『宮﨑駿と青サギと…～『君たちはどう生きるか』への道～』（以下、

向かい合ったのか、完成までの七年近くが記録されている。[*19] このドキュメンタリー映像は、『君たちはどう生きるか』の制作に携わった作画のスタッフ陣にもスポットを当てている。作画監督に抜擢された本田雄は、『エヴァンゲリオン』シリーズのアニメーターとしてあまりにも有名である。また米林宏昌は、『借りぐらしのアリエッティ』（二〇一〇）の監督などでジブリ作品に携わってきたが、本作では、ペリカンの大群の動きなど大きな仕事を分担している。第8章で現代のアニメーターの仕事について言及したように、アニメーターは様々な作品に携わるが、スタジオジブリは、グリモーのスタジオのように作品にアニメーターを結びつける求心力がある。

『君たちはどう生きるか』への道』では、「映画をともに作ってきた戦友たちが次々とこの世を去るか」、宮崎の生や死といった普遍的なものへの考えが語られており、作品に込められた思いのようなものの理解を深めることができる。宮崎駿の作品に登場する人物には実在のモデルが存在するといわれているが、この作品も例外ではない。主人公の眞人《まひと》は宮崎自身の少年時代をモデルにしており、先導役となる青サギはプロデューサーの鈴木敏夫である。『君たちはどう生きるか』への道』でも、宮崎と、彼を駆り立て、ともに歩むプロデューサー鈴木敏夫との関係性を眞人と青サギになぞらえている。主人公を助けるキリコはジブリ作品で長年色彩設計を行っていた今は亡き保田道世、そして特筆すべきは、老いた賢人である大伯父こそが高畑勲の投影ということである。

二〇一八年四月、高畑勲の訃報は、世界中のメディアで報じられ、その死が悼まれたが、宮崎の喪失感は計り知れないものがあった。ドキュメンタリー映像で宮崎は、高畑が亡くなっても作品への向き合い方はまったく変わらないと語っているが、宮崎にとって、東映動画に入社以来、アニメーション界で作品制作にともに奮闘する高畑勲の存在は唯一無二であり、宮崎の人生観にも影響を及ぼしているように思える。引退宣言を撤回した理由について鈴木は説明する。かつて「映画監督に引退はないよ」と高畑に怒られたと。「そっからだよね。もう一本つくろうって。だから『君たちはどう生きるか』はね、高畑さんに怒られたからもう一度作り出したのよ。だからそれは高畑さんのことを語るしかないのよ」と述懐する。宮崎は、絵コンテを描きながら、物語は「大伯父に会いに行こうって話にならないといけない」と語る。つまり、宮崎自身が高畑に会いに行く物語なのだ。鈴木の言葉を借りるならば、宮崎にとっては作品のなかが現実なのだ。完成した絵コンテを読んだ鈴木は、この作品を「本物の自伝だよね」と評する。

　鈴木のいう「自伝」であり、映画の脚本ともなる絵コンテを制作する宮崎は、二〇一八年八月、ある森のなかのアトリエにいた。アトリエは、『魔女の宅急便』（一九八九）のキキが、配達途中に迷い込んだ森のなかにあるウルスラの丸太小屋のようである。撮影も担当したディレクターの荒川格がアトリエに到着したときに、宮崎は絵コンテがまったく進まないと行き詰っていた。森のなかを散歩する途中で雨に降られ、雨宿りののち、再び歩き出したとき、「パクさん出てきてください」とつぶやく。パクさんは高畑勲の愛称である。その言葉に対して、荒川が「やっぱり宮崎さん、高畑さんのこと考えていらっしゃるんですね」と質問する。宮崎は「いやあ」と、あえて質問に対する答えを言葉にはしなかったが、しばらく歩いた先の犬小屋をみつけ、「ここにずーっと犬がいたんだけど、あっまだ一頭生きてる。二頭いたんだけど」。「寂しいねえ、年取ったねえ、お互い様だね」と声をかける。この場面からは、宮崎の今は亡き高畑への思いを感じ取れるだろう。

原作とオリジナル

吉野源三郎による原作本『君たちはどう生きるか』は、一九三七年に山本有三編纂の「日本少国民文庫」全一六巻の最終配本として発刊されている。主人公の少年コペルくんとその叔父さんとの日々の会話、ノートブックや書簡のやり取りが中心となり、人間同士のつながり、貧困、仲間といった成長とともに広がる世界観について、議論されている。二〇一七年には漫画版も発売されベストセラーになっている。宮崎駿の『君たちはどう生きるか』では原作本が作中に登場し、重要な役割を果たすが、物語の展開は、宮崎のオリジナルである。日本近代文学研究者の米村みゆきは、宮崎作品について「原作の童話や小説を自作映画の「着想の種」としてのみ用いているわけでは」なく、「原作を掘り下げて読解し、その上で自らの解釈を行っている様相がみえてくる」と指摘するが、それは本作品に関しても当てはまる。[*20] 少年と大伯父とのやり取りを通じて、生きていることの意味という難解な課題を解こうと試みている。

主人公は小学生の牧眞人、舞台は、第二次世界大戦下の一九四四年、空襲で闘病中の母を亡くし、父とともに郊外へ疎開するところから話が展開される。父は戦闘機工場を経営しており、裕福な家庭であったが、眞人の母が亡くなり、父は母の妹、夏子と再婚した。夏子は父との子を宿しており、優しい存在であったが、つわりに苦しむ夏子を、眞人はすぐには受け入れられなかった。疎開先の小学校になじめず、同級生と喧嘩をしたあと、みずからを石でなぐりつけ、大怪我をして屋敷で静養することとなる。屋敷で、亡き母が「大きくなった眞人君に　母　昭和十二年秋」と記した『君たちはどう生きるか』の原作本と出会い、その本を読みふけり、涙する姿が描かれる。その後、屋敷から夏子の姿がみえなくなり、眞人は屋敷に仕えるばあやの一人キリコとともに屋敷の敷地を探し始める。そして、言葉を話す青サギに先導され屋敷の庭の奥に佇む塔へと足を踏み入れるのである。

この作品で触れずにはいられないのが、ポール・グリモーの『王と鳥』との重なり合いである。『王と鳥』で重要な役回りとなる塔や鳥は、吉野による原作本『君たちはどう生きるか』には登場しないが、映画『君たちはどう生きるか』では物語の中心的な存在である。この作品に鳥や塔が登場することが、高畑が熱心に解読した『王と鳥』に触発されてのことだとしても何の不思議もない。宮﨑が意識しているかどうかは別として、ドキュメンタリーをみるかぎり、高畑勲の存在感はそれほどに大きい。実はアニメーション『君たちはどう生きるか』の仏語版タイトルは、『Le Garçon et le Héron』である。邦訳すると『少年と青サギ』で、吉野源三郎による原作本『君たちはどう生きるか』は、すでに『Et vous, comment vivrez-vous?』として仏訳されており、そのタイトルが採用されなかったことになる。この『少年と青サギ』というタイトルをみると、『Le Roi et l'Oiseau』すなわち『王と鳥』を意識しているに違いないと言いたくなるのである。

4　空間を越えるキャラクター

『君たちはどう生きるか』の作品世界は、現実社会と「下の世界」の二層構造になっているが、屋敷奥の塔は、二層を分けるきわめて重要な境界として登場する。象徴的な塔から下の世界への広がりや、青サギ、ペリカン、インコといった鳥たちの浮遊は、この物語における垂直的空間を演出している。物語が進むなかで、その謎に満ちた塔が「いろんな世界にまたがって建っている」[*21]ことがだんだんと明かされていく。眞人は、夏子から、その塔は大伯父様が建て、塔の書斎で読みかけの本を開いたままいなくなった、大水ののちに、地下に回廊があるのが発見されたと聞かされ、決して近づくなといいつけられた。しかし、六〇年間屋敷に仕えたばあやたちは眞人の父親に、庭の奥の塔は人が建てたものではなく、空から落ちてきたもの。池の水が干上がって、その塔が建っていた。誰も近寄らず、森に埋もれていたが、大伯父が見つけて、大変貴重なものだからと建物で覆った。そして、お大伯父は塔のなかで消えてしまったと、説明している。二通りの由来が語られるが、いずれにせよ、塔のなかで大伯父が消えてしまったということには違いない。物語は、大伯父が消えてしまった塔を介して拡張する空間を、眞人が往来することで展開していく。

現実世界と下の世界を往来するのに重要な存在は、眞人に伴奏する青サギである。青サギは、眞人が疎開先の屋敷に到着するのを待っていたかのように現れる。このときは、あとで登場するサギ男の姿は隠され、完全に鳥の姿をしている。言葉を発することはないが、眞人を塔へといざなう重要な役回りである。これはまるで『王と鳥』に出てくる案内役の鳥のようなふるまいである。塔を発見した眞人は、なかに入ろうとするも瓦礫に邪魔されて進めなかった。その後、眞人が疎開先の小学校を欠席し寝込んでいると、再び青サギが現れる。いったんはいなくなるものの、翌朝、再び現れ「いざ母君のもとにご案内しましょうぞ」と人間の言葉を発する。眞人は青サギの抜け羽をあしらった弓矢を手作りし、消えた夏子を探しに塔へ足を踏み入れる。青サギに矢を放つと、その矢は青サギを追いかけるように飛び、嘴に命中。嘴の奥からサギ男が現れる。そこに大伯父が姿を見せ「愚かな鳥よ、お前が案内者になるんだ」と言い放つ。そして、二者は、塔の床に沈み込むように下の世界に移動していく。

眞人と青サギが下の世界でまず降り立つのは、海辺であった。たくさんの帆船を一面に見渡すことができる。下の世界には生きている人間のほうが少ないという。海を見渡すことができる丘には「ワレヲ学ブ者ハ死ス」と書かれた門がある。それは墓の門であった。その門を開けるやいなや、ペリカンの大群がなだれ込む。そこに、ばあやの一人であるキリコが若いころの姿で現れ、炎の杖でペリカンを追い払う。ペリカンは下の世界に大伯父が持ち込んだものだが、「ワラワラ」という生き物を餌にしている。ワラワラは、下の世界にたくさん存在しているが、熟すと下の世界からふわふわと浮遊し、現実社会において人間に生まれ変わるという。大量のワラワラが浮遊し、空高く上昇していく情景は、下の世界から現実社会への縦方向の空間の広がりを描いている。作品世界を、現実社会と「下の世界」の二層構造にすることで、垂直的空間表現が随所に表されている。

「下の世界」では、ペリカンやオウムの群れが眞人の行く手を阻むが、鳥の大群に襲われる眞人はたびたびヒミという少女に助けられる。ヒミは塔にあるいくつかの扉を介して、空間のみならず時間をも自由に往来しているが、実は眞人の母親の少女時代を生きている存在である。第6章において述べたように、アニメーションという表現様式は、空間の創造や、空間から空間への移動を自由に描くことができる。異なる空間へ移動することによって生じる他者との交流が物語の中心になりえる。これまでの章で扱った戦時期に制作されたアニメーションでは、登場人物が、落下傘、戦闘機、鳥、船、自動車で、空間を隔てている境界を越え、異なる場へ移動し、そのことによって生じる他者との交流を描いていた。この作品では、塔にいくつもの空間的、時間的境界があり、登場人物が自由に往来し、境界外に存在する他者と交流する様を描いている。塔は、空間の再編成の起点になっているし、鳥は現実社会から拡張した空間に存在する他者として理解することができよう。

5 両義的他者としての鳥

物語のなかの現実社会は、まさに第二次世界大戦期とされている。空襲や疎開、戦闘機の部品は描かれているが、直接的に戦地や戦闘が描かれているというわけではない。むしろ、二層構造の下の世界において、人間と他者（ここでは鳥）が空間の覇権をめぐって争うシーンが描かれている。

下の世界にはびこるペリカンやインコは大伯父が持ち込んだものだというが、それらの鳥は人間を脅かす存在となっている。ペリカンは人間のもととなるワラワラを食べようとするし、塔を介して降り立った新たに拡張された下の世界は、インコに支配されていた。夏子を探してたどりついた鍛冶屋の奥に広がる空間は、インコの大群が占拠し、商店や畑など街を作り上げている。眞人がインコらに夏子の居場所をたずねると、子を宿しているので産屋にいると教えられるが、眞人はすぐに捕えられてしまう。眞人を助け出したのは火柱から現れたヒミである。ヒミとともに産屋の夏子をたずねるが、夏子に現実社会に帰ることを拒絶されてしまう。その後、眞人とヒミは、気を失ってその場に倒れ、インコらに再び捕えられてしまう。インコは、塔を介して侵入する生きている人間を「下の世界」から排除しようとしているのだ。

インコに捕らえられた眞人は大伯父に出会う夢をみる。たそがれの光が差し込む空間でついに眞人は大伯父に再会する。大伯父は、光る通路を通り現れた眞人に「来たようだね、子孫よ」と声をかける。石をバランスよく積み、それを見守る様をみせ、「これで世界は一日は大丈夫だよ」と。そして巨大な石が浮かぶ草原で、「この世界が美しい世界になるか醜い世界になるかはすべて君にかかるんだ」。「君は世界をもっと穏やかなものにすることができる」と血のつながりのある眞人に自分の仕事を継承するよう促す。

夢から覚めた眞人はサギ男に救い出される。一方で、下の世界を占拠するインコ大王は「すべてをインコのもとに」と、大伯父に対して取引に向かおうとしていた。下の世界の覇権を握ろうと企てるのである。大王は、産屋に眞人を案内するという禁忌を犯したとして、ヒミをガラスケースに寝かせて運び、交渉の口実にしようとしていた。インコの兵士たちは、広場に集まり、インコ大王は見送りにきている。大王たちは塔の階段を上りつめ、大伯父のもとへとたどりつき、ヒミを解放する。眞人と青サギも後を追うが、その途中でインコ大王に階段ごと落とされてしまう。落下した先は、木材の破片が積み重なっているが、その隙間から光る通路を通り、再び、たそがれの空間に出る。その後ヒミと再会し、大伯父のもとへ向かう。

最後のシーンは、再び巨大な石が浮かぶ草原で、眞人らが大伯父と対峙するシーンである。大伯父は眞人に「悪意から自由な王国を、豊かで平和な美しい世界をつくりたまえ」と進言するが、眞人は固辞する。大伯父は眞人に「殺し合い、奪い合う愚かな世界に戻るというのか、じきに火の海になる世界へ」と諭す。そこへ、世界を支配したいという欲望を持つインコ大王が現れ、その石のバランスを壊してしまう。すると「下の世界」は崩壊しはじめ、大伯父は砕けていく石とともに消えさりながら、眞人に「時の回廊へ行け、自分の時に戻れ」と叫ぶ。眞人と青サギは夏子を連れ立って、ヒミもキリコとともにそれぞれの時代につながる塔のなかに並ぶ扉に急いで戻っていく。そして、最後に塔は崩れ落ちる。

眞人らが現実社会に戻るのと同時に、扉からはペリカンやインコたちもなだれ込んでくる。それらの鳥たちは、インコ大王も含めて、現実社会では本来の鳥の姿に戻っている。翻って、鳥は、アニメーションのなかで両義的な他者となりえるといえるだろう。眞人と青サギは、手をとりあってというよりは、二人でやりあいながら、下の世界の窮地を切り抜けた。青サギは下の世界の伴奏者となりながら、時には裏切り、最後には友だちとなる。インコは、新たに拡張された空間の覇権を握ろうと企てたため、排除すべき他者へと転換される。その企ては結果的に失敗に終わり、拡張された空間ごと消失してしまう。グリモーは、鳥について、以下のように語っていると、高畑は引用する。

鳥には表と裏があります。思いやりはいっぱいありますが、彼の視点を受け入れさせるためなら、ときには最悪の扇動だってやり抜きます。とことんまで。それが面白いんですよ！[*22]

『君たちはどう生きるか』においても、両義的な側面を持ち、良いことも悪いこともありながら、共存していくという他者としての鳥が描かれている。

6 さようなら、戦争

『君たちはどう生きるか』は第二次世界大戦下の日本が舞台であるが、その「下の世界」においても、覇権をめぐり新たな争いが勃発しようとしていた。そこは人間の死後の世界のような場であるが、その空間においても常に争いごとが起こる可能性があることを暗に示している。第6章で、「戦後、アニメーション作品で描かれた戦闘のタイプとして新たに誕生したのは、闘争の場が地球上から宇宙へと拡張しているもの」と指摘したが、この作品では、闘争の場は現実社会だけでなく、塔が境界となり隔てられた新たな空間に拡張されている。その空間では、両義的な存在となりえる鳥たちとのあいだでコンフリクトが生じている。

グリモーの作家性は、「フィクションである物語と現実世界で生じていることを明確に区別しない」と述べたが、この点に関しては、本作も共有するところである。『王と鳥』においても、「縦型支配構造」として描かれた城とその一部である塔の崩壊が、結末として描かれる。『君たちはどう生きるか』は「大伯父に会いに行こうって話」であるが、ここで眞人が託されるのは、平和の達成、世界の秩序を維持することである。「垂直的空間」は、生者の世界は死者の世界によって支えられていることを意味し、死者の世界では生者の世界の平和が祈念されているといえる。アニメーションという形態は、あらゆる生き物を擬人化でき、時間を超えることや空間の再編成を表現するのに適しているため、現実社会とは別の世界観を生み出しているようにみえるが、両者の作品は常に現実を投影しているといえよう。

本書では、第1章から第6章までアニメーションと戦争のかかわりについて述べてきたが、戦時期における空間の再編成に連動して、アニメーターという職業が生じ、アニメーションという表現形態が文化として制度化されたことに着目した。ただし、戦時期も含めて、アニメーションの制作者たちは戦争に賛同してきたわけではないし、現代はその反省を意識的に描いているといえよう。『君たちはどう生きるか』においては、大伯父が時間と空間を超越した場所から世界を俯瞰して、その平和をいかに守ろうとしてきたか、またその大役をだれに継がせるか、といった懸念が描かれている。日仏のアニメーションの巨匠が作品に込めたメッセージは、前面に押し出されたものではなく、むしろ巧みに隠されている。現代社会において、われわれ人類は、戦争と決別し平和を達成していくという意志を継承していく必要があるのだ。

＊1　高畑勲『漫画映画の志――『やぶにらみの暴君』と『王と鳥』』岩波書店、二〇〇七年、二五八頁。
＊2　ポール・グリモーおよび小野耕世「ぼくはJ・ヴェルヌの生まれ変わりかな――ポール・グリモー大いに語る」『キネマ旬報』一九八五年一〇月下旬号、一二八頁。
＊3　高畑『漫画映画の志』二五八頁。
＊4　雪村まゆみ「日仏におけるポール・グリモーという存在――制作者として、あるいは研究者としての高畑勲の視点から」『ユリイカ』第五〇巻一〇号、二〇一八年、一五七－一六四頁。
＊5　今村太平編著『映画百科小事典――入門から鑑賞まで』福音館書店、一九五八年、二六〇頁。
＊6　高畑『漫画映画の志』一〇頁。
＊7　前掲、一〇頁。
＊8　前掲、一一頁。
＊9　前掲、一六八頁。
＊10　前掲、一二頁。
＊11　叶精二「『王と鳥』と日本人の特別な関係」高畑勲・大塚康生・叶精二・藤本一勇『王と鳥――スタジオジブリの原点』大月書店、二〇〇六年、四三頁。
＊12　“Mon film est représentatif de ce qui se passe au Japon,” *Le Monde* (2002/4/10). なお、記事は仏語であり、翻訳は筆者による。
＊13　氷川竜介『日本アニメの革新――歴史の転換点となった変化の構造分析』角川新書、二〇二三年、一二八頁。
＊14　高畑『漫画映画の志』二五八頁。
＊15　前掲、七八頁。
＊16　前掲、八〇頁。

＊17　前掲、一〇〇 - 一〇二頁。

＊18　前掲、二二三 - 二二四頁。

＊19　『宮崎駿と青サギと…～『君たちはどう生きるか』への道～』は、荒川格の撮影・ディレクター、NHKエンタープライズの制作で、二〇二三年一二月一六日に放映された。なお同作は、ウォルト・ディズニー・ジャパンよりDVD／Blu-rayが販売されており、本書ではこれを参考にした。

＊20　米村みゆき『映像作家　宮崎駿――〈視覚的文学〉としてのアニメーション映画』早稲田大学出版部、二〇二三年、v頁。

＊21　『君たちはどう生きるか』作中のヒミの言葉。

＊22　高畑『漫画映画の志』二二八頁。

あとがき

アニメーションを研究して二〇年になろうとしているが、今、本書を刊行できたことを感慨深く思う。研究を始めた二〇〇〇年代半ばは、アニメーションに関する先行研究が決して多いとはいえなかった。日本のアニメーションは世界で人気を博しているが、その制作体制の基盤は、第二次世界大戦期に国家とアニメーションが結びつくことによって胚胎する。そこに着目したことが、研究の第一歩であった。

戦時期における国家とアニメーションの結びつきは、日本に限らず世界的にみられる現象であったため、なおさら興味深いと思った。当時はまだ翻訳されていなかったが、セバスチャン・ロファの『Animation et Propagande: les dessins animés pendant la Seconde Guerre mondiale』（L'Harmattan, 2005）から、フランスにおいても戦争とアニメーションの関係が深いことを知り、日本のアニメーション業界と縁のあるフランスのアニメーションを、自分の研究の比較対象とした（ロファの書籍は二〇一一年に『アニメとプロパガンダ——第二次世界大戦期の映画と政治』として邦訳刊行された）。ロファが参照している資料をパリにある映画図書館で閲覧したことをなつかしく思う。

博士論文のフランスにかかわる部分は「ヴィシー政権下におけるアニメーションの制度化」（『日仏社会

学会年報』第二〇号、二〇一一年）として執筆したが、この論文をきっかけとして日仏のアニメーションの関係について執筆依頼をいただくようになる。本書でもふれているが、フランスにおける戦時期から戦後のアニメーションについては、巨匠高畑勲との関連が濃厚である。実際、当時はそこまで詳しくはなかったが、論文執筆のために色々調べることで見識を深めることができた。

これに限らず、分担執筆の書籍の一章などを担当させていただく過程で新たな知見をえて、博士論文では明らかにできなかったことを補い、研究内容に厚みが増していった。したがって、本書は、二〇一〇年、関西学院大学大学院社会学研究科に提出した博士論文『戦争とアニメーション――文化の制度化をめぐる一考察』を基盤としながらも、その前後の研究成果を大幅に加筆・修正し、再構成したものとなった。博士論文をそのまま加筆修正した第6章を除き各章のもととなる論文を寄稿した書籍および雑誌は以下のとおりである。

序章、第1章、第2章、第3章、第8章／「戦争とアニメーション――職業としてのアニメーターの誕生プロセスについての考察から」『ソシオロジ』第五二巻一号、二〇〇七年、八七－一〇二頁。

序章、第1章、第3章、第8章／「戦争と文化の制度化――アニメーションの誕生」荻野昌弘編『戦後社会の変動と記憶（叢書　戦争が生みだす社会Ⅰ）』新曜社、二〇一三年、一二五－一五六頁。

序章、第1章、第2章、第8章／「社会変動と文化」間淵領吾・酒井千絵・古川誠編『基礎社会学　新訂第5版』世界思想社、二〇二二年、二一一－二二二頁。

第3章／「軍事教育映画はいかにして制作されたか――視覚化の論理を手がかりに」永田大輔・松永伸太朗編著『アニメの社会学――アニメファンとアニメ制作者たちの文化産業論』ナカニシヤ出版、二〇二〇年、八二－九六頁。

第4章／「戦時期におけるアニメーションの勃興――他者像の構成という視点から」『奈良女子大学社会学論集』第一五号、二〇〇八年、八五－九一頁。

第5章／「ヴィシー政権下におけるアニメーションの制度化」『日仏社会学会年報』第二〇号、二〇一一年、六五－八四頁。

第5章、終章／「日仏におけるポール・グリモーという存在――制作者として、あるいは研究者としての高畑勲の視点から」『ユリイカ』第五〇巻一〇号、二〇一八年、一五七－一六四頁。

第5章、第7章、終章／「アニメーション表現の受容――ポール・グリモーからジブリへ」森茂起・川口茂雄編『〈戦い〉と〈トラウマ〉のアニメ表象史――「アトム」から「まどか☆マギカ」以後へ』日本評論社、二〇二三年、八八‐一〇一頁。
第7章／「アニメ聖地巡礼による空間価値の創出――アート・ワールドにおける背景美術の躍進と能動的オーディエンスという視点から」『アニメーション研究』第二三巻一号、二〇二三年、八九‐一〇〇頁。

これまで多くの方々にご指導いただいた。アニメーションに関する社会学的研究がほとんどないなか、博士論文の指導教員である関西学院大学の荻野昌弘先生には、アニメーションと戦争の関連について、戦争が生み出す社会という観点からも大いに興味深いと評価していただき、自信を持って研究を進めることができた。先生の博識ぶりにはいつも驚愕し、的確なご指導をいただいたことにまずは感謝申し上げたい。

博士論文の審査には荻野先生をはじめ奥野卓司先生、難波功士先生にご担当いただき、社会学はもとよりサブカルチャー研究、メディア論の第一線の研究に基づくご指摘をいただいた。研究を進めるうえで、膨大な資料収集には、平成一七―一九年度科学研究費補助金、研究課題「二十世紀における「負」の遺産の総合的研究――太平洋戦争の社会学」（研究代表者　荻野昌弘）の助成を得たことも大変ありがたいことであった。記して御礼を申し上げる。

現在の職場である関西大学社会学部では、アニメーションを国家や戦争といった社会学の根本問題と関連付けたことを評価していただいた。教科書としても使用されている『基礎社会学』に、本研究の一部を収録する過程においても的確なコメントをいただき、本書の精度を高めることができた。

アニメーションに関する学術研究の会を主宰する永田大輔さん、松永伸太朗さんには折にふれ、研究会プロジェクトや出版の企画にお誘いいただいた。そのおかげで私のアニメーション研究が進んだといっても過言ではない。また、アニメーション研究家の佐野明子さん、木村智哉さんをはじめとしたアニメーション史の研究成果なしには本研究は路頭に迷っていただろう。網羅的に収集された資料をもとに緻密な作業をされており、その研究姿勢には常に学ばせていただいた。

調査にあたっては、オープロダクションのなみきたかしさんをはじめとして、日本のアニメーション産業を支えるアニメーターの方々に貴重なお話を聞かせていただいた。アニメーターの方々の仕事の壮大さには目を見張るものがあり、さらなる光があたることを切に願っている。

すべての方々のお名前を挙げることはできないが、書籍の分担執筆、論文投稿および研究発表で、様々な助言をいただいたおかげで、研究成果を蓄積することができた。ここに御礼申し上げる。

フィルムアート社の伊東弘剛さんに出版のお声がけをいただいてから随分と年月が経ってしまった。博士論文を執筆してから一五年経過した今、一冊の著書として刊行できたことは大変ありがたいことである。伊東さんには、研究者のみならず、一般の読者にも届くようにと、私のまわりくどい言い回しを紐解いていただいた。本書が私にとってははじめての単著であり、タイトル決めなど要領を得ないこともあったが、無事まとめ上げることができたのは伊東さんのおかげである。また、デザイナーの戸塚泰雄さん、マンガ家の西島大介さんにご担当いただいたカバーも感動的であった。「本を出せた！」という実感が一気に沸き上がった。西島さんに描き下ろしていただいたイラストからは本書のエッセンスがあふれ出している。決して幸せなことばかりではないアニメーションと国家の関係を鮮やかにみせてくれているように思う。本当にありがとうございました。

最後になったが、いつも元気をくれる家族にありがとうといいたい。そして、子どもたちの未来が平和でありますように。

二〇二五年二月

雪村まゆみ

索引

作品名

た

な

は

ま

や

ら

人名

あ

か

雪村まゆみ（Mayumi Yukimura）
関西学院大学大学院社会学研究科博士課程後期課程修了、博士（社会学）。現在、関西大学社会学部教授。専門は、文化社会学。共著に『社会学で読み解く文化遺産――新しい研究の視点とフィールド』（新曜社、二〇二〇年）や『アニメと場所の社会学――文化産業における共通文化の可能性』（ナカニシヤ出版、二〇二四年）などがある。

アニメーションと国家

戦うキャラクター、動員されるアニメーター

2025年3月31日　初版発行

著者　雪村まゆみ

デザイン　戸塚泰雄（nu）

装画　西島大介

編集　伊東弘剛（フィルムアート社）

発行者　上原哲郎

発行所　株式会社 フィルムアート社
〒150-0022
東京都渋谷区恵比寿南1-20-6　プレファス恵比寿南
tel　03-5725-2001
fax 03-5725-2626
https://www.filmart.co.jp/

印刷・製本　シナノ印刷株式会社

Printed in Japan
ISBN978-4-8459-2423-3　C0074

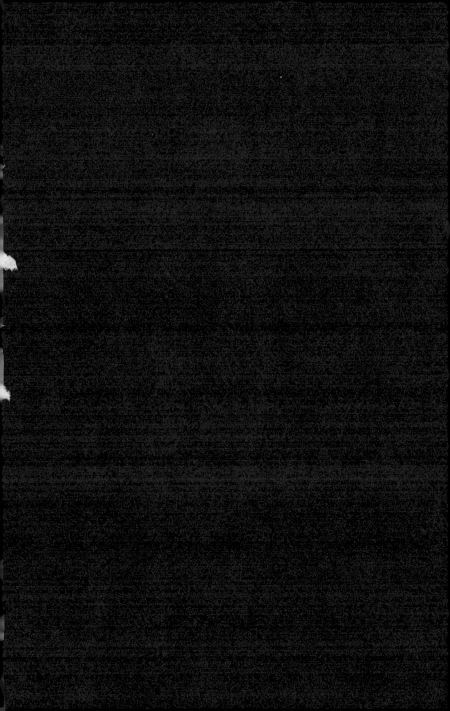